Андрей Макаревич

РАССКАЗЫ И СКАЗКИ

BAbook

Любое использование материала данной книги,
полностью или частично,
без разрешения правообладателя запрещается.

Макаревич, А.
Рассказы и сказки / Андрей Макаревич. – BAbook, 2025. – 377 с.

Короткие истории с иллюстрациями автора.

ISBN 978-1-969573-04-0

Отпечатано в Германии

© А. Макаревич, 2025
© А. Макаревич, иллюстрации, 2025
© BAbook, 2025

РАССКАЗЫ

В детстве я

В детстве я безумно хотел маленький «Мессершмит». Нам было лет по шесть, мы великолепно знали военную технику Отечественной войны – и нашу, и немецкую.

Мне больше нравились немецкие самолё-ты – у них были какие-то другие лица. Поэтому за них и приходилось воевать. Модельки вырезались бритвой из пластилина, предварительно замороженного в холодильнике. Они были очень похожи на настоящие, а горели совсем как настоящие –

с дымом и копотью, но жили, увы, недолго: пластилин нагревался, плавился, и самолет надо было срочно сбивать. Перед сном я просил бога (у меня в детстве с богом были довольно доверительные отношения), чтобы у меня появился настоящий маленький «Мессер» – серо-синего металлического цвета, с заклепочками. Из чего-нибудь, что не плавится на солнце. Я хотел его до дрожи, до мурашек на спине.

Он появился. Маленький, темно-синий, с заклепочками. Это произошло лет через десять, когда мы с отцом начали собирать модели самолетов – их надо было склеивать из огромного количества деталей. Отец привез из загранкомандировки «Мессершмит 109», и я поразился, насколько он похож на мою детскую мечту. И еще тому, что никакого трепета я уже, увы, не испытал. Я получил письмо из далекого детства, и оно сильно запоздало.

Потом такое происходило много раз. Объектом вожделения мог быть пистолет, чтоб совсем как настоящий, железный и тяжелый, но стреляющий чем-нибудь несмертельным – какими-нибудь шариками, например. Он грезился мне в эпоху ужасных пластмассовых и жестяных игрушек из «Детского мира» – эти жалобно щелкающие поделки оскорбляли само понятие «пистолет» – изделие грозное и изящное. Прошло несколько лет и такой пистолет появился. Да нет, я порадовался, конечно. Но уже не сошел с ума от счастья. До сих пор где-то валяется.

Последней в этой цепи была электрогитара «Рикенбеккер», как у Битлов. Есть у меня такая гитара, и стоит она вместе с другими моими гитарами, и пользуюсь я ей довольно редко. А приди она ко мне в шестьдесят девятом году! Может быть, обрел бы способность к полету. Или мгновенно умер бы счастливым.

Когда такая история происходила в очередной раз, у меня всегда возникало ощущение, что кто-то сверху пытается объяснить мне что-то очень простое и важное, а я все никак не пойму сути. «Как, опять не понял? – удивлялись наверху, – Ладно, давай попробуем еще раз. Может, дойдет».

Дошло. Совсем недавно. Мне терпеливо втолковывали, что все эти вещи, все эти предметы обожания, не имеют никакого значения. И вообще ни один предмет обожания не имеет того значения, которое мы ему придаем в момент этого самого обожания. Ибо пройдет момент, а с ним и обожание, и самолетик окажется ненужным, гитара не самой звучной, путешествие не таким уж и интересным, а красавица – либо дурой, либо стервой.

Понял, и поразился: как просто. И почти овладел собой. И почти успокоился относительно всего.

Есть, правда, одна деталь: для чистоты эксперимента надо было, чтобы хоть один раз я получил желаемое прямо в руки не годы спустя, а немедленно – там и тогда. Кто знает, может, и обрел бы способность к полету?

От счастья.

Грядущее

Задание подумать на эту тему застало меня в самый разгар гастролей по Америке с программой «LOVE – песни про любовь». Жизнь на гастролях сильно упрощается: главная задача – отыграть концерт (это я люблю), переехать из города в город (это я не люблю), а все остальное – это твое свободное время, которым в Москве я не располагаю. Поздно вечером, безуспешно борясь с разницей в одиннадцать часов и пытаясь заснуть, листаю телевизионные программы – их штук пятьдесят. В Америке грядут выборы (Ага! Вот оно, словечко-то!), и я постоянно вижу то Трампа, то Хиллари. Они встречаются с избирателями, отвечают на едкие вопросы журналистов. Избирателям интересно! И кому-то нравится Хиллари, а кому-то, наоборот, Трамп, и совершенно непонятно, кто победит в этой гонке. Потому что будут вы-бо-ры. Как можно жить в такой неопределенности? Как дети, ей-богу.

Вообще жизнь в Америке – не такая уж сладкая повидла, много чего творится то тут, то там: вон по штату Теннесси движется торнадо, а в Нью-Йорке неделю назад навалило снегу, а в Лос-Анджелесе прошел ливень с сильным ветром и деревья попадали на дорогу – пробка на полдня. А еще какой-то безумный мальчик, наигравшись в компьютерные стрелялки, пришел в школу с пистолетом и ранил двоих. Но вот что интересно – никто ни разу не обвинил в этих бедах ни Россию, ни лично президента Путина. Странно, правда? И главное – за две недели ни на одном канале ни слова о ценах на нефть! Как это? У нас ведь сначала цены на нефть, а потом уже прогноз погоды. А у них про погоду постоянно, а про нефть – ни слова! Как они с этим живут?

Ну ладно. О грядущем.

Мне не нравится слово «грядущее» – своим пошлым пафосом. Если грядет – то непременно что-то значительное и неотвратимое. Вот выборы – грядут. Утро, например, ни фига не грядет – оно просто наступает. И мне это как-то ближе. К тому же существует это слово только в настоящем времени, хотя сообщает тебе о будущем – мы еще здесь, в настоящем, а что-то там уже грядет. А что делать с прошедшим временем? «Вот и отгряли выборы»?

Что же касается неотвратимости, которой так и лязгает слово «грядущее», то меня с детских лет необычайно занимает вариабельность будущего, то есть этого самого грядущего. Я завороженно смотрю, как будущее, заправленное в безостановочно стучащую швейную машинку времени, выходит из-под иглы уже застывшим прошлым – все, по-другому уже не будет. А за секунду до этого можно было что-то сделать иначе – взять другую ноту, не наступить на шкурку от банана, сказать не «нет», а «да»? И прошлое стало бы другим! Или, как мне объяснял один физик, прямая времени простирается в обе стороны, и все наши поступки уже записаны в Книге Жизни? И когда тебя подмывает иногда взорвать привычный ход событий – одеться в лимонное трико, вбежать в поликлинику и запеть что-то громкое итальянское – не обольщайся, и это уже было записано как единственно возможное, и время не обмануть? Или ты так и не побежал? Значит, этот вариант был записан!

Я не знаю, как это устроено.

Была у Макса Фриша замечательная пьеса — не понимаю, почему ее у нас никто не поставил. Пожилой профессор, после получения очередной награды, сидит в одиночестве дома и сетует на то, что все у него было бы великолепно, не встреть он двадцать пять лет назад эту женщину — она сломала ему жизнь. Возникает некто в сером, именующий себя Регистратором, и предлагает профессору переиграть любой эпизод его прошлого. «Отлично! — восклицает профессор. — Я знаю, где и когда была совершена ошибка! Мне не следовало знакомиться с ней на том вечере!» И — тут же оказывается на этом самом вечере еще молодым человеком и уходит от знакомства. Ничего не получается — они знакомятся на следующий день при других обстоятельствах. «Ладно, — не унимается профессор, — но зачем я на ней женился?» Опять прыжок в прошлое, свадьба отменена, но не тут-то было: она происходит через месяц. Так, шаг за шагом, Регистратор доказывает несчастному профессору, что даже с помощью волшебства ничего в Книге твоей жизни изменить нельзя — не поддается переписке. Потому и грядущее — неотвратимо.

Грузины противопоставляют этой безнадеге простой и мудрый тост. «Вот мы сейчас сидим за столом с друзьями, и знаем, что завтра этот момент станет прекрасным воспоминанием, — говорят они. — Так выпьем за наше будущее, чтобы оно, становясь настоящим, оставляло нам в прошлом только прекрасные воспоминания!» Каково?

Я закрываю глаза и иду на чердак — для этого совсем не обязательно карабкаться по лестнице. Старые горнолыжные ботинки, гастрольные чемоданы, рюкзак, спиннинговые катушки — сколько им лет? Какими желанными они были для меня в моем будущем! И какое прекрасное у нас с ними было настоящее! Как же я могу с ними расстаться?

Вообще, размышлять о событиях, на ход которых ты не можешь повлиять, довольно противно. Так что хрен с ним, с грядущим. Просто слово «Будущее» мне нравится больше. Оно как-то теплее.

И довольно об этом. Вон утро уже наступает.

Или грядет?

Догнать и перегнать Америку

Не успел я, прилетев в Нью-Йорк, разбросать вещи по номеру, как ко мне ворвались мои старинные друзья – очаровательная семейная пара – и выяснилось, что мы немедленно едем к ним в гости, так как месяц назад они наконец купили дом в пригороде. Отпираться было бессмысленно.

Сколько раз я проходил это – и всегда заново поражался контрасту: вот ты ползешь на машине по Манхэттену, как по дну гигантского мраморно-зеркального ущелья, торчишь на светофоре на каждом перекрестке, потом вдруг ныряешь в туннель под Гудзоном и выныриваешь совсем в другом мире — бескрайнее открытое пространство, редкие низкие строения, перелески. Домик моих друзей оказался под Принстоном — по американским меркам недалеко, миль сорок. Через полчаса мы свернули с трассы, поехали медленнее. Пейзаж вокруг нас очень напоминал подмосковный — ели, дубовые рощицы, зеленые холмы. Чего-то только мучительно не хватало — нет, не березок. И даже не мусора. Чего-то еще. Мы незаметно въехали в поселок. Незаметно, потому что не было никакого въезда. Просто на лужайках появились домики. Не большие и не маленькие. И стояли они друг от друга не очень далеко и не слишком близко. С яркими детскими площадками, надувными бассейнами, беседками и мангалами. По лужайкам бродили ленивые толстые белки. А вот заборов — не было. Вообще.

Как же непривычно было на это смотреть! Как будто ходил всю жизнь с соринкой в глазу, и она уже вросла туда, и не болела — просто немного (казалось!) портила картину, а тут ее взяли и вынули. Ребята! Отсутствие забора — это не просто красиво. Это очень серьезно. Это значит, что тебе нечего прятать и скрывать. И людям вокруг тебя — тоже. И что никто не полезет через забор за твоим добром. Всего-то навсего, да?

Как же быстро летит время! Уже ушли в прошлое и стали достоянием истории мировой архитектуры первые строения новых русских — чудовища из красного кирпича с рахитичными окошечками-бойницами, рожденная подсознанием причудливая смесь кремлевских палат и Бутырской тюрьмы. И уже кто-то начал понимать, что если затеял строить себе хоромы в четыре этажа, то никак не могут эти хоромы стоять на двенадцати сотках, упираясь всеми окнами в соседний дворец. И что коттедж, оказывается, может быть красивым, и для этого нужно просто заткнуть фонтан самовыражения и пригласить хорошего архитектора и доверять ему. И все это уже происходит. Только мы этого не увидим – это все за глухим каменным забором.

Два раза в день я проезжаю мимо крепостной стены высотой в три этажа. Она сложена из темного гранита, видимо очень дорогая. Прямо за ней стоит дом – тоже из темного гранита, тоже в три этажа, торчит только крыша. От окон этого дома до стены – метра два-три. Я пытаюсь представить себе – кто эти люди, как им живется в такой красоте? Чему они радуются, какие у них дети? И главное – чего они так боятся? Прокуратуры? Киллеров? Так ни от тех ни от других стены, как выяснилось, не спасают. Боятся, что завтра все отберут? Так отберут вместе со стенами! А от деревенских воришек восемь метров скальной породы, согласитесь, многовато. Тут танком надо.

И знаете, о чем я подумал, стоя на лужайке у домика своих американских друзей? Мы можем сколько угодно кричать о нашем российском величии и мировом могуществе, но догоним и перегоним Америку только в тот день, когда обнаружим, что научились жить без заборов.

Вы способны представить себе Россию без заборов? Вот и я нет.

Космос

Я очень хорошо помню, что такое космос.

Тысяча девятьсот семьдесят пятый год. Август, Гурзуф, ночь. Темнота такая, какая бывает в Гурзуфе в августе ночью. Мы лежим на теплой гальке, раскинув руки, совсем рядом тихонько плюхает невидимое море. Внутри нас отчаянно ликует «Донское игристое красное». Если неотрывно смотреть в черное небо, переполненное звездами, можно увидеть спутник — еле заметную светящуюся точку, ползущую среди неподвижных светил. Андрюшка Григорьев, смешной хиппи с научным уклоном, объясняет: все спутники в мире запускаются для придания им большего ускорения против вращения Земли — то есть движутся с востока на запад. Следовательно, если мы видим тело, летящее в другом направлении, — это тело неземного происхождения, корабль пришельцев, летающая тарелка. Таких тел над нами довольно много, и мы заворожены величием и бесконечностью непознанного. Сам Андрюшка однажды семь ночей кряду просидел на московской крыше, силясь узреть летающую тарелку, но кроме нежданной совы, прилетевшей к нему поболтать, так ничего и не узрел. Чудный Андрюшка, царствие ему небесное.

Когда, в какой момент космос потерял для нас свою романтическую магию? Я помню радостное безумие, охватившее мир в пятьдесят седьмом — Советский Союз запустил первый спутник. Если быть точным, мира в свои четыре года не наблюдал, а что у нас творилось, помню – надо же, обогнали Америку! И сразу вдогонку первому спутнику – второй, а потом третий! Вот они, звезды! Рукой подать! Помню мельхиоровый подстаканник: на нем выдавлен земной шар – как полагается, весь в параллелях и меридианах, российской стороной к нам и с улыбающейся мордой. Москва отображена звездочкой, и из нее в небо направляются три дуги: на конце одной – первый спутник, шарик с четырьмя антеннками, на второй – спутник номер два, из него торчит собачья голова в шлеме – Лайка! На третьей – третий спутник, совсем уже похожий на фантастический звездолет. Да космос уже наш!

Помню, как по Большому Каменному мосту торжественно едет серая открытая «Чайка» в эскорте мотоциклистов. Она завалена цветами, как могила, в них по пояс сидят Никита Сергеевич Хрущев и Юрий Гагарин – первый космонавт на планете! Толпа по обе стороны моста кричит, машет чем попало, вдруг откуда-то выдергивается тетка в сарафане и кидается к машине – целовать Гагарина. И ничего, никто не бьет ее дубинками и не крутит руки. Представляете себе – я застал время, когда никаких дубинок у милиции не было в помине! Верите?

Страшно хотелось в космос. Я вполне трезво рассматривал эту перспективу. Я перечитал, кажется, всех советских фантастов, талантливых и бездарных – все тогда писали о космосе.

А тем временем на орбиту отправился еще один космонавт, а потом еще, а потом сразу трое, а потом случилась катастрофа, а потом мы все как-то попривыкли – и к космическим полетам, и к катастрофам. Последний всплеск эйфории случился в шестьдесят девятом – человек на Луне! Опять на миг показалось, что завтра на Марс, а оттуда – к Альфе Центавра. Но вместо этого вскоре вдруг оказалось, что полеты в космос перестали быть главным способом утверждения политического превосходства, а стали, наконец, тем, чем они были – очень дорогими и небезопасными научными экспериментами с не всегда объяснимыми целями. И со слова «космонавт» слетел волшебный флер, и оказалось что это – тяжелая, не всем доступная, опасная и не слишком хорошо оплачиваемая профессия. И все. Помните, в «Солярисе»? «Человеку не нужен космос. Человеку нужен человек». Не стал я космонавтом.

Есть, правда, еще один Космос. Он – внутри каждого из нас. Он бесконечен, и наполнен ангелами и демонами. И иногда нам только кажется, что мы имеем над ними власть. А между тем сегодня из нас выпускают демонов – методично и осознанно. Сталкивая нас лбами, ссоря «патриотов» и «либералов», «русских» и «нерусских», приезжих и местных, брызгая на нас слюнями с экранов, где одно общественно-политическое шоу сменяет другое, топая ногами в защиту якобы православной веры. Власть, кажется, забыла, что выпустить демонов куда проще, чем загнать их обратно. И вот когда процесс примет окончательно неуправляемый характер – будет вам космос.

Калькулятор гармонии

Мне в жизни невероятно повезло – мой отец обладал способностью видеть красоту. Для этого, кстати, необязательно быть художником (хотя отец именно им и был). Я не знаю, каким образом он передал эту способность мне – никаких специальных занятий, насколько помню, не проводилось. Но уверен, что дело тут не только в генах.

Я смотрю вокруг и думаю: как славно было бы создать прибор, измеряющий количество гармонии в мире. Или в отдельно взятом явлении. Если не количество, то хотя бы ее наличие. Или отсутствие. Две лампочки – красная и зеленая.

Ведь человечество разучилось считать столбиком, и появился калькулятор. Правда, если быть точным, то тут как раз все наоборот: человечество быстро разучилось считать столбиком именно благодаря появлению калькулятора. С другой стороны, мы настолько хорошо разучились чувствовать гармонию, что появление прибора просто неминуемо. Осталось изобрести и обязать к применению.

Иначе мы уже никогда не поймем, что анекдот, рассказанный по радио или напечатанный в газете, в тот же момент перестает быть анекдотом навсегда. Превращается из хорошего анекдота в плохую юмореску. И что соленая шутка с матюгом, лихо сымпровизированная на сцене кабаре, становится несмешной на экране телевизора и совершенно непереносимой в кино. И что сленг, звучащий естественно в молодежной компании, омерзительно фальшиво выглядит на билбордах в рекламе газировки или пива. Ибо гармония есть соответствие друг другу массы аспектов – жанра, места, времени, пространства, ритма, цвета, мелодии и слова, а пошлость – результат несоблюдения этих соответствий. Понимаете? Не понимаете? Вам совершенно необходим прибор в карманном исполнении.

А еще хорошо бы специальную службу по охране гармонии от посягательств. Федеральную. Небесно-голубая форма, эмблема – какая-нибудь лира с крылышками. Прибор большой, откалиброванный, крепится на спине в виде рюкзака. «Нарушаем, граждане!» И свод административных взысканий – от штрафа до лишения прав участвовать в творческом процессе.

Да я не о цензуре, дураки вы. Я о прекрасном.

Как научить слышать камертон, по которому строится гармония? Осязать эту тончайшую ниточку от Творца к человеку? Вообще-то, научить можно. Только в очень раннем возрасте – пока не заполнилась черт знает чем та самая полочка в голове, которая отвечает за то, что такое хорошо и что такое плохо. В школе это делать уже поздно. Так что это задача родителей – пока их ребенку от двух до пяти. Успеешь посеять правильные семена – дальше будет расти само. Все хорошо – с родителями беда: их самих никто в свое время не научил. Любят анекдоты по радио и сериал «Счастливы вместе». А в учебном заведении, даже самом продвинутом, учить уже поздно – полочка заполнилась, дверца закрылась. Программа, отвечающая за способность видеть прекрасное, убита вирусом навсегда. И все – словами не объяснишь, линейкой не измеришь. Вот гениальный Леонардо открыл золотое сечение – основу гармонии пропорций. Так это только пропорции. Говорят, жизнь скрипачей с абсолютным слухом мучительна: в каждом звуке они слышат малейшую фальшь, которую мы, обычные люди, даже не замечаем. А ведь мир меняется с каждым днем, и завтра может случиться так, что вообще никто не поймет, о чем я. И вообще хаос – самая стабильная форма существования. И будет им всем хорошо.

Человек, рассчитывающий свой продукт на идиотов, либо сам идиот, либо сволочь. Уродливые телепрограммы, кошмарные диджеи, разбавляющие болтовней бездарные песни.

Хозяева этого зоопарка похлопывают меня по плечу и снисходительно объясняют, что это все не для меня. Понимаю. А можно что-нибудь для меня? Для меня и моих друзей. И для друзей моих друзей – нас не так уж мало и мы тоже живем здесь. Можно даже за деньги – бог с ним, я заплачу.

Или вы уже разучились?

О музыке

Нет-нет, господа, поверьте мне: если уж мы говорим об искусстве, то музыка — искусство искусств, высшая его ступень. Музыка необъяснима и иррациональна. Желаете пояснений? Извольте.

В любом из искусств помимо «как» (что и составляет тайну искусства) непременно есть еще и «про что». Про что там у тебя книжка — про любовь, про войну или про дружбу? Ромео и Джульетта умерли от любви, и мы печалимся, Чапаев опять не доплыл до берега — горе, бурлаки тянут баржу, им тяжело и жарко, и мы сопереживаем. Даже балет, по сути набор живых картинок к музыке, имеет содержание — про что там «Лебединое озеро»? А тут дядька склонил голову, провел конским волосом смычка по струнам скрипки — и ты вдруг заплакал. Что с тобой, дружок? Про что это ты плачешь?

Теория, как водится, очень хорошо объясняет, как та или иная музыка сделана, но никогда не объяснит, как ее сделать. Краски, положенные на холст, даже в полном соответствии с инструкцией, еще не есть картина.

Музыка нанизана на ритм, как все живое на нашей планете (а индейцы считали, что живое на планете — все, считая саму Мать-Землю, и я с ними согласен). Все вокруг подчинено ритму: день и ночь, зима и лето, приливы и отливы, фазы солнечной активности, смена глобальных потеплений и ледниковых периодов. Порывы ветра хаотичны, а волны ударяют в берег, создавая мощный ритм — как это? Внутри каждого из нас ритмично бьется сердце. Там, где остановился ритм — закончилась жизнь. Ритм задан нам Богом.

Мы многое знаем о тайнах ритмов, и не знаем ничего. Сейчас с помощью ритмов (инфразвук) лечат болезни — опять. Раньше это делали шаманы. Ударяя в бубен, шаман стучался в двери к богам. И двери открывались, поверьте, — если ты знал правильный ритм.

А мелодия? Почему мелодия, лишенная содержания, заставляет нас переживать? Всех, включая детей? Я в свое время посвятил этому целое исследование, но не боюсь повторяться.

Товарищ Жданов, надзиратель над советской культурой, топтавший Шостаковича, утверждал: музыка — это то, что можно напеть. Он был почти прав, сволочь. Просто собственный музыкальный уровень не позволял ему напеть Шостаковича. Рылом не вышел.

А мелодия повторяет интонации нашей речи. И справедливо это для всех народов мира — английские мелодии перекликаются с английскими интонациями, индийские — с индийскими. Мы никогда не говорим на одной ноте — мы говорим музыкальными интервалами. И чем мы более взволнованны, тем отчетливее звучат эти интервалы. И говорим мы то в миноре, то в мажоре — в зависимости от того, о чем говорим.

Как просто, да? Казалось бы. Так про что там эта мелодия?

Ребята. Музыка — это язык Бога. Мы слышим его через проводников — композиторов, музыкантов. А вот они — они слышат его сами. Не все. Не всегда. Но это ни с чем не сравнимое чувство. Завидно?

Вам нравится, как поют в церкви? Независимо от того, кто поет – профессиональный хор или пять деревенских бабушек? Мне тоже нравится. Причем пение бабушек нравится больше: они слышат Бога, и Бог слышит их.

В XX веке человечество получило сразу много опасных игрушек: атомную бомбу, радио и телевидение, Интернет. Звукозапись. Конечно, впервые в истории музыка стала достоянием миллионов. Хорошо, да? Только не музыка, увы – звуки музыки. Не все ее составляющие, похоже, фиксируются записью. Та самая ниточка, которая связывает музыканта с Небом в момент исполнения, – не записывается. Только ее бледный след. Каждый обрел возможность сколько угодно слушать любимые произведения – в консервах. И как ими научились торговать! Но в консервах Бога нет. Да и ротация никогда еще никому и ничему не шла на пользу.

Человечество, само того не ведая, превратило музыку из принцессы в Золушку. Сегодня девяносто процентов музыки, которую мы слышим (хотим или не хотим), – это фон. В лифте, в баре, в супермаркете, в телевизионных программах, за рулем машины. А мы разговариваем, спорим о чем-то, думаем о другом. Прикрутили потише, чтоб не мешала, и делаем свои дела. Какой, к черту, Бог? Мы просто стали бояться тишины. Мы, оглушенные децибеллами городских улиц, хамской рекламой, болтовней идиотов-радиоведущих, разучились слушать тишину. И голос Бога в музыке для нас уже почти неразличим. А слесари-штамповщики студийного цеха, кующие новый бессмертный хит для певицы Сюси, юные безграмотные диджеи, складывающие свои шедевры из лупов и сэмплов – специальных музыкальных консервиков, для них заготовленных, – все они только думают, что делают музыку. Нет, ребята, вы делаете глушилки. И они хорошо работают.

Вскоре после того, как планету впервые в истории накрыл пластиночный бум, случилась Вторая мировая война, унесшая рекордное, невероятное количество жизней. Не видите связи? А я вижу.

Человечество, которое не слышит Бога, — долго ли проживет?

О любви к гитаре

Сначала – необходимое маленькое предисловие. Если вы, читатель, например, токарь, или работник умственного труда, врач-окулист, депутат государственной думы или менеджер среднего звена, и никогда не имели отношения к музыке и к музыкальным инструментам – не читайте эту историю, прошу вас. Она будет вам непонятна и кроме раздражения вы ничего не испытаете.

Наверно, я выбрал неправильное название. Это примерно как какой-нибудь выдающийся кинорежиссер опишет в книге всех своих любимых на протяжении творческой жизни женщин и назовет все это «О любви к женщине». Это будет в корне неверно – он любит не женщину вообще, как класс, а своих, конкретных, разных. Так что следовало было назвать повествование «О любви к моим гитарам». Хотя звучит хреново. Не знаю.

Я никогда не предполагал, что у меня соберется столько гитар. Я вообще-то не ставил себе такой задачи. Долгое время количество гитар являло из себя необходимый минимум – одна. Электрическая, для игры в группе. Ну, еще одна – простенький акустик, чтобы на нем дома бренькать и сочинять, а простенький – чтобы не жалко и не страшно было таскать его с собой в хлипком самодельном матерчатом чехле. Да к тому же на сложненький не было денег, а и были бы — где его купишь в стране Советов? Выбор крайне небольшой: отечественные — производства фабрики Луначарского и Шустовской фабрики муз. инструментов (это как раз простенькие), болгарские «Кремоны» и гэдээровские (уже и страны-то такой нет!) «Ресонаты» — тоже, в общем, простенькие, но дорогие. К тому же и те, и другие появлялись на прилавках страны победившего социализма внезапно раз в год, и тут же сметались армией заранее оповещенных доблестных спекулянтов и фарцовщиков. В общем, достать гитару было делом очень непростым, и уже это придавало ей дополнительную ценность. Что же касалось гитары электрической — то я, как и все советские битлы семидесятых, двигался по единственно возможному тогда пути — чтобы поднять класс своего инструмента, надо было удачно продать его, добавить денег и купить новый — лучшего качества. При этом не зависнуть на время без инструмента вообще, не нарваться на кидалово и подделку. Общение с темными и высокомерными жуликами, которые толклись на пятачке у входа в магазин музыкальных инструментов на Неглинке (магазин и по сей день там стоит — фарцовщики только вымерли как класс) радости не доставляло. К тому же их регулярно прямо на месте вязали менты, и можно было заодно попасть под раздачу — будут они разбираться, кто тут спекулянт — волосатый и волосатый. Но выбора не было. Если в Москву приезжала какая-нибудь головокружительная гитара с западной части света — скажем, папа-дипломат привез сыну, а тот раздумал играть и продает — информация эта мгновенно облетала всех музыкантов. При полном отсутствии мобильной связи, заметьте. Звонили друг другу по домашнему, из уличных автоматов за две копейки, вздыхали, пытались (как правило, безуспешно,) занять денег. Ах да, я забыл — с деньгами в СССР тоже было плохо. Примерно как с гитарами.

Вот вам история конца семидесятых. Мы уже были известной, хотя все еще подпольной командой, и о новых инструментах залетевших в Москву, мне сообщали молниеносно. Гибсон! Родной! Лес Поль де люкс! Отдают! Уж не помню, как я наскреб денег — три тысячи рублей, между прочим, половина автомобиля «Жигули» — прилетел к хозяину, который оказался моим знакомым (слово «хозяин» условно — это были не вторые, не третьи и не четвертые руки, но кого же это волновало?), потрогал, обомлел — купил! Черный Лес Поль де люкс — как у Джимми Пейджа, а может и покруче! Года два играл на нем самозабвенно, вызывая зависть московских и питерских рок-н-ролльщиков. Потом к нам на репетицию под каким-то предлогом зашли два музыканта из Киева. А на следующий день явились менты и арестовали меня вместе с гитарой. Оказывается, этому киевскому гитаристу родственники из Канады прислали Гибсон три года назад. Через несколько дней его у него украли (как выяснилось — руководитель ВИА, в котором этот парень и работал). Парень бросил работу, семью и ТРИ ГОДА рыскал по бескрайнему Союзу в поисках своего инструмента. И нашел. Хорошо, что я помнил, у кого купил его, и цепочка раскрутилась в обратную сторону. Я хочу, чтобы вы поняли — это история не про пресловутую украинскую скаредность. Это про то, что значила в те годы хорошая гитара для гитариста.

Я намеренно пропустил период музицирования на самодельных электрогитарах. При всей степени нашего религиозного поклонения электрогитаре вообще эти произведения больной детской фантазии назвать инструментами было трудно. Лично через меня прошли две — одну мы выстрогали вместе с папой, другую я, дурак, купил на толчке на Неглинке за семьдесят рублей, прельщенный изумрудным пластмассовым перламутром, и тщетно пытался присобачить к ней вибратор, т. е. «кочергу» собственной конструкции, не понимая, почему при первом прикосновении к ней гитара расстраивалась бесповоротно – и осознал, что время самопальных гитар для меня прошло навсегда. Иногда максимализм (не путать со снобизмом) очень даже хорош. Он заставляет двигаться вперед

Электрогитары, рожденные соцлагерем (для тех, кому интересно: ГДР – Музима, Этерна, Этерна де люкс, чехословацкие – Стар 5 и Стар 7) радовали нас недолго. И назывались они красиво, и лаком блестели, а в звуке их было что-то социалистическое, ненастоящее. Недавно, изучая битловское наследие, с изумлением обнаружил, что Джордж в пятьдесят девятом году играл на чехословацкой гитаре – он называлась Футурама. Конечно, исключительно по причине ее дешевизны в Англии. Думаю, если бы чешские производители об этом узнали, они сделали бы себе рекламу на десятилетия. Но узнать они не могли – и Битлов-то в пятьдесят девятом еще никто не знал. А стали они знаменитыми уже с другими инструментами в руках.

В общем, при первой возможности соцгитара менялась на кап. Я сейчас очень жалею, что не осталось у меня ни одной гитары ни самопального, ни социалистического периода – очень было бы интересно взять в руки и оценить наш тогдашний стоицизм. У Артема Троицкого, слышал, лежит чешская гитара начала семидесятых, принадлежавшая Алексею Белову – Вайту (я эту гитару хорошо помню). Вроде бы он купил ее у Вайта в тот момент, когда тому стало тесно в социалистических рамках, подозревая, что когда-нибудь русский рок-н-ролл станет частью истории. Обязательно напрошусь в гости и подержу в руках.

Сегодня гитар у меня, конечно, больше чем, скажем, может понадобиться на одном концерте. Концерт при необходимости можно отыграть и на одной. Обычно я использую две-три. Во-первых, я беру инструменты разные по звучанию, во-вторых, всегда есть опасность, что порвется струна – не ставить же новую на глазах у терпеливой публики. И этого количества мне достаточно. Когда у нас на фестивале «Сотворение мира» выступал Джон Фогерти, меня как-то даже покоробило, что перед каждой песней ему меняли гитару. Нет, можно, конечно – если позволяют средства. Но что-то в этом было от деревенских понтов – вот сколько у меня гитар! Ну и чего?

Но. Одинаковых гитар не бывает. Я говорю о хороших гитарах – плохие все одинаковые. При этом новые гитары меня уже давно не интересуют – во-первых, в гитаре как в инструменте уже давно нечего изобретать, а все, что изобретено, раньше делали лучше, а во-вторых – и это главное – они не застали Эпоху, они ничего не могут помнить. И увидев старый инструмент, готовый поведать мне свои истории, я ничего не могу с собой поделать. Поэтому, оказавшись на Манхэттене, я с удивлением понимаю, что ноги сами несут меня на сорок восьмую стрит, где прилепились друг к другу музыкальные магазины и магазинчики – Rudy's, Sam Ash (последний недавно переехал куда-то в даунтаун – зря, намоленное было местечко), и я в который раз уговариваю себя, что ничего покупать не буду, у меня все есть – просто посмотреть, честное слово! И вдруг – Гибсон L 5, конца шестидесятых, и это ведь такая редкость, и ты всю жизнь мечтал хотя бы подержать его в руках, и тебе осторожно снимают со стены эту огромную, торжественную, как старинный Роллс-Ройс, гитару, а ты уже не дышишь, и вот ее включили в маленький ламповый усилитель, и ты провел рукой по струнам, и вдруг увидел старого негра с седой бородкой, добряка, любителя блюза, выпить и молоденьких черных хохотушек с круглыми попками, проигравшего в нью-орлеанском биг-бэнде четыре десятка лет, и каждый день эта гитара была в его руках, и свет софитов отражался от ее круглых гнутых боков, и они вместе делали музыку, а люди под эту музыку танцевали, пили, веселились, печалились, влюблялись... И вот теперь она, уже не очень молодая, но мудрая красавица, тихонько говорит мне — возьми меня с собой, а? И что я должен — вот так повернуться и уйти? Нет, я даже не буду долго торговаться, я уже все решил, а потом я вернусь с ней в гостиничный номер, достану ее из чехла и прежде чем звать друзей и хвастаться, буду долго сидеть с ней на кровати и перебирать аккорды, и она будет рассказывать мне — мне одному! — историю своей жизни и любви. Ведь если люди помнят свои любимые инструменты, то и инструменты помнят людей! А как же?

Продавцы гитарных магазинов — совершенно особый народ. Как правило это очень техничные гитаристы, многие работают на студиях сессионными музыкантами. Чего-то не хватило им, чтобы стать звездами на сцене, и теперь они живут среди своих любимых существ. Они среди них как рыбы в аквариумах. Они дышат в них, как в кислородные подушки. Задача любого продавца в любом магазине — втюхать клиенту товар. В любом, но не здесь. Однажды я уидел в витрине Грейч Кантри Классик — на этой модели играл Харрисон в середине шестидесятых. Я вспомнил, что у меня такой нет, и сразу захотел. Гитара оказалась новая, к тому же производство их из Америки перенесли в Японию. Я расстроился. Продавец сообщил мне, что в шестидесятые фирма Грейч использовала для звукоснимателей недолговечные магниты, поэтому все Грейчи тех лет уже не звучат, и что если я хочу на ней играть, а не повесить на стенку – надо брать новую, а если я настаиваю на старой, пожалуйста, у него есть, стоит она, конечно, дороже, но он в обед съездит, привезет, и, пожалуйста, выбирайте. И съездил, и привез, и оказался прав. А ведь, по всем законам жанра, должен был, услышав «Хочу старую!», молча привезти, не рассказывая о всех ее недостатках, отдать покупателю – ну раз он сам хочет! – и заработать в пять раз больше!

Взаимоотношения инструментов и музыкантов – интереснейшая тема. Это любовные – нет, скорее супружеские отношения, потому что помимо любви тут еще бывают ссоры, примирения, выяснения отношений. Бывают и трагедии – одна моя гитара, случайно услышав, что я собираюсь ее поменять, совершила попытку суицида – взяла и грохнулась со стойки об сцену. Сама. Отколола себе гриф. Я уже писал об этом.

Любой гитарист, обретя желанный инструмент, замечает, что стал играть немного лучше. Ладно бы он – другие замечают. Это у них с гитарой роман, они стараются понравиться друг другу изо всех сил. Чудесный отрезок жизни. Жаль – как правило, недолгий. Если на гитаре не играют – она хиреет, перестает звучать, может даже заболеть – например, поведет гриф. Вот казалось бы – ну как может измениться звучание? То же дерево, та же электроника, те же струны – что случилось? А это ей показалось, что ее больше не любят. Или не показалось? Поэтому я стараюсь выгуливать на концерты все свои гитары (ну, почти все – некоторые изначально домашние и покидать дом не хотят) – я всех их люблю одинаково. А нелюбимых – зачем держать в доме?

Кому-то это покажется записками сумасшедшего, но уверен – вам все это подтвердит любой гитарист. Возможно, скрипач. А вот пианист – вряд ли: дома он, как в старозаветной семье, живет с одним инструментом, а на работе имеет дело с тем, что там оказывается – какая уж тут любовь? Так – внезапная вспышка страсти, а чаще – вежливое терпение, унылое соитие. И что еще важно – мне кажется, любовь возникает от непосредственного контакта пальцев и струн. В фортепьяно между этими электродами расположены клавиши, молоточки – механика. Получается, как через отверстие в одежде.

А ведь тактильные ощущения в любви очень важны, верно?

Мы переезжаем

Мы переезжаем в новый дом. И уже так скоро, что от старого дома это невозможно скрыть. С домом истерика. За две недели сломалось все, что могло сломаться. Горят выключатели, лопаются трубы. Ночью хлопают двери, кто-то вздыхает, падают картинки со стен. Дом не хочет нас отпускать. Я ощущаю это физически. Я мучаюсь так же, как он, и не могу его утешить.

Все знают, что бывает, если за рулем машины вдруг начать рассказывать приятелю, что скоро собираешься ее менять. Если не знаете, попробуйте. Впрочем, пробовать как раз категорически не советую: или что-нибудь тут же выйдет из строя, или во что-нибудь въедете. И случаи такие числом своим сильно спорят с теорией вероятности. Я не мистик, вы уж мне поверьте.

А как обижаются гитары, когда в их компании появляется новая, и ты, что естественно, уделяешь ей больше внимания! Треснувшая дека – самый банальный вариант. Одна моя гитара в этой ситуации натурально попыталась совершить самоубийство – бросилась плашмя на пол на глазах у всех. Ее спасли, склеили, но она все равно осталась инвалидом на всю жизнь.

У меня в ящике стола лежит продолговатая жестяная коробочка. На крышке – сюжет басни Крылова «Ворона и лисица». Картинка давно облупилась, но силуэты еще можно прочесть. Крышка продавлена, закрывается плохо. Эту коробочку я купил в отделе школьно-письменных принадлежностей магазина «Детский мир» в тысяча девятьсот шестьдесят девятом году, когда пошел на подготовительные курсы рисунка в Московский архитектурный институт. Я носил в ней остро отточенные карандаши, лезвие и ластик – она еще замечательно гремела. С ней я поступил в институт, с ней его окончил. Уже много лет она лежит в ящике стола без дела. Я не могу ее выбросить – она меня очень любит. Дом наполняется предметами, с практической точки зрения не имеющими никакого смысла. Один мой товарищ считает, что все это — якоря, мешающие плыть дальше. Наверно, если безжалостно отсекать все, что связывает тебя с твоим прошлым и начинать каждый день с чистого листа. «Стирай свое прошлое!» — учил Кастанеду дон Хуан. Я не могу. За что ж его так?

Просто в мире не может быть односторонних связей. Это противоречит и физике, и гармонии, и элементарной логике. Если Солнце посылает свет на Землю, то Земля возвращает отраженный свет Солнцу. Любовь рождает любовь. И делить в этой ситуации предметы на одушевленные и неодушевленные по меньшей мере самонадеянно. Что мы знаем о душах вообще и о душах вещей в частности? Что мы вообще об этом знаем? И если ты видишь свое отражение в зеркале, почему ты отказываешь ему в праве видеть тебя? И если ты скучаешь по старой потерянной трубке, по вещице, пропитанной твоей любовью — как же она может не тосковать по тебе?

И я иногда чувствую, что в этих двусторонних связях спрятано что-то очень близкое к тому, что мы бы назвали смыслом жизни — во всяком случае, к организации связей всего сущего: природы, вещей, людей. Просто наше несовершенство не позволяет нам увидеть происходящее с противоположной стороны. Мы как полупроводники — только слева направо. А увидь мы всю картину целиком — мы бы поразились ее простоте. И гармонии. И поняли бы, как важно эту гармонию хранить и не разрушать. И еще мне кажется, что в последнюю секунду жизни каждому из нас эту картину обязательно покажут.

Как двоечнику — ответ в конце задачника.

По поводу тайны

Не знаю, как вы к этому отнесетесь, но я совсем не одобряю поступка господина Сноудена. Странно, правда? Я считаю, что пока на планете существует такое понятие, как государство, будет существовать и понятие государственной тайны. И человек, которому эту тайну доверили, а он взял и раструбил ее на весь свет, – государственный преступник. Это нашему президенту, бывшему разведчику, должно быть особенно хорошо понятно. Так что когда он этого самого Сноудена приголубил – выглядело это, на мой взгляд, несколько странно. Приятно, конечно, уесть Америку, но не любым же способом. А профессиональная солидарность, корпоративная этика?

Что он нам там раскрыл, кого и как американцы прослушивали – это другой вопрос.

У меня при слове «тайна» всплывает в памяти раннее-раннее детство. Помните, что такое «секретик»? Что-то как тайный объект (вот интересно – совершенно неважно при этом – что! Все что угодно! Хоть фантик от «Мишки на севере»! Главное – тайна!) клалось в коробочку, коробочка опускалась в специально вырытую в укромном месте ямку, сверху – обязательно стеклышко, чтобы коробочка лежала в уютной пустоте, сверху – земля и всякая маскировка. Секретик надо непременно зарывать вдвоем, одному хранить тайну неинтересно, и обсудить не с кем. От секретиков у всех моих друзей черные ногти, все ходят переполненные важностью хранения тайны. Вообще, советский мир был пропитан тайнами. Я помню, мой папа хотел сфотографировать Музей изобразительных искусств имени Пушкина на Волхонке (мы жили напротив) и его чуть не арестовали — нельзя фотографировать! Да почему? Тайна!

Пытали злые буржуины храброго Мальчиша-Кибальчиша — так и не выдал он им Главной Военной Тайны. А была? Сдается мне, не знал он никакой военной тайны — начитался листовок, наслушался агитаторов-горланов-главарей. Хорошо еще, телевизора не было. Наслушался — и ослепила его ненависть к мировой несправедливости. Его и друзей-мальчишей. Устроили гражданскую войну, порубали, постреляли, выгнали из страны да пересажали миллионов десять — сразу все стало справедливо. Справедливее не придумаешь.

А мы взрослели — и тайны раскрывались одна за одной. Потому что «Тайное всегда становится явным» — талдычили нам взрослые. Изумрудный город оказался сложенным из стекляшек — только сними зеленые очки. Золотой ключик отпер дверку за старым холстом — и вот она, Волшебная страна. И никакой тайны. А там — что такое портвейн, и как правильно курить, и зачем мальчики отличаются от девочек... Сколько тайн раскрыто!

У меня такое ощущение, что в современном мире тайн не осталось. Взрыв коммуникационных (да и прочих) технологий сделал его маленьким и абсолютно прозрачным. Я имею в виду настоящие, планетарные тайны — например, поймали американцы инопланетян и прячут, никому не показывают. А? Если бы. Нет у них ни черта.

А всевозможные военные тайны – сколько там у кого каких ракет и пороха – на самом деле давно уже не тайны. Так, секретики.

Под стеклышком.

А тут еще Сноуден.

Озеро Комо

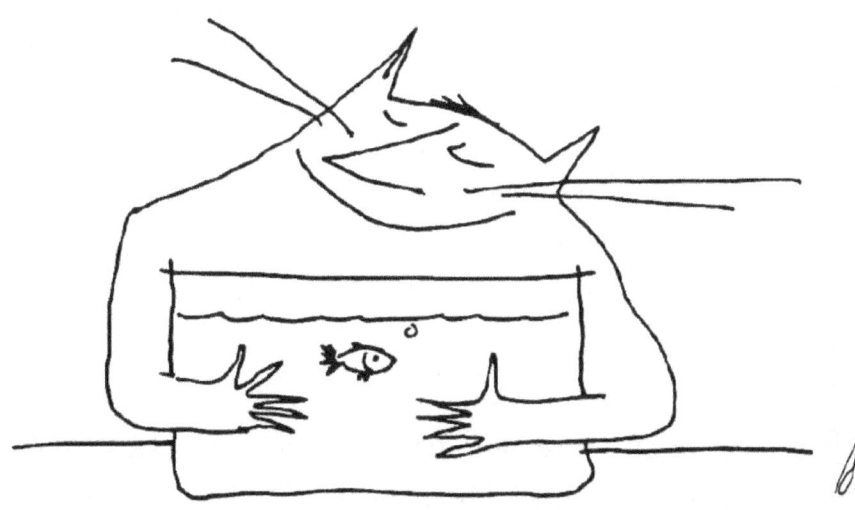

А я и не знал, что есть в Италии такое озеро – Комо. Пока меня не позвал туда мой приятель. Комо находится на севере Италии, совсем рядом за перевалом – Швейцария, Сент-Мориц. Дорога перетекала из одного городка в другой, справа зеленела вода, слева тянулись невысокие горы, покрытые пиниями. Каждый объект в отдельности не поражал воображения – ну, горы, ну сосны, ну черепичные крыши и колокольни – видали. Но соединяясь в единую картину, все это давало ощущение какой-то удивительной соразмерности человеку, гармонии и покоя. Такие вещи не всегда поддаются анализу разума – тут работает что-то другое.

Городки совсем крохотные, но это города, каждый со своим названием и историей. В каждом – традиционная площадь с ратушей, костелом, ресторанчиками. Дома на вид просты и рациональны. Откладываются в сознании как «старые» и не сразу понимаешь, что им по 200–300–400 лет. Самому старому – тысяча, и он ничем не отличается от трехсотлетних, и в нем точно так же живут люди. Горожане – приветливы и незатейливы, они не важничают и не заигрывают с тобой – удивительное сочетание общительности, юмора и чувства собственного достоинства. Джузеппе (очень похож на Георгия Данелию) – успешный риелтор, строитель и владелец нескольких вилл – ездит на простецком мотороллере. Говорит, что, во-первых, нравится, а во-вторых, по узким улочкам удобнее. («Эге – подумал я, – что, узкие улочки – это основание не купить шестисотый и не ездить как все?»)

Но я не про это.

В зеленоватой прозрачной воде озера Комо (не цветет, собака – целлюлозного комбината на них нет!) лениво плавали рыбы. Рыбины! Последний раз я видел такое в Африке, но посреди совершенно дикой саванны. Рыбины очень напоминали нашу озерную форель. Они грелись у самой поверхности. Посетители ресторанчика, нависавшего над водой, крошили им булки. Рыбы, не спеша с достоинством пробовали. («Ну, все понятно, смекнул я – заповедник. Нельзя ловить. Хотя, что же, заповедник – это основание, чтобы не ловить?» – тут же вспомнил я родину.) «Да нет, – сказал Джузеппе, – никакой это не заповедник, пожалуйста, ловите». «А что же не ловят?» – изумился я. «А они сейчас не очень вкусные – не сезон».

Я попытался представить себе озеро, окруженное городками (ладно, деревнями) в глубине нашей страны, и чтобы по нему так же плавали непуганые рыбы – и не смог. При всем богатстве своего воображения. Нет, озеро с городком могу, скажем, Переславль-Залесский. А с рыбами – нет. Переловят, перетравят, перебьют за полгода. И даже не потому, что жрать нечего (хотя и это тоже), а просто – чего они? Потому что человек преобразует окружающую его среду в соответствии со своими представлениями о прекрасном. Поэтому немыслима у нас в глубинке неразбитая автобусная остановка, или свежевыкрашенный забор без слова «хуй», или свободно плавающие в речке рыбы. Раздражают. Не вписываются.

Господи, сделай что-нибудь с нами со всеми.

Если сможешь.

О безумии

За всю свою жизнь я, пожалуй, единственный раз встречал по-настоящему безумного человека – не считая нескольких посещений дурдомов. Дело было в Восточной Африке, был он капитаном шхуны и звали его Йохан. Но – по порядку.

Пятнадцать лет назад я снимал для телевидения фильмы про подводную жизнь. Особенно меня интересовали акулы – я обожал их с детства, всяческое враньё про их кровожадность воспринимал как личное оскорбление и в фильмах своих стремился доказать, что уж для человека с аквалангом акулы не представляют никакой опасности. С этими съёмками мы мотались по всему свету и иногда попадали в совершенно удивительные места.

Остров Бассас да Индиа расположен в Мозамбикском проливе аккурат между Мозамбиком и Мадагаскаром. Островом его можно назвать с большой натяжкой – это риф, образованный жерлом древнего вулкана диаметром около трех миль. В моменты отлива его поверхность возвышается над гладью океана сантиметров на пятьдесят, не более, во время прилива он полностью скрывается под водой. До открытия судоходства по Суэцкому каналу, то есть до 1869 года, морские пути лежали вокруг Африки, и на этом рифе закончили свой путь сотни кораблей. Когда океан отступает, видно, что поверхность его украшает множество старинных и совсем древних якорей – все, что осталось от разбившихся фрегатов, шхун и каравелл – дерево в тропических водах сохраняется совсем недолго. Я знал, что место это совсем дикое, дайверов там не бывает, и акулы должны быть непуганные – явление сегодня уже редкое.

Так вот, капитана шхуны, которую мы арендовали для нашей экспедиции, звали Йохан, он был из Южной Африки. Когда я увидел его посудину, я сперва подумал, что это реплика для ублажения туристов – и ошибся. Это была настоящая древняя двухмачтовая шхуна – прямо из «Детей капитана Гранта» и примерно того же возраста, причем, похоже, в доке за это время она не бывала ни разу. Правда, имелся в наличии кое-какой мотор.

Команда оказалась малочисленной, странной и неприветливой. Она состояла из мориста – он однажды показал свою чумазую рожу и навсегда скрылся в трюме, юного черного паренька, который лопотал по-своему, ни черта не понимал по-английски и был прозван Максимкой, и здоровенного мужика в бакенбардах, который по утрам сидел на палубе и чистил железяки, очень напоминающие детали ручного пулемета. Впоследствии мой товарищ Марк все же разговорил его, и он оказался настоящим солдатом удачи, провоевавшим в Мозамбике десять лет за деньги. Еще имелись в наличии две одинаковые тайские девушки, которые появлялись, когда нас надо было кормить – все остальное время они, похоже, содержались взаперти в капитанской каюте. Кормление являло из себя пытку – обеденный стол был прикручен на корме намертво, как и две длинные лавки вдоль него. Лавки отстояли от стола сантиметров на семьдесят, и дотянуться до тарелки было практически невозможно. К тому же шхуна очень плохо держала волну, тарелки то и дело летели на палубу, и тайки с каменными улыбками несли новые.

За сутки мы дошли до острова, встали на якорь с подветренной стороны – болтать наконец перестало – и занялись работой. Капитан поглядывал на нас как на малых неразумных детей – он не понимал, чем мы занимаемся и зачем нам акулы. На вторые сутки я узнал, чем занимается он.

Капитан Йохан искал сокровища. Он составил карту острова, изучил все немногочисленные архивы – свидетельства кораблекрушений. И тут возникло совершенно неожиданное препятствие: оказалось, что Французское государство (а остров находится под юрисдикцией Франции) тоже в курсе возможного наличия сокровищ на морском дне и не собирается никого допускать к этим поискам. Йохан пришел туда на катере – военный патруль прогнал его на следующий день, чуть не арестовав. Йохан арендовал гидросамолет – французы пообещали его сбить. Но не так-то прост был капитан Йохан – он выяснил, в каком случае морской кодекс позволяет тебе бросать якорь, невзирая на запреты, – исключительно если ты находишься на парусном судне и оно терпит бедствие либо требует починки.

И тогда Иохан купил «Миеко» – разваливающуюся двухмачтовую шхуну начала XX века. Он подходил к острову и объявлял, что шхуна сломалась и необходим срочный ремонт – и французы ничего не могли с ним сделать – по крайней мере несколько дней. А Йохан надевал акваланг и с утра до ночи шарил по дну. Останки кораблей в тропических морях быстро зарастают кораллами, так что нашел Йохан немного – ящик английского фарфора XVIII века и пару корабельных пушек, но это его не обескуражило – когда он начинал говорить о сокровищах, глаза у него загорались нездешним лиловым светом. Если бы я знал все это на берегу, я бы ни в коем случае не вписался в эту авантюру. Но было поздно.

Ветер с каждым днем крепчал, и на четвертый день стало ясно, что надо уходить – впрочем, материала мы наснимали достаточно. Мы подняли якорь, и как только вышли из-за острова в открытый океан, поняли, что дело плохо – в океане бушевал пятибалльный шторм, и прогноз обещал усиление ветра. Шхуну клало с борта на борт с амлитудой сто двадцать градусов. Абсолютно спокойный капитан Йохан посоветовал нам разойтись по каютам и сообщил, что его «Миеко» обладает такой плавучестью и балансом, что даже если нас перевернет – достаточно будет всем прилечь на один борт – и шхуна перевернется обратно. После этого он заперся с тайками в своей каюте.

Быстро стемнело. Мы с Марком, обливаясь потом, лежали вдвоем на моей полке, потому что только она была снабжена специальной сеткой, которая туго пристегивала тебя к койке на случай шторма. Сетка не помогала – то я валился на Марка, то он покрывал меня всей своей сотней килограммов. Где-то через час этой средневековой пытки неверная шахтерская лампочка над нашими головами мигнула и погасла. Еще через мгновенье остановился двигатель. «Вот теперь п…дец», – очень спокойно сказал Марк. Волны били по бортам нашей посудины с такой силой, что каждый удар казался предпоследним. Трещали мачты, хлестали по бортам оторванные ураганом снасти, с грохотом пролетела мимо иллюминатора наша единственная шлюпка. Забавно – в этот момент страха уже не было. Я как бы отделился от себя и наблюдал за происходящим с печальным интересом. Я не помню, сколько это продолжалось.

Мы не утонули. Взошло солнце, шторм утих, и мы сошли на берег. «Миека» затонула через две недели – капитан Йохан, наскоро подлатав шхуну, опять отправился за сокровищами и опять попал в шторм. Говорят, все спаслись. У таких безумцев, как капитан Йохан, как правило, очень крепкие ангелы-хранители. Они держат.

Памяти Миши Генделева

Поэзия есть музыка слов. И точнее не скажешь. И если мы не очень хорошо понимаем, что такое музыка, то с музыкой слов еще сложнее. Те, кто полагают, что стихи – это слова, уложенные в рифму и размер, сильно ошибаются. Рифмованные заголовки «Комсомольской правды» и рекламные слоганы имеют к стихам такое же отношение, как вибратор к космической ракете – в общем похожа форма. Мой друг

Миша Генделев однажды сказал, что стихи пишутся вообще не для людей. Нет, не возбраняется, конечно, читать, если кому интересно.

Подозреваю, что он прав. Поэзия — абсолютная вещь в себе. Я не помню, чтобы настоящий поэт даже попытался написать стихи на чью-то музыку — никто не имеет права задавать твоему сердцу ритм. (Бывало, что хорошие стихи пытались положить на музыку — это другое. Тоже, кстати, получается черт знает что.) Поэты слышат музыку внутри своего стиха, она и делает стих стихом, выстраивая единственно возможные слова в единственно возможный порядок. Поэтому поэты всегда так странно читают свои стихи — совсем не так, как разговаривают. Первомузыка стиха распирает их изнутри, они слышат ее и подсознательно пытаются дать услышать нам.

Миша писал очень непростые стихи (случались, правда, и простые, позитивненькие: «Да здравствует мыло душистое и веревка пушистая!»). Я, впервые столкнувшись с ними много лет назад, не сразу сумел войти в его пространство, густо заполненное скрытыми созвучиями, казалось бы, случайными ритмами и их неровными отзвуками, неожиданными ассоциациями. В случайности обнаружился железный порядок — единственно возможный. Миша выкладывал свои стихи на бумагу в виде бабочек — я ни у кого не видел подобной строфы. И уже не увижу — это будет пародия на Генделева. Ловил их в одному ему ведомом саду, расправлял им крылья, осторожно сажал на лист. Каждую эту бабочку можно при желании утрамбовать в общепринятый брикетик четверостишия — ни одно слово не вывалится. Казалось бы. Нет, ребята — не получится — музыка стиха не позволит. Не полетит. И не почувствуем мы запаха пустыни и раскаленной на солнце брони, и черно-белого, в мокром снегу, Ленинграда пятидесятых, и не скривимся от вкуса железных апельсинов в садах Аллаха.

Когда Миша чуть-чуть обижался, он всегда говорил: «Я тоже к тебе на похороны не приду!»

Уже не придет.

Лежит Миша на кладбище Гиват Шауль близ Иерусалима, и с его террасы открывается невероятный вид на Святую землю – холмы и долины, долины и холмы до горизонта, и пейзаж этот не тронут ни тысячелетиями, ни цивилизацией. Я даже позавидовал.

У нас принято вспоминать ушедших два раза в году – в день рождения и день смерти. А я вспоминаю Мишу каждый день – смотрит он на меня из рамочки со стены, выпить зовет.

Пойдите в магазин, купите книжку стихов Миши Генделева. Хотя, боюсь, вряд ли найдете – не женский детектив. Стихи ведь пишутся не для людей.

Для неба.

Жестяная коробочка

Я совершенно точно знаю, сколько ей лет – сорок пять. Она продолговатая, жестяная, и уже изрядно облупившаяся. На крышке иллюстрация к басне Крылова «Ворона и лисица» – небо голубое, трава зеленая, лисица, дерево и ворона на нем (сыра не видно) – коричневым силуэтом. Сочетание цветов, надо сказать, отвратительное. Сейчас в этой коробочке лежат зимние блесны, и если коробочку потрясти, то гремят они точно также как гремели в ней карандаши сорок пять лет назад.

Кроме карандашей в коробочке располагалась резинка, кнопки – прикалывать лист бумаги к мольберту, и лезвие – точить карандаши. Интересно, кто-нибудь из молодых представляет себе, что такое лезвие? Это такое... Изначально для бритья. Деталь бритвенного станка. Ну, в общем, можно им точить карандаши. Карандаши замечательно пахнущие красным деревом, граненые, желтого цвета. Фирмы «Кохинор», Чехословакия. Это лучшие карандаши, пойди купи. В коробочке они гремят и ломаются при ходьбе. Я пробовал подкладывать ватку – бесполезно: я на ходу дребезжу как трамвай. Мне шестнадцать лет и я бегу на подготовительные курсы по рисунку при Московском Архитектурном институте. Я всегда бегу. Не потому что опаздываю – просто это мой способ передвижения. Впрочем, еще и опаздываю.

Занятия по рисунку происходят в церкви за зданием института. Днем там занимаются студенты, а вечером – подготовительный курс. Церковь в семидесятом – как бы вам сказать? – нет, конечно не запрещена. Просто она действительно отделена от государства. К тому же родители мои атеисты, в церковь не ходят. Поэтому отношение мое к церкви можно охарактеризовать как робкое. Оно распространяется и на церковное здание, даже если внутри никакой церкви нет.

Внутри – высокие белые своды, яркий свет, тишина. Вроде бы можно разговаривать, это не мешает рисованию, но – не принято. Даже преподаватели говорят с тобой шепотом. Сейчас будем рисовать голову Венеры Милосской. Никто не знает, какую голову поставят на экзамене, поэтому мы перерисовали всех греческих и римских богов. Зато мы очень хорошо знаем, что рисунок – первый и главный экзамен. Если ты получишь за два рисунка – гипсовую голову и композицию – две пятерки, считай, ты уже поступил. Правда, две пятерки обычно получают один-два абитуриента со всего курса. А на место восемь человек.

Дома меня учит рисовать отец. Он рисует фантастически. Линия у него точная, живая, проведенная моментально по единственно верной траектории. Он не елозит карандашом по бумаге, нащупывая контуры будущего рисунка – он уже видит его. Я пытаюсь копировать его манеру, но понимаю, что мне до него как до Марса. Я рисую как курица лапой. Отец говорит, что преподаватели не любят, когда рисуют не так как они учат, и если я выбираю эту манеру, то должен доказать своим рисунком, что это очень хорошо. Другого выхода нет – будет или пять или два. Мне не нравится, как рисуют преподаватели, мне нравится как рисует отец. Я учусь изо всех сил.

Я получил две пятерки.

Ко всему человек, подлец, привыкает. Я каждый день смотрел, как рисует отец (а он рисовал практически каждый день) и так и не смог привыкнуть, к тому, как он владеет мастерством. Один художник уверял меня, что руку тренировать не обязательно: главный инструмент у художника – глаз, а он работает каждый день с утра до вечера, хотим мы этого или нет. Ой, нет. И глаз, и рука. И никак иначе.

Прочитал недавно статью какого-то дурачка – англичанина или американца – о том, что великие художники Возрождения при создании своих полотен наверняка пользовались хитрыми специальными приборами вроде камеры обскуры – потому что, видите ли, без приборов так точно отобразить перспективу и сложные ракурсы невозможно. Ну конечно. А Микеланджело свои скульптуры на 3D принтере делал. С какой легкостью человек готов собственную бездарность перенести на все человечество! Посмотрел бы он на рисунки моего отца.

Все! Мы поступили! Как же, оказывается, надоела школа! Здесь к нам относятся совсем по-другому – мы взрослые! Мы волосатые, веселые и необыкновенно талантливые! Этот мир нуждается в немедленной замене! Мы пока не очень хорошо знаем, как менять, зато отлично знаем, что.

Да собственно, все.

Я все время рядом с Олькой Зачетовой. Она длинная и красивая, но в нашей дружбе отсутствует сексуальный аспект. Мы вместе сидим на занятиях, тихо хохочем, рисуем какие-то глупости, сочиняем идиотские стишки. Потому что нам не на всех занятиях интересно – только на рисунке, на основах архитектурного проектирования, и на истории искусств, если читает профессор Бунин. Зато это самые главные предметы.

Профессор Бунин потрясающим образом принимал экзамен. Никаких билетов у него не было – на столе лежали три тома «Истории искусств» Гнедича. И экзамен проходил очень быстро – он наугад открывал книгу и показывал студенту репродукцию – что это, кто это? Не ответил на три вопроса подряд – до свидания. Вся группа проходила у него за пятнадцать минут. А главное – использование шпаргалки было совершенно невозможно.

А знай шедевры живописи и архитектуры.

Вообще у нас была чудесная компания – Борька Соловьев, Витя Штеллер, Толик Бартенев, Игорь Орса... Где они все? Курсом младше учились Саша Бродский и Вова Радунский – они стали великолепными художниками. Мы все время что-то делали, куда-то неслись, восхитительно выпивали, не спали совсем. Нам было интересно. О чем мы тогда разговаривали? Уж не о бабах, это точно.

Вот забавно – хорошо помню первый курс – море новых ощущений – и потом сразу диплом. Потому что диплом – это полгода совершенно особенной жизни. Справа от ресторана «Узбекистан» расположен двухэтажный дом, стоящий торцом к бульварам (надо посмотреть – стоит ли?) Этот дом отдан дипломникам МАРХИ. Поскольку изначально, до революции он являл из себя бордель мадам Петуховой, у него специфическая планировка: большой двухсветный зал для танцев и кобеляжа и широкий балкон с нумерами на втором этаже. Все пространство поделено перегородками на довольно большие ячейки – это личные пространства дипломников. Иногда функцию перегородок выполняют подрамники. Вы не знаете что такое подрамники? Представьте себе лист толстой фанеры размером метр на метр, укрепленный брусом по периметру. На подрамник натягивается ватман.

Огромный рулон его стоит на первом этаже института у кафедры светофизики. Бесплатно, кстати. Подрамники – тоже бесплатно, основная задача в том чтобы выбранные тобой не оказались кривыми. Ватман отрезается острым ножом, замачивается в большой ванне (она тут же) и с помощью рук, клея (мука плюс вода) и кнопок натягивается на подрамник. Совсем не сложно, если умеешь. Ватман высыхает, разглаживается, как кожа на барабане – давай рисуй на мне что-нибудь! Умение заключается в том, чтобы не допустить складок по углам. Ничего, перетянешь, научишься. На подрамниках делается подача – это визуализация твоего проекта. Фасады, чертежи, перспектива, общий вид и план – компонуй как угодно. Требование одно – это должно быть убедительно и красиво. Впрочем, красиво – это уже убедительно. Средняя площадь подачи – шестнадцать-восемнадцать квадратных метров. То есть подрамников. Все руками. Ничего, нормально?

У меня был двадцать три.

К подаче прилагалось описание проекта со всеми расчетами. Его наверняка тоже читали. Но подача – это было главное.

Конечно, за полгода никто ничего делать и не думал. Шлялись, бездельничали, имитируя работу мысли. Месяца за три начинали подтягиваться в дом мадам Петуховой – с раскладушками, электроплитками, кастрюльками, магнитофонами и прочими предметами быта: переезжали туда жить. Это дозволялось и дом был открыт круглосуточно.

Прямо под нашими раскрытыми окнами (весна, как не хочется ничего делать!) располагалась веранда ресторана «Узбекистан». Каждый вечер склонные к полноте тетеньки в кудрях и брильянтах – работники торговли- задушевным хором затягивали на этой веранде «Пусть бегут неуклюже пешеходы по лужам». Примерно в одно и то же время. И одними и теми же голосами. И мне казалось, что это одни и те же тетеньки. Я выглядывал в окно – тетеньки все время были разные.

Запах узбекского ресторана кружил голову. Работники заведения нас знали и любили: полная кастрюля чего угодно – лагмана, плова, потрясающих пельменей в бульоне с луком – стоила нам один рубль. А у входа на кухню (мы заходили туда с черного хода – только перейти дворик) стояла бочка с солениями – это нам дозволено было брать бесплатно. В любом количестве. Нет, случались какие-то милые вещи в этом советском быту!

Где-то в районе одиннадцати, перед закрытием, дежурный дипломник с кастрюлей и рублем в зубах шел в ресторан, а мы переворачивали подрамник, клали на два стула, накрывали стол, обедали. Выпивали. Потом все разбредались по клетушкам – работать, давать задания рабам. Сейчас мне кажется, что работали мы исключительно ночью. Рабы – старинное мудрое изобретение нашего института. Это студенты младших курсов, ты зовешь их делать всякую вспомогательную работу – тут вот закрась, это расчерти, нарежь деталей для макета (все макеты клеились из бумаги – потрясающая школа!) Отказываться от рабства не положено. На самом деле – древняя система обучения: ступай в студию к мастеру, растирай ему краски и смотри как он работает. А как еще научить этих обалдуев?

У меня рабствует Вова Радунский. Однажды на рассвете спасаясь от ужаса (мы не успеваем!!!) мы выпили вермута, бросили все, вылезли на крышу и перебираясь с дома на дом дошли до Большой Каретной. Было фантастически красиво.

Все мы успели.

И я надел свой единственный пиджак – наглый, с изумрудной искрой, нацепил большие дымчатые очки, распушил ботву (чуть шире плеч!) и с достоинством защитил свой проект – экспериментальный концертный зал для светомузыкальных представлений. Располагался он на самой стрелке – никакого Петра Первого там еще и не планировалось. И все прошло чудесно, и мой проект получил «Отл».

И я шел вниз по улице Жданова, и ярко светило солнце, и я был абсолютно свободен и счастлив, и жестяная коробочка громыхала карандашами в кармане моего пиджака.

Интересно, как теперь выглядит диплом в нашем МАРХИ?

И как его делают нынешние дипломники? Где сидят? О чем спорят?

Дай им Бог такого же счастья.

Плохой ученик

Мой друг непереносим. Я живу в Москве, он – в Питере, и видимся мы не так уж часто. Я скучаю по нему, но стоит нам провести пару дней вместе – и я начинаю лезть на стену, и бешенство мое рвется наружу. Я умею владеть собой, но умения моего не хватает. Я стискиваю зубы, стыжу себя за несдержанность – и ничего не могу поделать.

Он невероятно жизнедеятелен и при этом невероятно эгоцентричен. Весь мир должен вращаться вокруг него и по-другому быть не может. Если ему хорошо – всем веселиться. Он будет по пятому разу рассказывать тебе историю, ничуть не заботясь тем, что ты не только знаешь ее наизусть, но был ее непосредственным участником. При этом говорить он будет очень громко и возбужденно и ему никогда не придет в голову, что в соседней комнате кто-то спит. Если ему плохо – всем плакать. Шутки неуместны, а ваше хорошее настроение – практически плевок ему в лицо. Если у него что-то болит, он будет кряхтеть и охать до тех пор, пока последнее живое существо в радиусе ста метров не поинтересуется, что с ним такое. О всех его бедах и неприятностях знают все его друзья и знакомые – каждый по секрету, разумеется. Любая его фраза начинается со слова «Я» – независимо от количества людей в компании и предмета обсуждаемого вопроса. Он не может перенести, если общее принятое решение расходится с его представлением о том, как это должно быть. И если не получится переубедить с наскока, он будет зудеть и нудить, пока каждый не поймет, что жизнь стала невыносимой и легче, ей-богу, согласиться. Но и после этого он будет некоторое время продолжать – про то, как он был прав, а мы все неправы. Прав он, кстати, бывает всегда – совершенно независимо от реальных обстоятельств и конечного результата. Он уперт до невозможности. Однажды тропической ночью в семидесяти километрах от Гаваны он оборонил на дороге темные очки. Доехав до города, обнаружил пропажу, переполошился, несмотря на всю бредовость ситуации и наши уговоры, сел в машину, вернулся на место – за семьдесят километров, в кромешную тьму. Нашел. По ним, правда, к тому времени проехал грузовик, но это было неважно. Он вернулся домой и вставил в них новые стекла. Он хорошо зарабатывает, но у него никогда нет денег – по крайней мере он постоянно сообщает об этом человечеству. Если денег оказывается много, он тут же покупает себе что-то дорогое и бестолковое, скажем, третий по счету снегоход, чтобы опять говорить, что денег нет. Он громко ссорится с женой, и весь город обсуждает их ссору. Потом они истерически мирятся, забрасывая друг друга любовными эсэмэсками двадцать четыре часа в сутки. Вот и сейчас мы куда-то едем, и он в пятый раз рассказывает мне историю про то, как он снайперски застрелил кабана, и кричит прямо над ухом, и я давно знаю эту историю наизусть и всерьез думаю, как бы его убить.

А вообще он – очень хороший человек. Верите? И я его очень люблю. Правда. И еще он умеет делать руками все на свете – то, чем я никогда не отличался. И еще он очень верный и надежный друг. И еще прекрасный художник. И все это я вижу, знаю, восхищаюсь и даже иногда пользуюсь. Откуда такая ненависть?

Копаюсь в себе, пытаюсь понять причины этой несовместимости. Одно время даже думал, что так бешусь, потому что передо мной зеркало. Самцов некоторых животных можно довести до исступления, ставя перед ними зеркало. Действительно, никакие недостатки не раздражают так, как свои собственные (лучший, кстати, способ от них избавиться, правда, довольно мучительный). Стал анализировать себя – нет, непохоже. То есть я тоже не подарок, но совсем в другом. И только совсем недавно осенило – это ведь Господь учит меня терпимости! Только и всего.

А я – плохой ученик.

Монголы не едят рыбу

Юрта ставится очень быстро – меньше чем за час. Каркас стен представляет собой гармошку из реек – эта штука раздвигается и сворачивается в круг. Центр крыши – деревянное колесо с отверстиями по торцу – в них вставляются шесты, несущие крышу. Другими концами они упираются в уже стоящий каркас из реек. Конструкция накрывается «пирогом» из войлока и ткани вроде тонкого белого брезента. Чтобы юрту не унесло ветром, делается простая система растяжек-противовесов из каната и трех приличных камней – один свисает внутри по центру почти до пола, два других прижимают юрту снаружи. С их же помощью можно задернуть верхнее окно-колесо, если дождь или снег. Или открыть – если горит огонь или жара. Если совсем жарко – напротив входа от земли поднимается часть покрытия – кондиционер готов. Ветры, кстати, здесь совсем не такие, к каким мы привыкли: у нас дунет и перестанет, и опять дунет, как будто кто-то набирает воздух, чтобы дуть. Здесь ветер может часами и днями давить в тебя со страшной силой, не успокаиваясь ни на секунду, не меняя ни скорости, ни направления. В этом есть что-то нечеловеческое. Просто невозможно представить себе, какие чудовищные массы воздуха с таким упорством двигаются над землей – зачем? И вдруг раз – как выключили. Ни дуновения.

Я просыпаюсь в четвертом часу ночи оттого, что печка-буржуйка в центре нашей юрты почти прогорела: сквозь отверстия в дверце видно, что угольки еле тлеют. Нельзя упустить момент: погаснут – потом разжечь будет куда труднее. В былые времена посреди юрты просто разводили костер – теперь ставят маленькую буржуйку. Несколько минут борюсь с нежеланием выползать из-под двух одеял – холодно. Днем у нас тут плюс тридцать, ночью – восемь. Потом надеваю на лоб маленький фонарик (очень полезная вещь – профессор Штильман, мой сосед по юрте, отправился вчера ночью на двор, пренебрег фонариком и наступил на спящего яка), задерживаю дыхание, как перед прыжком в воду, выкатываюсь из-под одеял, открываю печку (успел!), закладываю туда несколько лепешек кизяка. Если кто не знает, кизяк – это высохшие на солнце верблюжьи, лошадиные, коровьи какашки. Некоторые особо брезгливые люди полагают, что кизяк пахнет. Чушь собачья – ничем он не пахнет, трава и трава. Горит жарко, но, увы, довольно быстро.

Следующее пробуждение уже утром: солнце встает поздно, около семи (это в начале августа – я думаю, какая-то нескладуха с часовыми поясами), быстро начинает теплеть. Я слышу, как снаружи хрупает травой лошадь. Это не значит, что она прямо за дверьми – скорее всего до нее метров сто. Просто тут такая тишина, какой я не слышал нигде и никогда.

Тишина и пространство.

Окрестности озера Ховсгол (да и само озеро) напоминают Байкал. Озеро, кстати, соединяется с Байкалом рекой. И ведь на Байкале тоже пространства – ого-го, а ощущение пространства совсем другое. Оно не связано с тем, что видишь, например, на горизонте что-то порожденное цивилизацией. Нет, отошел далеко, ничего не видишь, но чувствуешь, что вон там по берегу за горизонтом – Листвянка, а за ней Иркутск. А в монгольской степи это ощущение покидает тебя начисто. Не знаю почему. Тоже ведь где-то Улан-Батор.

Монголия расположена высоко – мы мотаемся между семьюстами и тысячью с лишним метров над уровнем моря. Поэтому такие перепады в температурах. Поэтому разреженный воздух. Я это чувствую. Помню, в советские времена посылали космонавтов в горнолыжный лагерь на Домбай как раз на высоту 1200 метров – то ли для реабилитации, то ли считалось, что им полезно. Не знаю. Лично я, устроившись на сиденье джипа, начинаю то и дело впадать – даже не в полусон, нет: это какое-то очень детское и забытое состояние, когда ты не спишь, но чудесные видения совсем рядом, касаются тебя самым краешком. Я понятно объясняю?

Река Делгерморон – быстрая, прозрачная и холодная. Сплав. Вторая-третья категория. Не страшно. Может быть, потому что на плоту с нами профессионал, который в критические моменты берет на себя командование, да и основную работу. За камнями стоят здоровенные таймени. Монголы не едят рыбу – вообще. К тому же река относится к национальному парку. Можешь поймать тайменя – но выпусти. Никогда не понимал этого иезуитства.

Еда в Монголии, как и природа, за тысячи лет не изменилась. Никаких изысков. Никаких специй. Еда – это чтобы жить. Вареное мясо, вареные потроха. Рецепт: возьмите небольшую козу, убейте ее, снимите шкуру, выньте потроха, разрезав тушку минимально сзади. Разведите большой костер и обожгите (не скажу – обжарьте) тушку снаружи. Нагрейте в костре десяток камней размером с кулак и засуньте их длинными железными щипцами внутрь козы. И накройте это дело на часик чем-нибудь теплым. Это праздничное блюдо. Вкусно, между прочим.

Пустыня Гоби оказалась совсем не такой, как я ожидал, – я думал, песчаные дюны, белое солнце пустыни. Нет – бескрайняя равнина, тут и там видны невысокие серые – скалы, горы? Нет, за миллионы лет ветер и вода превратили их в причудливые фигуры, и не верится иногда, что человек не приложил к этому руки. Впрочем, приложил – многие из них покрыты древними рисунками и знаками. Тут и там встречаются захоронения – мы научились их видеть довольно скоро. Кто были эти люди? Чему они радовались? Как растили детей? Как захватили полмира?

Земля под ногами не совсем безжизненна – верблюжья колючка (как верблюд срывает ее такими мягкими губами?) и сплошь до горизонта – кустики невысокой, сантиметров в десять, зеленой травы. Оказалось, дикий лук. По вкусу практически неотличимый от домашнего. Пустыня Гоби покрыта диким луком. Поэтому мой верблюд периодически рыгает луковым духом. Больше он (в отличие от лошади) ровно ничем не пахнет. Держусь за передний горб – абсолютно старый бабушкин ковер над диваном. Можно бесконечно смотреть, как верблюд переступает своими копытами – их и копытами-то не назовешь: они мягкие, снизу как будто подбиты замшей, и похоже, что внутри работает какая-то гидравлика. С верблюда не соскочишь, как с лошади – чтобы тебя ссадить, он складывается в три приема, медленно и с достоинством: раз – опустился на передние колени, два – на задние, три – прилег на брюхо. Пожалуйста. Выход слева.

А лошади в Монголии маленькие, но это не нарушает их пропорций.

И вот еще что: когда монгол скачет по степи – он поет. Скачет по бескрайней степи и поет.

Я завидую ему в этот момент.

Про бедных и богатых

И опять все оказалось враньем. Картина мира складывается у нас в головах из того, что такое хорошо и что такое плохо. Эти понятия нам вбили в голову в детстве. И сейчас что-то там поменять невероятно сложно.

Помните, как выглядел капиталист, он же буржуй (на картинках, разумеется, где мы тогда живых видели?). Жирный, злобный старикашка, на тоненьких скрюченных ножках, в скрюченных пальчиках с когтями зажат мешок с надписью «1 000 000 000». Рабочий: красного цвета, жилист, мускулист, строг, справедлив, и ставит этого буржуя на место.

Давайте откроем глаза и поглядим вокруг. Капиталист: молод (или средних лет), строен, спортивен, следит за собой, злоба в глазах не читается. Рабочий: черен, субтилен, плохо говорит по-русски, таджик. Если наш (уходящая натура) – немолод, красный цвет остался только на лице, склонен к пьянству, полноте и гипертонии.

Любит Родину. Буржуев ненавидит – это качество сохранилось нетронутым с семнадцатого года. Горюет по советской власти. Ненавидит Горбачева за то, что он развалил страну, Ельцина – за то, что он ее распродал. Буржуев – за то, что они украли его деньги. Он уже не помнит, что при советской власти не было у него ни денег, ни возможности их заработать. Украсть у него могли только его рабство, которое его, видимо, очень устраивало. Погодите, пройдет еще совсем немного лет, умрет последний человек, который помнит, что такое советская власть в деле, и она опять станет таким розовым притягательным мифом, что удержаться будет невозможно. Как в семнадцатом.

Что там рабочий! Один мой товарищ, научный работник, умница, бывший в семидесятые чуть ли не диссидентом, в середине девяностых вдруг жутко по совку затосковал. «Понимаешь, – говорил он, – сидели мы в своем КБ на зарплате 130 рэ, ни черта не делали, на портвейн и колбасу всегда хватало, вот мы сидели, пили, читали запрещенные книжки и ругали советскую власть. Клево было! А теперь?» Потом, правда, все-таки поднялся с дивана, нашел хорошую работу – прошла тоска.

Бедность свою наш человек оправдывает собственной честностью. Всерьез думает: чтобы разбогатеть, достаточно стать прохвостом. Не желает видеть, что прохвостов вокруг пруд пруди, а богатых негусто. Не желает понять, чтобы разбогатеть, нужен талант, знания, железная воля и работоспособность, умение держать удар. Не желает знать, что налоги, которые платят богатые люди, составляют бо́льшую часть государственного бюджета. Нашего с вами бюджета. Не желает слышать о том, что богатые люди спонсируют учебные заведения, клиники, поддерживают театры, кино, финансируют восстановление храмов, монастырей и памятников архитектуры. Впрочем, откуда ему слышать? У нас это как-то не афишируется. Во всем мире афишируется, у нас – нет. Портит образ капиталиста.

Вот вернулся Абрамович губернатором на Чукотку. И местное население этому очень радо. «Нет, как же так? – заходится наш очередной телеумник. – Что-то тут не то! Какой-то у него свой грязный неведомый нам пока интерес! Хотелось бы знать, какой?»

А знаете, что самое противное? Это ведь не партия и правительство эту говорящую голову на борьбу с капиталом направило, и не руководство канала классово сориентировало – это он сам. От души. Кровиночка наша.

А правительство смотрит на все это дело и вроде не одобряет. Но вроде и не препятствует. Потому что плох тот правитель, который не слышит голоса своего народа.

Как жить-то будем?

Приехали

Не могу сказать, что я сильно рвался в Эфиопию. На самом деле потому, что ничего о ней не знал. С пиаром Эфиопия проигрывает – не Венеция, не Иерусалим, не остров Пасхи. Тем не менее наша маленькая постоянная компания путешественников общим решением проголосовала за поход именно в Эфиопию – я не противился. Полез за информацией – и тут начались открытия.

Начнем с того, что это огромная страна – её площадь составляет больше миллиона квадратных километров. Население распределено по этой площади неравномерно, но тоже не маленькое – около ста двадцати миллионов человек. Бо́льшая часть сегодня живет в городах и деревнях, но около полумиллиона человек – это племена, сохраняющие первобытнообщинный строй – либо государство это мало беспокоит, либо оно уважает их выбор. Две самые большие группы – хаммеры и мурси. В нижнюю губу хаммеры вставляют глиняный диск, размером достигающий чайное блюдце. Для этого губу специально подрезают. Смотрится на мой взгляд жутковато, но красота часто иррациональна и глубоко субъективна. Не буду вдаваться в подробности гендерного неравенства в племени – активисток из MeToo может хватить удар. Скажу только, что женщинам (в отличие от мужчин) запрещено мыться, дабы не осквернять воду. Если уж очень приспичило — можно делать это собственной мочой. Для защиты от насекомых (и той же красоты) дамы натирают себя смесью бараньего жира и красной глины. Казалось бы, вкупе это всё должно было бы адски смердеть — нет, этого не происходит! Загадка.

О красоте. Жители Эфиопии необыкновенно красивы. Тонкая (иногда невозможно тонкая) кость, царская осанка, тёмная кожа и при этом европейские черты лица — тонкие носы, неафриканские губы, большие глаза — ну как ты опишешь красоту? Жители этой страны сохранили свою древнюю идентичность — просто их никто не завоёвывал, расы не смешивались. Попробовали итальянцы уже во время Второй мировой, но не вышло: эфиопцы им неожиданно наваляли.

Эфиопия — родина древнейшего православия (хотя и иудаизм здесь не вчера появился). Базово это именно православие, хотя по сравнению с русским или греческим масса мелких отличий. Основная культовая идея — Ковчег Завета находится именно в Эфиопии. Как так? А царь Соломон, оказывается, подарил его своему племяннику, а тот увёз в Эфиопию. Эта история рождает много вопросов, но вера, как и красота, тоже, как правило, иррациональна. В каждом храме в качестве главной святыни содержится свой ковчег — размеры разнятся от скворечника до автомобиля «Жигули». Это очень трогательно, клянусь.

Евреев в Эфиопии, как и везде, периодически били и гоняли. Вырезали на лбу кресты. Поэтому сегодня в Израиле живёт большая диаспора эфиопских евреев. Недавно видел невообразимое — в Иерусалиме, в старом городе, на крыше Храма Господня, прямо над Голгофой, расположена средней величины эфиопская деревня — с хижинами, очагами, играющими детьми и сушащимся бельём. По близости к главной в мире христианской святыне эти ребята занимают твёрдое первое место.

Где-то тысячу (и поболе) лет назад эфиопы вырубали в скалах удивительные храмы. Это не пещеры в известняке или мягкой лавовой породе, отнюдь. В горах выбиралась относительно ровная гранитная площадка, на ней чертился план будущего храма. А потом храм вырубался из этого гранита вниз, внутрь скалы – по периметру. В результате получался монолит нужных очертаний. Вокруг него высекали тропу (к ней – лестницу сверху), а потом храм выдалбливался изнутри – с потолком, окнами, ступенями, алтарём. И возникало чудо архитектуры идеальной формы и красоты – из одного куска. Самый известный, в городе Лалибелла, в плане являет из себя идеальный крест. И открывается вид на него не издали и не снизу, как мы привыкли, а сверху – его крыша под тобой. Это очень трудно описать словами – у вас получается себе представить?

В этой Лалибелле мы ночевали в крохотном сооружении (назовём его гостиницей) – город (он очень небольшой) располагался прямо под нами. Была душная африканская ночь, я раскрыл окно (кондиционер? Какой кондиционер?) Небо на востоке потихоньку начинало светлеть. И вдруг комнату заполнил звук, который мне сравнить не с чем. Когда мистическая оторопь прошла, я понял, что он состоит из нескольких сотен (или тысяч?) очень негромких голосов – люди молились, каждый в своём доме. Кто-то читал, кто-то напевал, но это совсем не походило на крик муэтзина с минарета или слаженное пение в церкви: они молились как бы про себя, но всё-таки в полголоса. И у каждого была своя мелодия и своя молитва. И всё это складывалось в самый необычный хор, который я слышал в жизни. И вместе с зарождающимся небесным светом это совершенно завораживало. Я был настолько ошеломлён, что даже не догадался записать на диктофон эту мистерию. Хотя – получилось бы?

Первым делом, собираясь в подобный поход, следует найти достойного проводника. Полагаться на собственные силы, карты и путеводитель самонадеянно и глупо. В лучшем случае вы просто не увидите и половины того, что могли бы. Это в лучшем случае. В худшем – влипнете в какую-нибудь передрягу, и некому будет вам помочь, и местные жители с сочувствием оценят ваши попытки объясниться с ними на английском. В общем, я обратился за советом к Мише Кожухову, и он рекомендовал нам лучшего проводника по этим краям. Была она израильтянка и звали её Эйнат. Вау.

Сейчас, перебирая фотографии, я жалею, что не вёл дневник во время путешествия. Ибо рассказ мой мог бы быть куда более полным и связным. И я бы поведал вам о бескрайних соляных озёрах, превратившихся в сверкающие соляные поля, покрытые геометрической сеткой трещин, и про то, как сегодня, как и тысячи лет назад, там добывают эту соль с помощью обычной кирки. И про долину серных гейзеров, которая по буйству шизофренических красок и форм не сравнится ни с чем в нашем мире, и про то как в древнем племени обучают детей письменности (а в эфиопском языке 72 буквы, и очертаниями своими они напоминают пляшущих человечков, над загадкой которых бился Шерлок Холмс). Но я расскажу вам о ночёвке на жерле действующего вулкана.

Вообще-то к живому вулкану я пытался приблизиться и раньше – в Папуа Новой Гвинее, в порте Морсби. Вулкан возвышался недалеко от города и включался каждый день ровно в четыре часа пополудни. Из него на город летел пепел – горячий и крупный, как пшено, чёрный песок. Торговцы на рынке привычно накрывали товар газетами и плёнкой и лезли под прилавки. Продолжалось это минут сорок, потом жизнь возобновлялась. На мой недоумённый вопрос, почему бы им не перебраться всем скопом на соседний остров, где нет никакого вулкана, они глядели на меня с сожалением и говорили: «Здесь наша родина, сынок».

Так вот, я решил подойти к вулкану поближе, ибо близость его была обманчива – я шел и шел, проваливаясь в песок, и он становился горячее и горячее. Когда оставалось километра полтора, температура земли под ногами сделалась невыносимой. Вулкан передо мной закрывал полнеба, над кратером висела чёрная туча, из неё периодически беззвучно вылетали бомбы – плюхи размером с автомобиль. Описав в воздухе огромную дугу, они падали у подножья, и земля вздрагивала. Я понял, что идти дальше не следовало.

Вулкан Арта Але в Эфиопии был поменьше, и, казалось бы, вёл себя не настолько грозно, но в кратере его не застывало озеро лавы, и взобраться на край этого кратера никем не возбранялось – кому какое дело. Мы планировали подняться на кратер вечером и провести там ночь. Ничего такого безумного – просто лавовое озеро куда эффектней выглядит ночью. Подъём обещал быть лёгким – на верблюдах. Дорога наверх отсутствовала как таковая, склон был покрыт довольно крупными камнями – верблюду по такой местности, да еще в темноте, идти легче, чем человеку.

Если кто-то воображает, что ехать верхом на верблюде – это как на лошади, только проще – не обольщайтесь. Вместо удобного кожаного седла у тебя впереди и сзади конструкции из палок, связанных верёвками – чтобы держаться и худо-бедно облокачиваться. Между ними, то есть под тобой – коврики, матрасы и тюфяки. Они делают и без того широкую спину верблюда совсем уже широкой, и если ты пытаешься сесть на него так, как бы ты сел на лошадь, ноги твои раздвигаются, приближаясь к положению «шпагат». От этого через минут двадцать их начинает адски сводить. Ты ищешь более удобную позицию и забрасываешь их верблюду на шею, и верблюд не возражает, но тут вмешивается погонщик — так уже верблюду неудобно, ты его душишь. Погонщику виднее. Кстати, по поводу верблюдов — пусть вас не обманывает добрый и печальный еврейский взгляд сквозь длиннющие ресницы — верблюды, как и люди, разные, среди них попадаются настоящие сволочи.

Мы плавно движемся вверх уже в абсолютной темноте под невероятными звёздами и только где-то выше по курсу разворачивается нехорошее зарево — кратер. Как этот верблюд знает, куда ему наступать?

Часа через три мы у цели — зарево занимает полнеба, запах серы уже серьёзно мешает дышать. Эйнат первая соскакивает с верблюда (опуская тебя на землю, он очень забавно «складывается» в три приёма — передние ноги на колени — задние на колени — передние под себя), бежит к краю кратера и возвращается расстроенная — сегодня кратер ведёт себя плохо, он дымит и само озеро не рассмотреть (а до него вниз метров двадцать пять, не более). Сама она видела всё это много раз, но очень хотела, чтобы увидели мы. Я совершенно не расстроен — картина и без того неземная. Лава подсвечивает дым всеми оттенками огненного — от бледно-оранжевого к тёмно-бордовому. Иногда из этого дыма вырываются искры и, уносясь вверх, смешиваются со звёздами. Ощущение затаившейся, замершей мощи зашкаливает. Мы на крайнем витке огромной сжатой пружины, она уходит в центр Земли. Кажется, мы выпили на этой кромке человеческого и нечеловеческого. Кажется, молча.

Метрах в пятнадцати от края кратера обнаружилось несколько условных строений – три стены из кое-как уложенных друг на друга больших необработанных камней и плоская крыша из тростника, эдакие каменные собачьи будки. Сквозь тростник крыши проглядывали звёзды. Погонщики принесли узенькие солдатские раскладушки. Комфорт!

Всю ночь я с восторгом ощущал, как где-то совсем неглубоко под нами спит и дышит во сне огромный огненный зверь. Он такой огромный, что его невозможно увидеть целиком – кто-то видел однажды его коготь, кто-то – кончик хвоста. Он спит, я слышу его дыхание, и пытаюсь понять – это очень низкий звук или еле ощутимая вибрация? Как же полезно хоть раз перестать надувать щёки и ощутить свою ничтожность рядом с этой спящей силой мироздания!

Ну что ещё сказать? Через три недели после нашего визита зверь всё-таки проснулся и залил лавой пару деревень.

Ночью по дороге наверх профессор Штильман, сидя на верблюде, оборонил очки. Спускаясь вниз на рассвете мы не планировали их искать – это было бы безумием. Мы просто на них наткнулись. Это, как и вся ночь, не вписывалось в привычную картину мира. Прощальный привет от Арта Але.

А с Эйнат мы поженились. И у нас родился сын.

Вот свезло дураку на старости лет.

Про любовь и влюбленность

Да, замахнулись на тему. Если следующей темой будет «Бог», я не удивлюсь. Совсем близко подобрались. Потому что сентенция «Бог есть любовь» мне очень близка. Я всегда поражался, с какой легкостью и бесстыдством мастера песенного жанра советских времен (да и нынешних) украшают свои тексты словом «любовь». Не упоминай имени Господа всуе. Я лично боялся к этому слову прикасаться, и в песнях «Машины времени» вы его вряд ли встретите – хотя половина наших песен именно про это.

Ну смотрите: Всевышний создал из хаоса гармонию. Он и есть сама гармония. И любовь – сама гармония. Не надо только путать любовь и влюбленность: несмотря на то что слова однокорневые, значение их чуть ли не противоположно. Влюбленность – чаще всего как раз дисгармония. Ибо влюбленность крайне редко бывает взаимной (Ромео и Джульетту выносим за скобки). Объекту влюбленности эта самая влюбленность либо льстит, либо вызывает раздражение. Второе значительно чаще. И если человек любящий (и, соответственно, любимый) душевно здоров, то влюбленный – тяжело болен. Эта болезнь то и дело толкает его на безумные поступки, не улучшающие его положения. Пораженный влюбленностью страдает, чахнет, теряет способность адекватно мыслить и радоваться жизни. Картина мира его искажена. У окружающих он обычно вызывает сочувствие, но ему от этого не легче. По счастью, болезнь эта крайне редко приводит к летальному исходу. Чаще всего проходит – внезапно и бесследно. Просыпаешься утром и думаешь – что это такое было?

Так что когда советский киногерой, стоя у плетня и тиская в руках папаху, говорит своему товарищу: «Люблю ее, Пашка. Люблю больше жизни. А открыться боюсь» – не любовь это, Пашка, не верь ему, дураку. Банальная влюблённость. Фитонциды,ферромоны. Пройдет. Может быть, даже до конца фильма. Хотя…

А вот любовь – любовь всегда взаимна. Это, правда, не значит, что она не проходит. Тоже бывает. И тем не менее.

Причем совершенно не важно, любовь это к человеку, к животному, к предмету или к произведению искусства. Удивительно всеобъемлющее понятие – любовь. И законы ее едины.

Смогу ли перечислить всех и все, что я люблю? Нет, конечно. Но хотя бы попробую. На порядок не обращайте внимания, прошу вас.

Итак. Я люблю: солнечную погоду. Весенний лес. Летний и осенний тоже люблю. Маму. Папу. Сестру. Своих детей. Друзей, а некоторых особенно. Подводный мир. Чистую прозрачную воду. Почти всех на свете животных. Женщин, а некоторых особенно. Настоящую музыку. Музыкальные инструменты – все на свете, а некоторые особенно. Очень люблю путешествия. Краски, холсты, кисти, карандаши, бумагу – все, из чего потом получается картина. Хорошее вино – и простое, деревенское, и коллекционное, выдержанное. Водку под соленые рыжики и сало с луком. Еще люблю приготовить своими руками какую-нибудь проверенную столетиями еду, и чтобы друзья собрались за столом, выпивали, закусывали, говорили прекрасные слова и улыбались. Еще люблю Битлов, Роллингов, Рахманинова, Вертинского, Данелию, Шопена, Окуджаву, Галича, Высоцкого, Боттичелли, Модильяни, Аксенова, Бродского, Боба Фосса, Тарковского (особенно старшего), группу «Ундервуд», Эллу Фитцджеральд, «Лед Зеппелин», Рембрандта, Олега Янковского, Жоржа де Латура… Хватит?

Друзья мои. Любовь – это миллионы невидимых нитей, пронизывающих наш мир. Они пытаются удержать этот мир в состоянии гармонии – иногда из последних сил. И человек, который придет разрушить мир и разорвать эти нити, – этот человек никогда не знал, что такое любовь. И не узнает.

Что бы он вам ни плел. Увы.

Про память
и ее отсутствие

Человеческая память не вечна. Потому что ничто не вечно. И когда мне восторженно шепчут, что, скажем, музыка Битлов или Баха останется навсегда — меня корежит. Что-то проживет пятьдесят лет, что-то — пятьсот. Нет, конечно останутся носители, но я имею в виду именно человеческую память, а не архивы узких специалистов. Мы совсем не знаем музыки Древней Греции, а я не могу поверить, что при общем высочайшем развитии культуры и искусств музыка древних греков была примитивна – просто время ее до нас не донесло.

А по поводу того, что время до нас донесло, я иногда мучаюсь вопросом – это действительно лучшее из того, что было создано в эту эпоху, или выбор истории был во многом случаен, либо обусловлен обстоятельствами, к искусству отношения не имевшими – случилась война и сгорела библиотека императора? Ну хорошо, мы можем во многом восстановить картину того, что творилось сто лет назад. А тысячу?

В 1913 году в России издавалась масса граммофонных пластинок. Была на них не только музыка – были и анекдоты, юморески, короткие рассказы. Так вот, было издано более ста произведений некоего Дротова, и одно – Чехова.

Кто такой Дротов? Я раскопал – совершенно бездарный юморист, невероятно популярный в те годы.

Так все-таки время выбирает безошибочно?

А ведь и Чехова забудут. Забудут-забудут. Увы.

У наших родителей культовыми писателями были Ильф и Петров. Говорили цитатами из «Стульев» и «Теленка», по ним, как по паролю, узнавали своих. Читают их сейчас? Всплесками – в момент появления очередной неудачной экранизации. А еще был такой хороший писатель Каверин. Вся страна читала. Помните?

Энди Уорхол пятьдесят лет назад произнес: «В двадцать первом веке каждый сможет стать знаменитым». И добавил: «На пятнадцать минут». Как же он угадал, собака!

Никогда еще человечество не пыталось выживать в таком плотном и агрессивном поле информации, им же созданном. Все, что давит на наше сознание и подсознание – радио, телевидение, реклама – появилось совсем недавно, в историческом масштабе, только что. Мы просто генетически не готовы от этого защищаться. Весь этот поток орет нам про новое. «Покупай новое!» – кричит реклама. «Читай сегодняш-нее!», «Смотри сегодняшнее!». Читаем, смотрим.

И знаете, что происходит? Наша память становится короче. Может быть, это самозащита мозга. Потому что в каждую его клетку нам молоточками ежедневно вбивают что-то или кого-то, кого там хранить совершенно необязательно. А он и не сохранится – завтра перебьют.

Я сижу и беседую с девушкой лет двадцати трех (с девушками более молодыми я потерял способность вести беседу несколько лет назад – резко и навсегда. По причине отсутствия общих тем. А трендеть ни о чем я так и не научился). Девушка образованная, закончила гуманитарный институт, работает гидом. Разговор заходит о памяти. Случайно – я назвал фамилию Смоктуновского и увидел непонимающие глаза. Я навскидку называю имена: Галич? Тишина. Окуджава? Что-то слышала. Бродский? Трифонов? Катаев? Шкловский? Тишина. Аксенов? Что-то слышала.

Бог ты мой.

А ведь память – это любовь. Потому что помним мы тех, кого любим. Нет памяти – нет любви. И когда человечество, проснувшись утром, не сможет вспомнить, что было вчера, наверно, и наступит конец света.

Кстати, память – это не только любовь. Это еще и ненависть. Народом, не помнящим, что с ним творили вчера, очень легко управлять. Ему можно каждый день придумывать новую историю. Только кончается это очень плохо. Помните? Ах, уже не помните?

О балерине

Однажды, в старинные хипповые времена, одна дама вознамерилась погадать мне по китайской Книге Перемен. Я не люблю всякого рода гаданий, но отступать было некуда. Книга Перемен (Ай-Чинг), древнее сакральное произведение, была очень популярна в те годы среди прочей эзотерики. С ее помощью можно было вычислить все, касающееся твоей судьбы, а также твоих прошлых и будущих жизней. Если, конечно, уметь ею пользоваться. Йоко Оно, говорят, постоянно высчитывала, куда и когда Леннону ходить и куда не ходить. Это, его, правда, не спасло. И тем не менее.

В общем, я решил узнать, какова была моя прежняя жизнь. Девушка довольно долго вертела книгу туда-сюда, шевеля губами, и в конце концов сообщила, что, во-первых, нынешняя моя жизнь уже седьмая и скорее всего последняя, то есть душа уже набралась опыта и вернется на Землю вряд ли. А во-вторых, в прошлой жизни я был женщиной, являл собой особу при дворе короля, занимался искусством и дело происходило в Испании, кажется в XVI веке. Каким же видом искусства могла заниматься эта женщина? Конечно, танцами! В Испании-то. (Интересно, что именно профессию душа моя по наследству не получила. Этому сопутствовали еще два обстоятельства: во-первых, мы в молодости постоянно играли на танцах, и я все время видел, как танцевать не надо. Как надо, я не видел ни разу. Во-вторых, наш барабанщик Сережа Кавагое однажды сообщил мне, что все люди делятся на обычных и корявых, и я, без сомнения, отношусь ко второй категории. Это произвело сильное впечатление.)

Ребята, можете считать меня сексистом. Я часами могу смотреть, как работает Барышников. И тем не менее считаю, что сфера приложения труда у женщины по сравнению с мужчиной сильно ограничена. Это продиктовано самой природой или, если угодно, Всевышним, и нечего тут кричать о равноправии. Ну не люблю я шпалоукладчиц. И водительниц-дальнобойщиц. То есть так люблю, а кушать – нет.

Попробуем разобраться. Первая мысль – женщине неорганично заниматься чем-либо, связанным с тяжелым физическим трудом, – в корне неверна. Ибо балет – это в том числе адский физический труд, а что может быть органичнее балерины? Видимо, дело в другом – женщина, носитель Божественной красоты, лучше всего реализуется в профессии, которая заставляет эту красоту максимально раскрываться и работать. Танец, музыка, актерский труд. Очень потом – поэзия, литература, живопись (это уже сублимация). Потом все остальное. Очень важная и незаменимая работа – мама. Людмила Прокофьевна в «Служебном романе» была мымрой. Боялись ее, не любили, хотя руководила отделом, видимо, хорошо. Потом приподнатужилась, обновила внешность и стала очень ничего себе. Это она не для работы – для Новосельцева. Отделом своим она после этого будет руководить лучше или хуже? Или вообще уйдет к чертовой матери? Кино на этот вопрос ответа не дает.

В конце одна тысяча девятьсот семьдесят девятого года (господи, как давно!) «Машина времени» получила статус профессионального ансамбля в стенах государственной концертной организации «Росконцерт», и нас выпустили на бескрайние просторы страны. На просторах тут и там располагались типовые дворцы спорта. Поскольку сольный концерт во дворце спорта, особенно для таких орлов, как мы, был вещью в те времена в принципе немыслимой, нам полагалась нагрузка – первое отделение. Состоять оно могло из чего угодно – эстрадный оркестр, певцы и певицы, пантомима, обязательный конферансье, шутки, репризы, смех. Нам невероятно повезло – к нам определили ансамбль эстрадного танца «Сувенир» под управлением Тамары Сергеевны Головановой.

До этого момента меня совершенно не интересовала хореография – ни классическая, ни современная: Битлы без подтанцовок выступали. К балету я был глубоко равнодушен – не мое, и все. Ансамблей эстрадного танца (эстрадного, а не народного, заметьте – народных было как грязи) на тот год существовало, по-моему, два – «Сувенир» и «Ритмы планеты» Санкина. И было это по тем временам весьма новомодной штукой.

Я не знаю, что со мной произошло. Мы с «Сувениром» работали по два концерта в день (в выходные – иногда по три) и я, вместо того чтобы отдыхать, ходил смотреть их первое отделение – бесчисленное количество раз. Я знал его наизусть. Если это и было окрашено какими-то личными переживаниями (мы все тогда повлюблялись друг в друга), то лишь очень отчасти. Я был совершенно заворожен гармонией, возникавшей из звуков музыки и пластики женского тела (ребята там тоже здорово работали, но при чем тут это?). Я вдруг увидел, что танец – одно из божественных предназначений женщины.

Я слышал мнение, что профессиональное занятие танцем уродует фигуру женщины. Сами вы уроды. Профессиональное занятие танцем доводит ее до совершенства. Как вы полагаете, господа, что в этой самой фигуре женщины самое главное – если так вообще можно ставить вопрос? Ноги? Задница? Талия? Грудь? Вы ошибаетесь, господа, поверьте мне. Вышеперечисленные детали, конечно, имеют значение, но красота женщины спрятана в ее шее – насколько она длинна, как посажена на ней голова. В этом залог осанки, а в осанке читается отношение к миру. Так что женщина с божественными формами, ангельским лицом, но с короткой шеей – досадное недоразумение, не более того. И ее никогда не возьмут в танцовщицы. Балерина может отдыхать, согнувшись в три погибели и развернув ступни под сто двадцать градусов в немыслимую позицию – и она все равно божественна.

Сувенировцы пахали, как звери. Мы все тогда пахали, как звери, но нам все-таки было легче. Представьте себе: после двух концертов мы все вместе собирались в гостиничном номере, варили супчик из пакетных концентратов (это называлось «суп-письмо», буфет в гостинице закрывался как раз к нашему возвращению), пили водку, травили байки из рок-н-ролльной и танцевальной жизни и хохотали как безумные. Часа в четыре утра мы расползались по номерам, совершенно счастливые, и вот тут «Машина времени» могла себе позволить забыться сном. А бойцов «Сувенира» Тамара Сергеевна Голованова в восемь утра строила на балетный класс – чтобы служба медом не казалась. Знаете, что такое балетный класс? А дальше – опять два концерта и опять посиделки до утра – гастроли в среднем городе тогда длились неделю-полторы. В Питере – три.

И ребята, и девчонки из «Сувенира» очень любили свою работу – как бы ни ругали ее. И они потрясающе работали – абы кого в команде не держали.

Песенка «Заполнен зал, в котором было пусто…» – это про них.

А с Майей Михайловной Плисецкой я и знаком-то не был и ни разу не встречался – откуда?

Про рай и ад

Мой товарищ писатель Юз Алешковский однажды сказал: «Ад – это жизнь на Земле при полном отсутствии Бога».

Степень присутствия Бога отнюдь не определяется количеством понатыканных вокруг новодельных церквей. Ад вползает в нашу жизнь медленно, незаметно и прочно. Вползает в виде хаоса. А хаос маскируется под что угодно. Например, под долгожданную свободу. Под новомодные веяния в искусстве. Хаос – это не что-то одно отдельно взятое. Это чудовищное несоответствие одного элемента другому в рамках целого. Полная противоположность гармонии. Я понятно объясняю?

Впервые я заметил что что-то происходит, когда несколько лет назад во всех барах, парикмахерских, спортивных залах и магазинах почти одновременно возникло странное явление: работает телевизор, на экране музыкальный канал, пляшут, поют и кривляются разнообразные артисты, а звука нет. Вернее, он есть, но исходит он не из телевизора, а из какого-то совсем другого прибора – и звучит музыка! Только не та, под которую в данный момент пляшут, открывают рот и кривляются артисты на экране. И это не какая-нибудь принципиально другая музыка – не Вивальди, в общем. Та же самая попса, просто не имеющая никакого отношения к изображению. Никогда не замечали? Говорите, вас это вообще не интересует? То есть смотрите и не замечаете? Вы уже больны.

А меня очень интересует. Я и в чистом-то виде музыкальный канал – с родным звуком – не могу назвать образцом гармонии. При всем своем либерализме. А тут черт знает что такое. И знаете, что самое интересное – ни один бармен, ни один администратор не смог мне объяснить, зачем они это делают. А ведь это непросто – надо проделать массу телодвижений: включить телевизор, найти подходящий музыкальный канал, вырубить звук, потом включить проигрыватель, подобрать сидишку с похожей лабудой, поставить, врубить звук и будет хаос. Они не знают, зачем это делают. Но делают. Все.

Может, это модно? Или это все-таки болезнь?

Я – счастливый человек: мне некогда смотреть телевизор. Возвращаясь домой вечером я предпочитаю ужин в компании друзей или в крайнем случае хорошую книжку или фильм. А тут недавно находясь на гастролях оказался в номере гостиницы с телевизором один на один. В дневное время. В этой ситуации телевизор побеждает. Потому что человек, которому нечего делать, не может его не включить. Прыгая с канала на канал, я с изумлением обнаружил, что везде идут детективы. (Кроме ТНТ, конечно там – «Дом-2».) С ментами и бандитами. Примерно одного качества. Примерно с одними и теми же актерами, сюжетами и количеством трупов и крови. Если детектив вдруг заканчивался, его сменяла «Дежурная часть» или «Хроника происшествий» или «Петровка, 38» или «Преступление и наказание», где настоящих трупов и крови было значительно больше. А потом опять начинался какой-нибудь детективный сериал. В полном соответствии с законом о рекламе каждые пятнадцать минут вся эта трупоедина перебивалась розовыми счастливыми малышами посреди чудес страны молочной, гламурными красотками с чашечкой кофе и простыми милыми девушками с прокладками в руках. Ненадолго – минут на пять. А потом опять четверть часа трупов, извращенцев и ментов, которые сурово шутят и пьют водку и пиво на рабочем месте. Контраст не поддавался описанию. Присутствие хаоса ощущалось физически.

Ребята! Вы совсем с ума сошли?

Мне шепчут, что для того, чтобы почувствовать себя хорошо, человек должен увидеть, как кому-то плохо. Хуже, чем ему. Это правда? А я всю жизнь начинал чувствовать себя лучше, когда видел, как кому-то хорошо. А когда видел, что кому-то плохо – мне тоже делалось хуже. Это, кажется, называется «сострадание», да?

Может быть, я мутант?

У моего сына нет телевизора. Я хотел подарить – не надо, говорит, с ума сошел? И у его друзей тоже нет. У них иметь телевизор считается дурным тоном. Если бы хаос полз только оттуда!

А еще мне шепчут, что хаос – это на самом деле одна из самых устойчивых систем. С точки зрения физики.

Беда-то какая.

О страсти

Необъяснима и загадочна природа страсти. Страсть – соединение божественного и земного, даже животного. Божественная составляющая необъяснима, как необъяснимо божественное вообще, а животная – да много ли мы на самом деле знаем о животных? Или человека создал Бог, а животных – Дарвин? Проявляется страсть в разных родах человеческой деятельности, но все это – сублимация той самой, основной страсти, и давайте не будем себя обманывать.

Готов рассуждать о проявлениях страсти мужской, так как при всем богатстве воображения не могу ощутить себя в теле женщины. Соответственно оказаться внутри ее головы. К тому же в устройстве органов, имеющих к страсти самое непосредственное отношение, обнаруживается принципиальное различие, и оно не только в строении – оно в возможностях. Совсем грубо говоря, мужчина не сможет овладеть женщиной, к которой он не испытывает страсти, как бы этого не требовали обстоятельства – этот самый его орган откажется участвовать в процессе: он сам решает, к кому испытывать страсть. Женщина же (вы уж меня простите) может теоретически осчастливить в течение ночи трех мужчин да еще каждому внушить, что именно он лучший на свете. И ведь верили!

По большому счету страсть питается собственной неудовлетворенностью. И препятствиями, неизбежно возникающими на пути ее удовлетворения. Страсть удовлетворенная перестает быть страстью по определению. Финал, музыка, титры. Я видел внезапные вспышки взаимной страсти (редко, но бывает). В этом случае (если сюжет писал не Шекспир, плюс она не замужем, он не женат и живут они в не враждующих странах) препятствий на пути значительно меньше. И вот они преодолены, и влюбленные бросаются в объятья друг друга. Иногда (тоже достаточно редко) из этого получается образцовая семья, и живут они долго и счастливо – но причем тут страсть?

А в девяноста девяти случаях страсть, увы, односторонняя – и опять же могу говорить только о мужчинах, хотя доводилось наблюдать проявления односторонней женской страсти в воспаленном состоянии – было это непредсказуемо и ужасно.

Итак, мужчина охвачен страстью. Заболевание это возникает внезапно и, как правило, сразу в самой острой стадии – вчера был здоров, а сегодня уже практически безнадежен. Объект же его страсти испытывает к нему равнодушие, пусть и окрашенное легким дружеским позитивом. Что делает в этой ситуации, скажем так, нестандартная женщина? Она мягко пытается объяснить больному, что не готова разделить с ним его порыв. В общем, не любит она его. Кушать любит, а так – нет. Разумеется, мужчина в состоянии измененного сознания ей не поверит. Он сейчас ничему не верит и целиком сосредоточен на собственном внутреннем пожаре. Что сделает женщина нормальная, коих большинство? В ней сработает древний инстинкт. Начнется игра «Рыбак и рыбка», только рыбаком будет она. Знаете, в какие моменты рыбак испытывает наибольший кайф? В момент вываживания рыбы. Добыча уже на крючке, но еще не в руках — длинная и тонкая леска может порваться, и вообще здесь необходимо хладнокровие в сочетании с опытом. Пойманную рыбу, кстати, измученную и обессиленную, по нынешним правилам следует отпустить. Поцеловав на прощанье.

Но вот — передержали. Или просто прошло какое-то время. Времени свойственно проходить. И мужчина изумленно глядит на объект, являвший причину его вчерашнего безумия, и не может понять — что это было? Вот тут рыбак, чувствуя, что рыба уходит, делает движение вслед. Нет, никто не за кем не бросается — достаточно неожиданного телефонного звонка или даже просто особенного взгляда. Ваши варианты? Некоторые разворачиваются и летят навстречу, очертя голову — вдруг болезнь еще не совсем прошла? Да нет, прошла окончательно и рецидивов не будет. Возвращаться на место, где вчера полыхал костер страсти, пытаться раздуть остывшие головешки — бессмысленно. И не верьте переменам, в ней якобы произошедшим, — это сработал инстинкт собственника: добыча уходит! А как было приятно водить на леске!

Есть мужчины самолюбивые и мстительные — они попытаются оттоптаться на предмете вчерашнего своего обожания за все унижения, ими испытанные. Не стоит этого делать. Это непродуктивно и просто некрасиво. Постарайтесь остаться друзьями — вам сейчас лучше, чем ей. Потому что теперь она нет-нет да и подумает — а не дура ли была?

А вы — вы вновь совершенно здоровы. И в грядущей жизни вам предстоит пережить это состояние еще несколько раз, вы уж мне поверьте.

Ведь вы так молоды!

Форс-минор

Форс-мажор – это обстоятельства непреодолимой силы, позволяющие партнеру отказаться от обязательств, указанных в договоре. Я, типа, отказываюсь от соблюдения своих обязательств, потому что у нас тут землетрясение. Или упал метеорит. Или нас всех косит чума.

Давайте-ка я вам лучше расскажу про форс-минор. Некоторое время назад у меня на пальце ноги выросла маленькая шишечка. Вещь совершенно безвредная – если ходить босиком. А вот ботинок создает затруднение. Потому что ботинки на нее не рассчитаны. В результате я исстрадался и позвонил знакомому доктору. Знакомый доктор позвонил знакомому хирургу, и тот согласился меня принять. Оказался очень приятным парнем, к тому же поклонником «Машины времени». Мигом уложил меня на стол и болячку отрезал. Категорически отказался от вознаграждения. Растроганный и счастливый я уехал домой.

Через пару месяцев шишечка выросла снова. На том же месте. Уже знакомый хирург очень удивился, велел мне приехать и проделал операцию еще раз. Даром.

Прошло еще три месяца, и шишечка была на прежнем месте. Хирург удивился еще больше и сказал, что тогда мы эту штуку возьмем лазером. По последнему слову техники. Мы пошли на другой этаж больницы, и строгая тетенька лазером, похожим на детский прибор для выжигания, эту штуку выжгла. Лазер гудел, лампочки мигали, пахло шашлыком.

Через пару месяцев все вернулось на свои места.

И тогда я плюнул, купил билет и полетел в Израиль. Пришел в клинику, заплатил две тысячи долларов. В кассу. После чего израильский хирург проделал надо мной уже до боли (шутка) знакомую операцию. Ножичком. Безо всяких лазеров. В процессе этой операции я спросил его: почему у его российских коллег ничего не получалось. Он удивленно посмотрел на меня, пожал плечами и сказал: «А они просто не до конца вырезали». «Ну погоди, – думал я, – утру тебе нос. Вот заявлюсь через пару месяцев в прежнем виде, хромая – что тогда скажешь? Небось, опять две тысячи сдерут?»

А больше ничего не выросло. Как отрезало.

Два мира, два детства.

Совсем недавно я был уверен, что отечественное кино неспособно родить настоящий боевик или триллер как в Голливуде. Не из-за того, что нет денег, а в принципе. Очень уж аккуратненько и беспомощно бились в наших фильмах машины, погони выглядели смешно, драки российских артистов без слез смотреть было невозможно. Пропасть казалась непреодолимой. «Ну да, – понимал я, – это просто не наш жанр. Ну не дано нам. Зато у нас бездна психологизма и душевности. Омут естества». А прошло несколько лет и оказалось – все нам дано. И взрывы, и драки, и погони и все что угодно. Это не означает, что хороших фильмов стало больше – просто данный жанр освоили. На мировом уровне.

То есть где-то получается.

Я к тому, что форс-минор – это в принципе обстоятельства преодолимой силы.

Если, конечно, постараться.

Клятва

Слушаю музыку слов, пробую их на вкус.

Какое прекрасное, например, слово «гоголь» – светлое, гордое, одинокое. Звонкое, как шарик для пинг-понга.

Это, между прочим, не фамилия писателя – это такая птица.

А теперь прислушайтесь к слову «клятва». Старое мочёное яблоко на дне бочки. Рядом гуляют «кляуза», «кляп», «клякса», «каляка-маляка». Ну не назовут хорошее дело таким некрасивым словом. Неужели не чувствуете? «Клятва проклятых на Клязьме».

Во дворе клялись по поводу и без повода – это было важной составляющей дворовой жизни. Клялся и я – куда деваться? Любую информацию, вызывающую хоть малейшее сомнение, следовало немедля подкрепить клятвой. Самая лёгкая форма у нас, интеллигентских детей (мы были в абсолютном меньшинстве) звучала, как «клянусь здоровьем своих родителей». У шпаны – «век воли не видать». Если этого оказывалось недостаточно, звучало требование: «Ешь землю!» Земля хрустела на зубах. Ели, давились. Клятва, скреплённая поеданием земли, считалась абсолютной.

Пытаюсь вспомнить – ради чего шли на такие страдания? Ну, например, в подтверждение того, что у папы есть орден Великой Отечественной войны. Или что динозавры были больше слонов. При этом, вынужденно исполняя постылый ритуал, я не мог понять – зачем это всё? Вот человек тебе что-то пообещал. Это значит, что он это исполнит – он же пообещал! Меня так учили. А если он при этом ещё должен клясться (боже, какое мерзкое слово!) и есть немытую землю, значит, его обещание ничего не стоило? А зачем он тогда обещал? То есть: обещание на самом деле не вполне обещание, а вот клятва – самое настоящее обещание и есть! Ерунда какая-то. Зачем так усложнять жизнь?

А теперь интересное. Евреи не дают клятв. Думаете, потому что это такой хитрый пронырливый народ? А вот совсем и нет. Евреи считают, что на сто процентов исполнить клятву может только Всевышний, так как Он всемогущ. Невыполненное же обещание – тяжкий грех перед Богом, ибо сказано: «Человек, который клянётся ложно, подвергает сомнению само существование Бога» (Рамбан, комментарии к Торе). На свитках Торы клясться было запрещено. Есть даже такая словесная формула: «бли недер», переводится как «без обещаний» В банковских контрактах , говорят, есть строка, набранная мелким шрифтом – по поводу того, что на банковские соглашения эта фраза не распространяется.

Вообще обещание «без обещаний» выглядит с нашей точки зрения странно. Но это вовсе не значит, что оно не будет исполнено – это просто чтобы не брызгать кровью на бумаги и не рвать рубаху на груди.

В Йом Кипур, который все ошибочно называют «Судным днём» (на самом деле в Йом Кипур тебе уже выносят приговор – судить твои поступки начинают в Рош ха Шана, в Новый год, так что Йом Кипур, скорее «день оглашения приговора») первая твоя молитва велит тебе снять с себя все обязательства – предстань пред лицом Бога чистым. Всё непросто.

Тут по законам жанра должна бы следовать история из собственной жизни, про клятву, разумеется. Вспоминал-вспоминал – нет такой истории. Никогда никому ни в чём не клялся. Интуитивно. Хотя вру, конечно – каждый гражданин нашего поколения однажды в жизни давал клятву – «Я, юный пионер Советского Союза, перед лицом своих товарищей торжественно обещаю: горячо любить свою Родину, жить, учиться и бороться, как завещал великий Ленин, как учит Коммунистическая партия.» Ведь до сих пор наизусть помню! Ну и что – исполнил хоть кто-нибудь торжественно произнесённое обещание? Борется, как завещал великий Ленин? Согласно учению Коммунистической партии? А ведь как волновался, как боялся, что не примут – мне полгода до пионерского возраста не хватало. Не помогли им наши клятвы. Так что прошу вас – не клянитесь, особенно ложно. Лучше просто пообещайте. А еще лучше возьмите и сделайте. Бли недер.

Благородство

Хотите историю про благородство? Пожалуйста! Я тогда еще был совсем маленьким – кажется, только пошел в школу. Летом мои родственники забрали меня к себе на дачу в Купавну. За фанерным дачным поселком тянулись бесконечные искусственные пруды – рыбхоз. В них разводили карпов. Охранял пруды сторож дядя Володя – сухой седой дед, похожий на писателя Сергея Сергеевича Смирнова, и его овчарка Дези. (Интересно, кстати: в годы моего детства каждую вторую овчарку звали Дези. Сейчас и имени-то такого нет.) Я дружил и с дядей Володей, и с его овчаркой.

Однажды вечером они вдвоем зашли к нам на дачу, и дядя Володя между делом сказал, что на рассвете он собирается на охоту – на куликов. Я просто весь задрожал – так мне хотелось попасть на настоящую охоту. Видя мои страдания, дядя Володя сказал, что запросто может взять меня с собой – пройдет мимо нашей дачи, тихонько стукнет мне в окно, и мы отправимся вместе.

На охоту!

Не надо говорить, что всю ночь я не сомкнул глаз. Я боялся, что задремлю, дядя Володя стукнет тихонько, как обещал, а я не услышу, и он уйдет один. Светать начало часа в четыре. В пять было уже светло, а дядя Володя все не шел. Потом утро стало превращаться в день, подул ветерок, начали просыпаться дачники в соседних домиках, загремели вёдрами у колонки и было понятно, что время охоты прошло, а я все ждал. В десять часов я не выдержал и отправился в сторожку к дяде Володе.

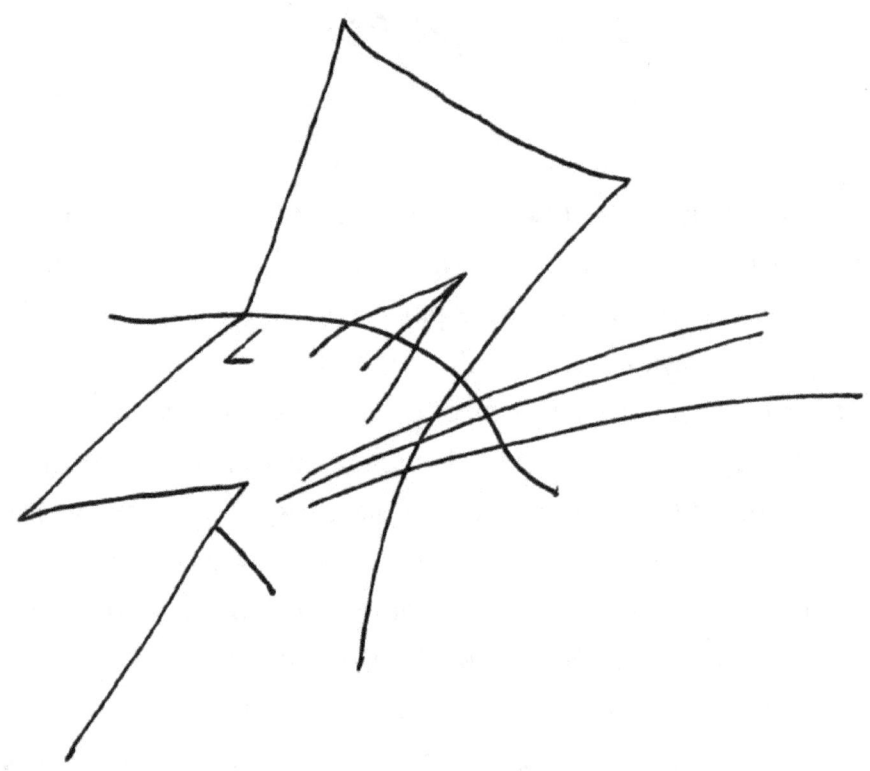

Дверь была открыта, дядя Володя тяжело спал на топчане прямо в одежде, Дези спала на полу у его ног. Видно было, что вчера они сильно выпили. Дези учуяла меня, проснулась, застучала хвостом по полу, дядя Володя тоже проснулся, увидел мое горе и все понял. И тогда он сказал: ничего, проспали, конечно, но раз собирались – на охоту все равно пойдем. И снял со стены двустволку.

Мы вышли втроем из сторожки. Стоял жаркий летний день, кулики, если они вообще здесь водились, давно улетели на свои болота. Метрах в пятнадцати от нас в дорожной пыли возились воробьи. Дядя Володя замер, тихо шепнул мне: «Давай!» – и протянул огромное тяжелое ружье. Я прицелился и оглушительно бабахнул. Меня чуть не убило отдачей, я временно потерял слух. А дядя Володя нагнулся и собрал на ладонь пять насмерть убитых воробьев. «Отличный выстрел, – произнес он, – в два часа жду тебя на шурпу».

К двум часам слух ко мне частично вернулся, и я пришел к дяде Володе на шурпу. Стол был накрыт скромно и с достоинством, в шурпе плавали все пять добытых птиц, и лучшей шурпы я не едал. И мы сидели втроем за столом, не спеша пировали и говорили о всяких важных охотничьих делах.

Вот скажите – это мне так повезло с дядей Володей или раньше люди вообще были почутче? Или и то и другое?

Валюта

Очень, очень мне не нравилось в юные годы слово «валюта». Не наше слово, зловещее. Что-то в нем запрятано лютое, нечто, что валит. Валюта – то, что нельзя. Валютчиков сажали, а то и расстреливали. Нет, я понимал, что доллар в Стране Советов официально стоит восемьдесят с чем-то копеек, а на самом-то деле – один к шести, но все эти коммерческие несоответствия располагались бесконечно далеко от круга моих интересов. Ибо кроме электрогитар и битловских аккордов меня тогда не интересовало вообще ничего.

Первый тактильный контакт с валютой случился, правда, чуть раньше, в седьмом классе. Мы снимали издевательско-шпионский фильм «Враг не пройдет» на папину узкоплёночную камеру АКА – 8. Я был автором сценария, режиссёром и оператором, но по ходу дела пришлось сыграть эпизодическую роль изменника Родины. По сюжету главный шпион подкупал меня именно валютой за столом в ресторане. Ресторан снимался в пельменной напротив нашего дома, папа только что вернулся из командировки, я спросил, нет ли у него иностранных денег для съёмок эпизода. Папа выдал мне 60 долларов – 20, 20 и 20 – и убедительно просил особенно ими не размахивать. Съёмка прошла успешно – я сидел за столом с врагом, он что-то тихо говорил мне (кино было немое), на лице моём отражалось тягостное сомнение, на столе появлялись 20 долларов, потом их становилось 40, потом 60 – и я ломался – продавал Родину. Съёмка проходила в один дубль (очень берегли плёнку), и повязать нас не успели. Поскольку мне было необходимо возвращаться на место оператора, изменника Родины пришлось в следующем эпизоде убить. Поделом.

Папе в командировке (как и всем советским иностранно-командировочным) выплачивались суточные в валюте страны пребывания. Были они смехотворными, но и их наши граждане на еду не тратили – вы что, с ума сошли? Надо же было привезти подарки с другой планеты: мне струны (если на гитару не хватит – а откуда там на гитару?), маме – кофту, сестре – сапожки. В чемодан плотно укладывались сухие супы в пакетиках, консервы, чай, кипятильник. За месяц командировки суточных набегало на подарки – ещё оставалось на пару винилов Эллингтона или Эрролла Гарнера. Следующий полёт на Марс ожидался через два года.

Зарплата же такому командировочному выплачивалась уже по возвращении – в сертификатах (удивительное изобретение советской власти). По сути, это были талоны на приобретение иностранных товаров в сети специализированных магазинов «Берёзка», но в силу покупательной способности талоны эти считались почти валютой. Делились они на три сорта – а с ними на три сорта делились их обладатели. Сертификаты с синей полосой – для трудившихся в странах соцлагеря. Ничего такого особенного на синеполосые купить было нельзя – венгерская обувь, польский костюм, но по сравнению с советским универмагом это всё равно было о-го-го. Дальше по рангу шли сертификаты с жёлтой полосой – я так и не понял, кому и за что они доставались, но ценность их была несколько выше, а ассортимент предлагаемых товаров – разнообразнее. И на вершине пирамиды – бесполосые сертификаты, открывавшие двери в любой отдел «Берёзки», – двухкассетные магнитофоны, джинсы, сигареты «Марльборо» и «Кент», виски и джин… Америка! Господи, кто-нибудь понимал тогда, как все это унизительно? А сейчас, вспоминая Страну Советов, понимает?

Я не помню, в каком году наличие у советского гражданина иностранной валюты перестало быть преступлением. По-моему, тогда же, когда для нас открылись границы, – где-то в конце восьмидесятых. Открытие границ произвело на меня гораздо большее впечатление – всю первую половину жизни я мечтал о дальних путешествиях и не предполагал, что мечты мои осуществятся. А валюта – что валюта? В момент как грибы повылезали ларьки, пооткрывались окошечки – пункты обмена валюты. Для меня это была ещё одна перемена в череде невероятных перемен – как отдельный факт не потрясло.

А вот с вывозом (и, по-моему, с ввозом) пресловутой валюты устаканивалось долго – я прямо физически ощущал, как не нравятся строгим представителям нашей строгой власти, стоящим на страже ворот, с которых только-только сняли поржавевший уже замок, эти новые вольности – это еще что такое? Правила всё время менялись – я их уже и не упомню. Одно время можно было вывозить ровно столько, сколько ты ввёз, деньги считали, выдавали такие противные зелёные бумажки, заполненные от руки, с печатью. Потом их стали при обмене выдавать банки. Я всё время боялся попасть под какое-то новое правило – а незнание-то не освобождает! И вот поездка моя чудесным образом накрылась, самолет улетел, а меня с руками за спиной ведут по тёмному секретному коридору.

Однажды я нарушил закон. Мне нужно было в Нью-Йорк по какому-то срочному музыкальному делу, и всего-то на одну встречу – в общем, я пересекал границу с махонькой сумочкой на тоненьком ремешке – называлась она тогда «барсетка», а чуть позже – «педерастка». Сумочка состояла из множества карманов и кармашков, и в один из них, самый неприметный, я засунул двести долларов. Никаких разрешений на вывоз валюты у меня на тот момент не оказалось, но лететь на встречу без копейки я не мог. Я приближался к границе, и ноги не слушались меня. Молодой красивый лейтенант таможенной службы повертел в руках мою барсетку и попросил расстегнуть молнию именно на этом кармашке. Негнущимися пальцами я открыл кармашек, протянул сумочку лейтенанту и окаменел. Прожитая жизнь оказалась короткой и совершенно бессмысленной. Ну всё, вот же они лежат! Лейтенант заглянул в кармашек, потом строго посмотрел мне в глаза, сунул в мои деревянные руки барсетку и сказал: «Проходите».

Спасибо тебе, далёкий незнакомый друг.

Просвет

Сеноты – пещеры в карстовой породе Земли, пустоты, заполненные водой. Самые известные находятся в Мексике, но есть они и в Австралии, и на Кубе, и даже у нас на Урале. В тропических странах вода, заполняющая сеноты, тёплая, и, как правило, настолько прозрачная, что её не видно: возникает иллюзия, что ты паришь в воздухе в сказочных гротах. Это я уже о погружениях. Погружения эти достаточно сложны и небезопасны: во-первых, уйдя вглубь пещер (а тянутся они иногда на километры) ты лишён возможности аварийного всплытия – обратный путь займёт столько же времени, сколько ты уже потратил, двигаясь сюда, и воздуха в баллонах это касается в той же мере. Неполадка с фонарём – и ты оказываешься в абсолютной темноте. Пара поворотов в туннели (а их там множество), ты на мгновение ослабил внимание – и уже заблудился. В сенотах, где часто бывают дайверы, по стене обычно протянут канат – именно на этот случай. Но далеко не везде. Добавим сюда ещё неожиданные приступы клаустрофобии (а ты и не знал до этого момента, что она тебя может накрыть, иначе бы просто не полез). Ни в коем случае нельзя отделяться от группы, бестолково махать ластами – в общем, множество строгих правил, обязательных к исполнению. Каждый год в сенотах гибнет несколько дайверов. И чаще всего их убивает паника.

Но чёрт возьми, всё это делает предстоящее приключение только более захватывающим, не так ли? А индейцы майя часто использовали сеноты для ритуальных захоронений, а где захоронения, там и сокровища – да что тут говорить?

Было это на Кубе, и было это давно – лет тридцать назад. Дайвинг там тогда пребывал в зачаточном состоянии, что меня вполне устраивало – не люблю, когда тебя водят за руку. Правду сказать, мы сами к тому моменту были не сильно опытные дайверы – в сеноты мы погружались впервые. Но наш энтузиазм искупал всё – меня просто колотило в предвкушении. Подготовились как смогли – запасные фонари, пара запасных баллонов, которые обычно оставляют по пути следования. Я даже не помню, пошел ли с нами местный парень, гордо называвший себя инструктором – может и пошёл. А может, просто показал вход и рекомендовал быть осторожнее. Вход можно было принять за крохотное озерцо или даже за средних размеров лужу – только всмотревшись, ты замечал, что она бездонна. Мы (было нас четверо) еще раз проверили снарягу и ушли под воду. И началось чудо.

Ребята! Никакие фотографии, никакие филь-мы не дадут вам почувствовать и десятой доли того, что вы испытываете, оказавшись в сеноте впервые! Вот так вы летали во сне – только теперь это полёт полностью управляемый! Никакой воды нет – это просто тёплый и густой воздух, и ты плавно скользишь в нём, а пространство вокруг тебя то сужается до узкого тоннеля, то вдруг перетекает в огромные залы, украшенные сталактитами и сталагмитами, и кристаллы кварца и слюды сверкают в луче твоего фонаря, а углекислый газ, который ты выдыхаешь, собирается под потолком в живые серебряные гроздья. Ощущение того, что тебе позволили прикоснуться к чему-то вечному и божественному, описать невозможно. Потом уже я бывал в сенотах несколько раз и даже снимал там фильм, но вот это первое ощущение чуда – непередаваемо.

В какой-то момент я, убаюканный эйфорией, совершил непростительную ошибку – я оторвался от группы. Есть у меня такой недостаток – меня всё время выбрасывает вперёд. Не люблю рассматривать затылки впереди идущих. Я и в кино сажусь в первый ряд. Ребята что-то фотографировали, закопались, а я не мог торчать на месте. Причём произошло это неосознанно и для меня незаметно.

Скоро тоннель, по которому я плыл, привёл меня в небольшой круглый зал, из которого уходили ещё два тоннеля. Всё это я успел заметить до того, как совершил вторую ошибку – оказавшись в зале (размером он был с маленькую кухню), я неосторожно взмахнул ластами.

Передвигаться в сенотах следует, еле-еле отталкиваясь кончиками пальцев от стен, и ни в коем случае не размахивать ни руками, ни ногами. Ты никогда не знаешь, что покрывает дно, и если это ил – поднимется муть, которая может катастрофически осложнить твоё положение.

Итак, я взмахнул ластами, со дна взлетело облако тончайшего ила, и через секунду я потерял способность видеть что-либо, включая собственные руки. Кристальная вода, в которой я так божественно парил, в мгновение ока превратилась в молоко. Свет моего мощного фонаря виделся мне в этом молоке неверным еле различимым пятном с расстояния в тридцать сантиметров.

Плохие писатели в этот момент пишут, что вся жизнь пронеслась перед глазами. Врут, ничего не пронеслось. И паники никакой не было. Просто сознание моё как бы отделилось от тела и без всяких эмоций отстранённо рассуждало, что это тело должно делать в данных обстоятельствах. Выбор был небольшой.

Сначала я решил, что если не шевелиться, то муть осядет – хотя бы частично. Я замер, и даже выдыхать старался еле-еле. Время шло и ничего не происходило. Течение в сеноте отсутствовало напрочь, и тончайший ил мог висеть в воде три дня. А воздуха в баллоне с каждым вдохом оставалось меньше и меньше. Насколько меньше – я мог только предполагать: экран компьютера разглядеть было невозможно. Идею поискать выход наощупь сознание отмело – неизвестно, на какой из трёх тоннелей я бы наткнулся и куда бы он меня привёл. И тогда – совершенно интуитивно – я сделал единственно правильную вещь: я погасил свой фонарь.

Будем честными – вот тут стало страшно. И всё равно ощущение наблюдения за происходящим со стороны не проходило: вот он в абсолютной темноте, отрезанный этой темнотой от выхода. За пару минут глаз окончательно адаптировался, и тут я увидел где-то справа – даже не свет: еле заметное эхо света. Это мои товарищи собирались заплыть в пещеру. Ещё через секунду они могли оказаться в моём положении. Я совершил немыслимый рывок вправо (расстояние оказалось на удивление небольшим) и выпихнул первого обратно в тоннель. С несвойственной мне ловкостью я развернул всех трёх на сто восемьдесят градусов и показал рукой – обратно! Под водой особо не поговоришь, язык жестов у дайверов примитивный и обозначает самые базовые вещи: вверх, вниз, вместе, сколько осталось воздуха, помощь… Видимо что-то в моей пластике подсказало ребятам, что обсуждения неуместны и надо следовать за мной. Впрочем, исходя из запаса в баллонах, пора было возвращаться.

Всплыв, на недоумённые вопросы ребят я ответил, что в той пещере просто не было ничего интересного. В детали я посвящать их не стал. Зачем?

Звонок телефона в осеннем лесу

История эта случилась много лет назад. Неожиданно в самом конце сентября на исходе сезона вдруг пошли опята. Люди несли мимо моего дома полные корзины, и я не выдержал. Я разгреб дела, освободил полдня и пошел в лес, благо лес был через дорогу. Со мной отправилась моя знакомая девушка – кажется, это я ее уговорил.

Я обожаю ходить в лес. Не только в лес – мне необходима дикая природа. И если на протяжении полугода я до нее не добрался – я болею. В лесу, на воде, под водой со мной что-то происходит на биологическом уровне – я заряжаюсь, как батарейка, а голова начинает работать сама по себе, не отвлекаясь на окружающие глупости и звуки, и слышит только то, что ей надо слышать. Поэтому девушка в данном контексте была совершенно не обязательна – просто так уж получилось.

Стояла пасмурная безветренная погода. Было прохладно и так тихо, как бывает тихо лишь в осеннем лесу: птицы уже не поют, комары не зудят, и шаги твои по опавшей листве звучат неестественно громко, а от звука падающего желудя вздрагиваешь, как от выстрела. Опят оказалось не так много, как я предполагал, и ушли мы довольно далеко. Девушка на поверку оказалась совсем не лесной породы, грибы собирать не умела, боялась заблудиться и при этом все время исчезала куда-то из поля зрения. В конце концов она потеряла свой дорогой красивый мобильник и очень расстроилась. Выходило, по ее предположениям, что случилось это далеко отсюда, когда она склонилась над каким-то мухомором. Надежды вернуться и найти именно это место не было никакой. И тогда я достал свой телефон и набрал ее номер. И где-то на самом краю земли, еле прорываясь сквозь вселенскую тишину осеннего леса, защебетал веселенький звоночек. Он доносился из таких далей, что поначалу направление определить было почти невозможно. Пришлось разделить окружающее нас пространство пополам, а потом еще пополам. Я шел на звук и молил бога, чтобы в звонящем телефоне не сдохла батарейка. Минут через пятнадцать я вышел прямо на него: он лежал, зарывшись в бурые листья, и из последних сил мигал зелененьким.

Вот удивительно: и дома, в котором я жил, уже давно нет, и девушка та бог знает где, а я до сих пор вспоминаю эту картину – еле слышный далекий звонок телефона в осеннем лесу.

Про шанс

Дед мой Григорий верил в теорию скачка. Заключалась она в том, что каждому человеку в течение жизни однажды даётся возможность проявить свои способности в полной мере – со всеми последующими результатами. Просто длина этого волшебного отрезка у всех будет разной: у гения, например, он может составить почти всю жизнь, а у кого-то уложится в несколько месяцев, а может, и дней. И самое главное тут – не просмотреть, не упустить этот момент. Ибо это и есть шанс.

Многие мужики, насколько я замечал, очень любят вспоминать какие-то моменты своей биографии, связанные с упущенными, как им кажется, шансами. И сладко горевать по этому поводу. Подозреваю, что у женщин то же самое, просто это случается в женской компании. Если в реальной жизни таких историй не произошло или они были недостаточно яркими, их, как правило, дописывают или придумывают целиком. На самом деле это чудесное оправдание собственной неисключительности, и огромному количеству людей, страдающих комплексами, это оправдание – мёд на душу. «А ведь я Литературный закончил!» – привычно сокрушается мой товарищ, комментатор-пропагандист. «Мог бы Толстым стать! Достоевским! А тут вдруг жена, дети – и всё!» Здесь все сочувственно покачивают головами и выпивают – за его нерастраченный талант. Да нет, дорогой мой, в который раз думаю я, не стал бы ты Толстым. И Достоевским бы не стал. Ровно потому, что не стал. Ни тем ни другим. И живёшь вполне довольным своей профессией. И женой, кстати. И дети вон какие замечательные.

Беседовал я тут с одним священником по поводу божьего промысла, иначе говоря, судьбы и возможного участия человека в этом процессе. Очень этот вопрос меня с детства волновал. Фатализм там, всякое такое. Ну правда – если путь твой заранее предначертан, значит выбора никакого и нет? И можно успокоиться и вообще не совершать телодвижений? Но ведь каждую секунду дорога перед тобой раздваивается, и ты выбираешь одну из двух – так, нет? И вот что этот мудрый человек мне ответил. Представь себе, сказал он, чтоб тебе было понятнее – вот режиссёр снимает фильм. Сценарий его утверждён и изменениям не подлежит. Роли тоже прописаны. Но от актёра зависит, каким будет его герой – обаятельным или неприятным, смешным, трогательным или трагичным. Он может менять слова в написанном для него тексте – на фабулу и сюжет картины это не повлияет – разве что на качество. Вот и весь твой люфт. Не думайте, кстати, что это ерунда – для актёра это очень важно: роль была такая серая, такая безликая, и диалоги говно, а он вывернулся наизнанку – и вон что из неё вытащил! Но то, что действует его персонаж по плану, который не обсуждается, – это само собой. Вот примерно так.

Да нет, мечталось иногда и мне, маячили призраки на горизонте. Ух как мечталось! При этом краешком головы я отлично понимал, что никуда не поеду – просто эта история не из моего сценария жизни. А бывало, что бросался всё же за каким-нибудь ослепительным, как казалось, шансом, и вскорости понимал – не надо было.

Много лет я мечтал об удаве. Я с детства любил змей и жили у меня постоянно всякие полозы и веретеницы. Но удав – это же совсем другое дело! И вот однажды некая язвительная девочка прервала мой постылый монолог и сказала: а что тебе мешает? Или тебе просто нравится ныть по этому поводу? Я страшно удивился – правда, ничего не мешало. Кроме того, что это была история не из моего сценария. Но я это понял потом.

Я заказал огромный дорогой террариум – в полкомнаты. Молоденького удава мне подарил мой друг Юра Дуров. Радости не было границ. Потом начались проблемы. Сначала надо было найти поставщика живых крысок – удавы ими питаются. Это оказалось непросто. Потом вдруг обнаружилось, что змея, террариум и практически вся комната покрыта ровным слоем крохотных клещей – видимо, пара их приехала в дом на удаве, и они размножились с невероятной скоростью и размахом. Я лечил бедную змейку и проводил дезинфекцию. Но не это главное. Удав оказался девочкой. В юном возрасте пол у них определить практически невозможно. Так вот, мальчики растут в среднем до двух метров, девочки – до семи-восьми. Девочка моя (я назвал её Брунгильдой) ела крысок и росла как на дрожжах. Скоро она уже с трудом умещалась в террариуме и лежала там в три слоя, занимая всё пространство. Поднять её я уже не мог. Было понятно, что скоро она попросит отдать ей всю комнату. Пришлось отвезти Брунгильду в замечательный океанариум города Воронежа – она живёт там в огромном застеклённом вольере, и говорят, уже не скучает. Всё собираюсь навестить.

В другой раз я поддался искушению в Камбодже, когда наша весёлая дайверская компания вдруг решила взять напрокат скутеры и поехать смотреть заброшенные буддийские храмы. Такой шанс – это же наверняка раз в жизни! Скутеры были старые, битые-перебитые, резина напоминала самолётное шасси. «Не садись, – устало шептал мне мой хранитель, – навернёшься». (Он использовал другое слово, похожее, но более точное.) И я уже почти отказался, но моя тогдашняя жена посмотрела на меня с таким презрением, что я плюнул и поехал. Разумеется, навернулся. На ровном месте. Порвал связки на ноге.

В общем, я полагаю, что все эти шансы – красивые заманухи, не более того. Скорее всего, навернёшься, да ещё и сладко жалеть впоследствии будет не о чем. Предлагаю вместо этого предельно внимательно слушать своего ангела-хранителя – он знает, куда поворачивать. Только имейте в виду – у него очень тихий голос.

Они и мы

Представьте себе: много лет подряд вы дважды в день пробегали мимо старинного покосившегося особнячка с темными немытыми окнами и заколоченным входом. И вдруг – чудо: особнячок поправили, отремонтировали, отмыли, окна его чисто сияют, а табличка у входа говорит о том, что отныне домик этот принадлежит некой частной компании или, не дай бог, частному лицу, и стоит он теперь на вашей улице красавец красавцем. И вот тут вы чувствуете, как в глубине души у вас поднимается волна праведного гнева: как же так? Пересмотреть результаты грабительской приватизации!

Послушайте. Этот дом не стал вашим и не был вашим (вы же никогда не воспринимали буквально слова песни «И все вокруг советское, и все вокруг мое!» – вы же не совсем идиот, верно?). Так вот: единственное, что изменилось для вас, – он из развалюхи превратился в украшение города и сейчас радует вам глаз. Недовольны? Хорошо – если он вам так нужен, вы в принципе можете сегодня его купить. Если новый хозяин не против, цена реальна, а у вас есть деньги. Опять плохо?

Разруха-то в головах.

Ладно, другая ситуация. Вот вы едете по трассе в полном соответствии с установленным законом скоростным режимом, и вдруг, сдувая вас с дороги, мимо с космической скоростью пролетает лихач и уносится за горизонт – навстречу неизбежному. Ваши действия? Предупредите дорожно-патрульную службу? Да вы что, с ума сошли? Это же называется «настучать»!

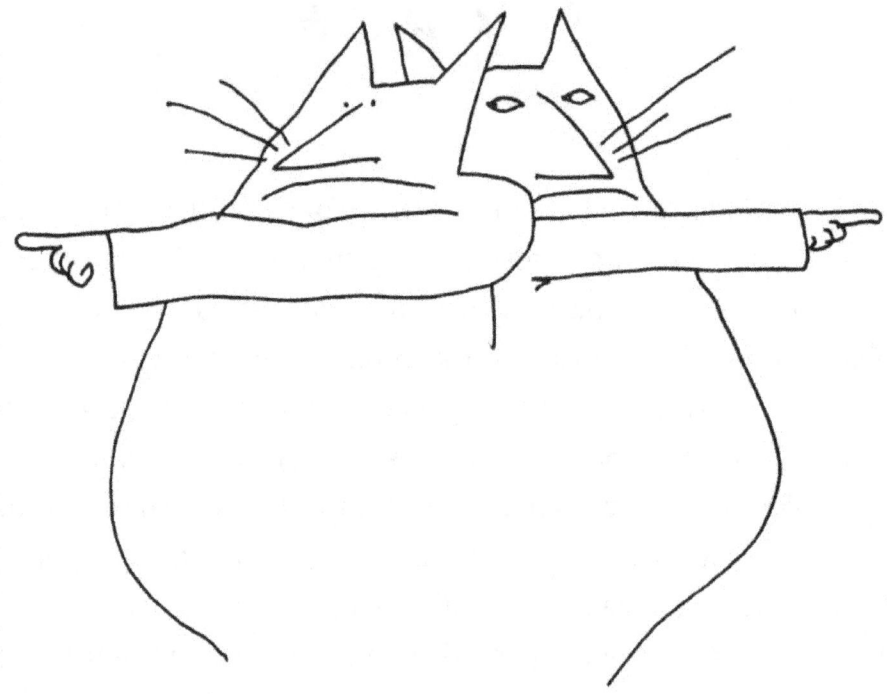

А знаете, почему? Потому что в силу специфических особенностей истории нашей страны население четко делит себя на две категории: это «мы» (ну, то есть все мы) и «они» – то есть государство с подвластными ему силовыми структурами. И «они» вполне могут посадить «нас». Любого. Мы «их» – нет. Так что это же кто-то из «нас» проехал. А чего, молодец, не бздит. Как же можно своих-то сдавать? Ну а если это был кто-то из «них» – так им можно.

Знаете, ни в одной стране мира я не наблюдал такого забавно расщепленного сознания. Нет, там тоже есть «мы» и «они». Мы – это законопослушные граждане, а они – это преступники, нарушающие закон. И неважно, чем человек при этом занимается. Нет, важно: если он полицейский и он нарушил закон, которому призван служить, – он будет наказан строже. У нас наоборот, верно?

Все понимаю. Ни у одной страны нет таких ярких лагерных традиций. И все это было вчера. Да и кончилось ли? Поинтересуйтесь процентом оправдательных приговоров – ахнете: он окажется ниже, чем в тридцатые годы. Наш министр внутренних дел, выступая с высокой трибуны в День милиции, сообщил, что эта самая милиция сегодня еще тверже стоит на страже российской государственности. И прозвучала эта фраза в его исполнении по всем телевизионным каналам. «Вот тебе и раз, – подумал я, – а я-то полагал, что милиция стоит на страже нашей с вами безопасности – моя милиция меня бережет. Разве не так?» А никто и не заметил. Дня не проходит, чтобы нам не сообщили о новом милицейском преступлении – тут застрелили, там забили насмерть… И знаете что? Мы привыкли! Ну да, можно понять – жил в стрессовой ситуации, на две семьи… Вот и убил человека. Он не хотел.

Мне страшно. За своего сына, например. Они, двадцатилетние, очень хорошо знают – не окажется при себе паспорта, заберут в участок. А там могут убить – случайно.

Что со всем этим делать?

Да, а домик-то надо бы вернуть. Обратно государству. Непорядок.

Часы

Посвящается С. Руссу

Да нет, господа, даже не пытайтесь меня убедить, что эти дешёвые пластмассовые электронные игрушки вы всерьез называете часами – не разочаровывайте меня. Ну хорошо, в пространствах и помещениях, созданных для унижения людей – вокзалах, больницах, моргах, школах, кабинетах следователей, – они, пожалуй, смотрятся уместно и даже органично – не куранты же там вешать. Но предмет, которому вы доверили свой пульс, график своего дня и всей своей жизни, обязан быть только настоящим. Никогда не пристегивайте к перевязи картонную шпагу.

Удивительно – не могу вспомнить свои первые часы. Помню, о каких мечталось: дело было не в самих часах, а в ремешке. Коричневый, кожаный, он расширялся под часами, и они лежали в нём, как картина в раме. К тому же сверху и снизу от часов на этом ремешке располагались две маленькие полусферы из оргстекла: в одной крохотный компас, в другой – портрет Юрия Гагарина. Шпана носила эту конструкцию на внутренней стороне запястья – на случай драки.

В ящике тумбочки лежат часы, в которых папа вернулся с войны, – маленькие, прямоугольные, продолговатые, ремешок совсем истлел, железо корпуса потемнело, но циферблат по-прежнему очень красивого оранжево-коричневого цвета. Называются Lanco. Я достаю их, машинально кручу головку завода – и они идут! Спустя семьдесят два года – идут! Разве это не чудо? Какое время они показывают? Сегодняшнее или то, послевоенное? Тогда ведь тоже днём было 14.05!

На тумбочке в спальне у родителей стоит будильник. Его зовут «Слава», это написано на циферблате. Белый пластмассовый параллелепипед со слегка выпуклыми верхом и низом, злые тонкие палочки вместо цифр, прямые бездушные стрелки. Дизайн эпохи «догнать и перегнать Америку». Без четверти семь «Слава» отвратительно тарахтит, возвещая приход серого утра буднего дня. Я отношусь к «Славе» как к участковому врачу – побаиваюсь и не люблю.

Вид механизма часов меня завораживает – тончайшая, свернутая изящной спиралью пружина, прямо с чертежа Леонардо да Винчи, передающая своё напряжение плотно уложенным в единственно возможном порядке шестерням, – и каждая опирается осью на маленький розовый рубин, и всё это умещается в крохотном круглом корпусе, и всё это живёт и двигается, и восхитительно тикает, и честно сообщает нам ту часть информации о времени, которую мы в состоянии воспринимать. Мне кажется, эти ювелирные кишочки часов, очень хрупкие, я боюсь даже дышать на них. Мой друг часовщик Славка уверяет меня, что это иллюзия – на самом деле там всё очень прочно, иначе бы не ходили они по семьдесят лет. И смело лезет внутрь какой-то железной иголкой. Я не могу отделаться от ощущения, что лезут в мой собственный глаз, и отворачиваюсь.

Я собираю наручные часы Omega. Началось это случайно – я гулял по антикварному художественному салону и увидел их на витрине – это было произведение искусства в стиле ар-нуво – моей любимой эпохи. Я полюбовался на них, заставил себя уйти, некоторое время бессмысленно бродил кругами, потом решил вернуться и спросить цену. Цена ожидаемо огорчила, я отошел снова, и вдруг просто почувствовал, что вот прямо сейчас к прилавку подойдет неприятный, возможно, толстый, человек, равнодушно купит мою «Омегу» не разглядывая и не торгуясь, нацепит на волосатую руку и исчезнет с ней навсегда. Нет, это была определенно любовь с первого взгляда. Так было положено начало коллекции.

Я собираю не всю «Омегу» – только мужские и заканчивая началом семидесятых, – часы позднего Джеймса Бонда и американских космонавтов меня уже не интересуют. К тому же во мне нет одержимости истинного коллекционера – я не буду мыкаться по аукционам в поисках единственной редкой модели – меня интересует застывшее в этих маленьких машинках время. Не то, которое им приходилось показывать, а то, которое навсегда осталось в формах их корпусов, стрелок, в изгибах или стройной сухости цифр. Согласитесь, господа, мы почти не знаем случаев, когда предмет, служащий утилитарной задаче, ещё обладает признаками произведения искусства. Представьте себе стетоскоп в стиле ар-нуво. Да и очки в те годы ещё не поняли про себя, что могут не только помогать людям видеть, но и быть красивыми. А часы сразу стали показателем вкуса, да и благосостояния их обладателя. И ещё – эстетическим знаком эпохи. А эпохи сменяли друг друга очень быстро.

И вот что ещё – часы умудряются переводить непостижимое, многомерное, неровное, как океан, Время, которое, скорее всего, и есть Бог, в ровно поделённую на секунды, минуты, часы и дни линеечку. Часы сняли с поверхности океана

Времени узенькую полоску, выровняли и заморозили её, и мы едем по ней на роликах в сторону кладбища. Они с самого начала договорились между собой о том, что людям этого достаточно. И даже если мы чувствуем, что на самом деле Время за нашей спиной ведёт себя иначе, – мы не оборачиваемся. Мы верим нашим часам. Часы – наши маленькие механические сердца, преданно ведущие нас по жизни в одном направлении.

Я смотрю на такие разные циферблаты – двадцатые, тридцатые, сороковые… Сколько раз в минуты своей жизни (а может, и смерти) смотрели на них хозяева, сколько взглядов отпечаталось на этих самых циферблатах, цифрах, стрелках… В окопе под Гельсингфорсом, в лениво гуляющей Одессе, за рулем эмки или «Победы»… Вы правда думаете, что всё исчезло, испарилось без следа?

А потом я осторожно снимаю с полки каждую машинку – по очереди – и завожу её. Это необходимо делать хотя бы раз в месяц, чтобы смазка в механизмах не застывала. И часы оживают в моих руках. И когда работа закончена и все часы уложены на места, я прикрываю дверку шкафа и прикладываю к ней ухо. Какой же замечательный, еле слышный разговор идёт там, внутри! Сколько рассказов звучит одновременно!

Разобрать бы.

Живые истории

В. Любарову

Если бы мы умели объяснять Искусство, мы бы давно поставили его производство на конвейер.

Невозможно объяснить присутствие Ангела. Довольно легко заметить его отсутствие, и тогда сразу можно объяснить всё, что угодно – только к Искусству наш объект уже относиться не будет, разве что к чему-то около. Любой искусствовед растолкует вам, чем отличается стилистика и цветовая гамма Боттичелли от Модильяни, и никто никогда не объяснит, почему к ним приходил один и тот же Ангел. Легко рассказать, во что была одета певица, – ты попробуй рассказать, как она поет.

Один мой товарищ – тоже, кстати, художник – однажды поведал мне свою теорию оживления картины. Согласно этой теории, надо было в какой-то части холста уйти в беспредельное уменьшение. То есть, например, если это пейзаж, то пусть вдалеке за лесом будет маленькая избушка, а в ней – совсем уже маленькое окно, а в окне – стол, а на столе – чугунок с картошкой и краюха хлеба, а рядом – таракан. И если в силу своего мастерства достигнешь беспредельности уменьшения, то случится чудо и завтра увидишь, что таракан взял и переполз чуть-чуть в другое место. А там и всё остальное заживет.

Володя Любаров этим приемом практически не пользуется, хотя, безусловно, секретом таким владеет. Иначе откуда эти крохотные деревеньки под ногами у главных героев, а там еще заборчик, а за ним – собака, и глядишь – накакала. Когда успела? Еще вчера было чисто.

Я сказал – «главные герои»? Вообще-то это литературный термин. Он предполагает сюжет. А я терпеть не могу сюжет в изобразительном искусстве. «Скажите, что вы рисуете?» Да не «что», а «как», дура. Настроение я рисую.

А Любаров – загадка. Конечно, настроение. Причем всегда – светлое. Даже если на холсте два выпивших перемиловских мужика бьют друг другу морды. Но еще – всегда история (язык не поворачивается назвать эти истории вялым словом «сюжет»). По его картинам дети в школах могли бы писать дивные изложения. И истории эти на его картинах не зафиксированы, а происходят. Живут. Это невероятно, но факт. Я, например, точно знаю, что если повесить в гостиной портрет под названием «Коля не любит приезжих», то Коля и будет тебе с утра до ночи талдычить, как и почему он этих приезжих не любит. И замучишься с ним спорить.

У меня дома висят три работы Любарова. На одной Яша, не вынимая бычка из бороды, привычным движением лепит халу, на второй – толстая еврейская девочка в очках всё еще думает, что она – Жизель, на третьей – тихое доброе провинциальное наводнение, и Ангел (ну а кто он еще?), посадивший себе на плечо спасенного дядьку в исподнем, одет, как полагается председателю сельсовета, – в пиджак и шляпу.

Я выхожу каждое утро в гостиную, и Яша, и Жизель, и дядька на плече здороваются со мной и продолжают каждый заниматься своим делом, и на душе у меня становится спокойней и светлей.

А вы спрашиваете – что такое искусство.

По-моему, Любаров – очень хороший человек.

Этим хоть что-то можно объяснить.

К тому же к плохим Ангелы не прилетают.

А на «Наводнении» вода – глядишь – чуть-чуть отступила.

Дорога

Давайте, господа, сразу договоримся – какую именно дорогу мы с вами будем иметь в виду. Если в сакрально-мистическом смысле – «дорога познания», «путь воина» – тогда без меня, я этой повидлы нанюхался в ранней юности. Нет, я о дороге как таковой – о творении рук человеческих.

В седьмом классе я освоил три главных аккорда на семиструнной гитаре, и меня поглотили дворовые песни. Это был бездонный океан чёрт знает чего – настоящий народный блатняк, беспомощные пионерские поделки, опусы каких-то шутников, считавших смешным переложения сюжетов «Гамлета» и «Фауста» на те же три аккорда в походно-блатной стилистике, творения бардов – Кима, Городницкого, Визбора, молодого еще Высоцкого, Окуджавы. Иногда они были безжалостно подрихтованы под упрощённо-народное понимание. Помню, у меня в сознании засела одна походная песня – в последнем куплете пелось: «Счастлив, кому знакомо щемящее чувство дороги, ветер рвёт горизонты и раздувает рассвет». Не знаю, чем тронула мою юную душу эта романтическая вампука (ставшая, кстати, прототипом для блестящей «Снежинки» Кортнева) – может, необычным рваным ритмом, может, этим самым «щемящим чувством дороги» – я мечтал о путешествиях, хотя доступны мне тогда были только походы, ограниченные просторами родной страны, и ранним рассветным утром, направляясь по пустынной Москве на вокзал с рюкзаком, я это щемящее чувство с удовольствием испытывал.

Так вот, дороги, господа.

Фраза типа «дорога в неведомое» – восторженная чушь шестидесятых. Дороги никогда не строили просто куда-нибудь – в неведомое: слишком дорогое удовольствие. Дорога всегда идёт известно куда – и известно откуда. Дорога всегда предельно рациональна и служит сугубо практической цели – коммуникации селения с селением, города с городом, страны со страной. Знаете, как прокладывали пешеходные дорожки по газонам в одной из стран Европы полвека назад? Сначала просто засевали газон травой – никаких дорожек. В конце концов люди начинали ходить через этот газон – там, где им было максимально удобно. Через год натоптанную тропинку асфальтировали или укладывали плиткой. Это всегда оказывался самый разумный путь. Дороги возникали точно так же. Мы сейчас уже не думаем о том, что большинство дорог Европы проложены ещё римскими легионерами – у них была мощная мотивация: они завоёвывали мир. Дороги – безжалостное орудие человеческой экспансии. Они прокладываются по живому и убивают всё живое вокруг себя. Это шрамы на теле земли, господа. И вот удивительно – когда я пытаюсь мысленно наполнить дорогу людьми и событиями, картины выходят грустные. Ну смотрите: наступали на войне по-разному – по полям, лесам, форсируя реки, а вот отступали всегда по дороге – и побитая армия, и гражданские – изможденные люди, голодные дети, телеги со скарбом. Я хорошо вижу, как гонят каторжников по Владимирке, но не могу себе представить, как они весело возвращаются с каторги той же дорогой, обнявшись и распевая песни. Я не могу нарисовать себе картину, как гордая и счастливая роженица идёт по дороге с младенцем на руках, зато отлично вижу, как унылая процессия провожает кого-то по этой дороге в последний путь. Почему так?

В семьдесят третьем, кажется, году мы набрели с друзьями на сказочное место. Мы случайно прочитали о нём в старом номере журнала «Наука и жизнь», но, собираясь в поход, до конца не верили написанному — уж больно это всё выглядело невероятно — брошенные старинные деревни, бревенчатые храмы, звери, выходящие к костру. Так не бывает. Да и журналу этому к тому времени было уже лет десять. Но — пошли. Следовало доехать поездом до Петрозаводска, оттуда — «Ракетой» до Великой Губы. (Ага, уже не знаете, что такое «Ракета»? Стремительное пассажирское плавсредство на подводных крыльях! Всё, кончились «Ракеты».) Далее пешком через лес до Яндомозера. Недалеко, несколько километров. Поразительно — всё оказалось чистой правдой, как будто и не прошло десяти лет с написания этой статьи. Время тут текло по другим законам.

Сойдя с теплохода и быстро миновав Великую Губу — несколько двухэтажных, почти чёрных деревянных бараков, мы упёрлись в лес. Лес был невысок, но необыкновенно густ и стоял непреодолимой стеной. Ели переплелись ветвями, из земли, покрытой мхом и осыпавшейся хвоей, тут и там вылезали огромные скользкие валуны. В лес не было входа. Мы даже несколько растерялись. С трудом найдя еле заметную тропку, втиснулись в чащу. Тропка быстро исчезла, дальше прорубались топором — по компасу. Каждый метр давался с диким трудом. Я потом только однажды видел столь же непроходимую чащу — на Амазонке. Лес не хотел нас пропускать. Мы ползли часов шесть и вымотались совершенно. Мы победили. Лес закончился так же резко, как и начинался, и мы очутились на берегу бескрайнего, невероятно синего озера. На далёком противоположном берегу виднелась чуть покосившаяся деревянная колокольня, темнели силуэты домов.

Я уже подробно описывал это заколдованное место в книжке «Сам овца», повторяться нет смысла, и я сейчас не про это. Мы подружились с пастухом Женькой, единственным жителем этих давно заброшенных мест, и ездили туда почти каждый год. Лес нас уже не пугал. Мы ездили не за рыбой, не за иконами, которых в храмах и бог весть когда оставленных домах ещё хватало — мы ездили, чтобы вновь и вновь физически ощутить время, которое не идёт. Это нельзя описать, это можно только почувствовать.

В один из приездов (он оказался последним) мы подошли к родному уже лесу и застыли, увидев невероятное. Прямо от нас в лес уходила… просека? Дорога? Нет, нет в русском языке слова для обозначения того, что открылось перед нами. Помните фильм «Аватар» — главный герой просыпается от того, что сквозь лес движется огромная чудовищная машина, круша и выкорчёвывая всё живое? В общем, мы увидели глубочайшую и широченную колею, земля была совсем свежая. По бокам вповалку лежали вырванные, сломанные и спиленные деревья. Потрясённые, мы двинулись по колее и через тридцать минут упёрлись в берег озера — как же недалеко оно оказалось! Мы стояли на берегу и понимали, что отныне всё пойдёт не так.

И всё пошло не так.

Умер пастух Женька. Старинные двух- и трехэтажные срубы быстро растащили на дрова хлынувшие в портал туристы, а может, и местные. И время расколдовали, оно вздохнуло и потекло как положено.

Кому же понадобилась эта варварская дорога между двумя мирами? Объяснение всего, что в России не получилось, начинается со слова «хотели». «А что это за болото у вас за посёлком?» «Да хотели пруд сделать…» В общем, мне рассказывали, что руководство, впечатлённое чистотой и размерами озера, решило разводить там ценные породы рыб. С этой целью прорубило просеку и первым делом потравило всё, что в озере обитало: щуку, окуня, синца, плотву… в общем, неценные породы. А потом выяснилось, что в силу объективных обстоятельств ценные породы рыб в этом озере жить не смогут. Вот и всё. За что купил, за то продал. Давно дело было.

Ну ничего. Там, говорят, теперь по берегам дачи местного начальства и состоятельных людей.

*«Счастлив, кому знакомо
Щемящее чувство дороги…»*

Умище не скроешь

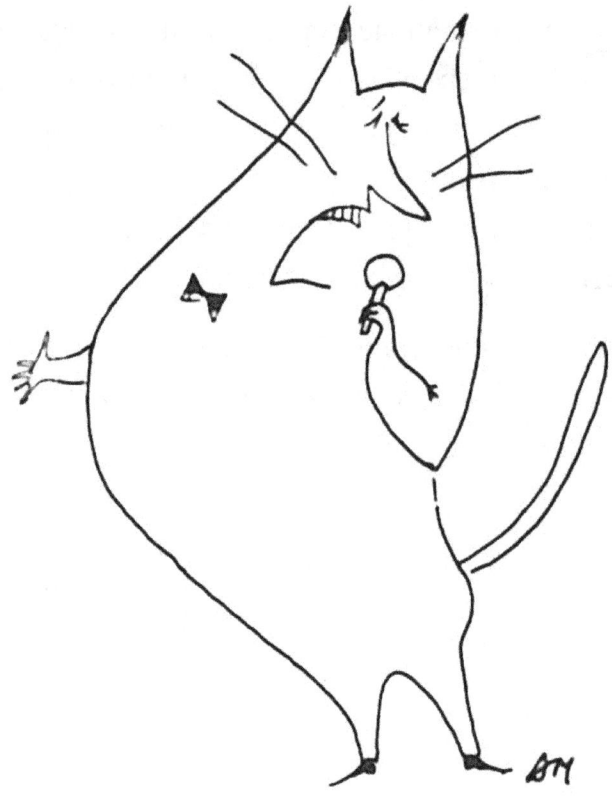

По танцору совершенно невозможно определить – идиот он или нет.

По тому, как он танцует, естественно, а не по опыту личного общения.

И то не совсем так. Кое-что увидеть можно. Правда, смотреть надо внимательно и долго. Потому что в первую очередь мы оцениваем танцора по его мастерству. По высоте прыжка, пластике движения, отточенности пируэтов. Для большинства из нас оценка на этом и заканчивается. И только продравшись сквозь всё это, начинаешь замечать юмор или его отсутствие, самоиронию или самолюбование.

Трагедию или ее изображение. Очень тонкие вещи.

Это всё ведь имеет отношение к уму, правда?

Когда танцует Барышников, я понимаю, что идиот так танцевать не сможет. И дело не только в мастерстве. Там что-то еще. Огромное, между прочим.

С музыкантом уже проще. Нет, с исполнителем классики – примерно так же, как с танцором, а, скажем, с джазовым музыкантом, который импровизирует в команде, – уже проще. Он тоже прикрывается техникой, наработанными фразами, и всё-таки по тому, как он ведет себя в компании: как перекликается, отвечает, уступает дорогу, слышит остальных или, наоборот, тупо тянет одеяло на себя, всё ясно, всё видно. Может быть, не всем и не сразу.

Многие режиссеры не любят умных артистов. Сейчас мне ясно – умный артист автоматически становится сорежиссером своей роли.

А вдруг видение не совпадает? А если он, не дай бог, умнее режиссера (думаете, не бывает?). В общем, неудобно с ним. Не все режиссеры нуждаются в соавторстве. А я никогда не понимал (да и сейчас не очень понимаю) – как может не блещущий умом талантливый артист сыграть гения? Говорят, животная органика. Это что такое? Это ему режиссер так хорошо объяснил, что делать? Но ведь всего же не объяснишь! Ну да, рисунок роли задан, а дальше-то, в мелочах – он сам! И смотришь, и веришь, и не можешь понять – как это? Как может неумный человек сыграть умного? Они что, правда перевоплощаются?

Бесовская профессия.

Или всё-таки не такие они дураки?

И вот только с певцами всё ясно. Сразу. И бесповоротно. Причем вот что интересно – даже не важно, на каком языке он поет, – ты можешь не понимать ни слова, но про исполнителя поймешь всё. Пение удивительным образом раздевает. И тут же всё как на рентгене: и насколько он влюблен в себя, и вообще видит ли себя со стороны, и какой юмор ему ближе – Петросяна или Жванецкого, и даже уровень его интеллекта в цифровом обозначении. Не надо длинных тестов при приеме на ответственную работу – попросите товарища спеть!

И еще раз – дело ведь не в содержании слов, которые он в данный момент пропевает. Хотя умный певец совсем уже бредятину петь не станет – но отбросим этот показатель. Иной политический человек час говорит, не останавливаясь – и без бумажки! – и слушаешь и не можешь понять: умный, нет?

Пусть что-нибудь споет.

То, что ему нравится.

Дар

— Товарищ замполит, рядовой Сидоров по вашему приказанию явился..

— Вольно, Сидоров. Заходи. Ну что, придумал?

— Дык никак нет, товарищ замполит.

— Так, Сидоров, кончай ваньку валять. Ну не бывает на свете такого человека, который вообще ничего не умеет, понимаешь? Не бы-ва-ет! Ты хоть знаешь, какой у нас нынче год? Год солдатских талантов! Как пить дать, приедет комиссия — меня же с говном съедят! Всё, поехали сначала. Откуда родом?

— Дык с-под Архангельска...

— Ну вот! Архангельская область! Это же кладезь народных песен, хороводов, танцев! Ну хоть что-нибудь в калгане твоём дурном осталось?

— Ну, это... батя на стакане играл...

— На стакане?

— Ну да. Любую песню простучать мог, как выпьет.

— Батя ладно. А ты?

— Я — нет.

— А может, что-нибудь народно-экзотическое? Один, помню, на пиле умел...

— Не умею.

— Так, ясно. Поехали дальше. В школе чего-нибудь было?

— Ну как... в хоре пел...

– Ну вот! А говоришь!

– Так то – в хоре! Стоишь и разеваешь рот – как все.

– А без хора?

– Без хора – никак.

– Может, в группе играл? Все играли!

– Просился – не взяли. Ритма нет.

– О боже! Может, в каком виде спорта наблюдаются задатки? Хотя какой там спорт… Шахматы, шашки?

– Никак нет.

– Ну всё. Кончились мои силы. Стихи будешь читать вместе со всеми придурками! Пушкина, нах! «Травка зеленеет, солнышко блестит!» Марш учить наизусть! Пошёл вон!

Сидоров выкатился за дверь, а замполит ещё долго сидел за столом, обхватив руками свою большую лысую голову. Нет, лучше в атаку, ей-богу. Вон у десантников – и народный танец «Казачок» танцуют, и «Не думай о секундах свысока» поют, и даже солдатский камеди-клаб организовали – АКМ-2018 называется! А у нас? Чурбан на чурбане! И что с ними прикажете делать? И почему именно я?

Рядовой Сидоров спустился по ступенькам, вдохнул прозрачный мартовский воздух и закурил. Был он мал, тщедушен, рыжеволос, веснушчат и лопоух. На человека искусств он и вправду не походил – его ещё можно было бы кое-как вписать в роль солдата Чонкина, но пьесу эту руководство части вряд ли одобрило бы. «И чего этот прыщ до меня докопался? – тяжело думал солдатик, понуро двигаясь вдоль ряда красивых автомобильных покрышек, выкрашенных в цвета российского флага. – Что из него всякая блажь лезет? То петь, то рисовать!»

Зайдя за угол казармы и убедившись, что никто за ним не идёт, рядовой Сидоров выбросил бычок, оттолкнулся левым сапогом от земли и легко взмыл в синее весеннее небо.

Игра

«Ну ладно, играете вы хорошо, а работаете-то где?»

Это не из анекдота. Это вопрос, заданный, скажем, советским токарем советскому музыканту. Смотрите, как интересно: в русском языке глагол «играть» — это играть в игрушки, или в футбол, или на музыкальном инструменте. Мало того — в европейских языках, английском, немецком — то же самое. Вот на древнем Ближнем Востоке иначе: В иврите «ленаген» — играть на гитаре, а «лесахек» — в футбол. На арабском — «лайба» и «азфа». Всё-таки не всё так плохо.

В русском языке каждому подвиду игры соответствует масса синонимов, подходящих только этому пониманию слова. Ну, например: играть в спортивные игры — это и «сражаться», и «биться», играть в игрушки — это «забавляться», «развлекаться», играть в кино или в театре — «изображать», «лицедействовать», играть в карты — это «резаться», «шпилить», играть на солнце (если речь о бриллиантах) — «сверкать», «искриться», «гореть»... Впрочем, у игры на музыкальных инструментах тоже масса синонимов — «тренькать», «пиликать», «дрынькать», «наяривать», «лабать», «фальшивить»... Я просто переписывал из словаря, клянусь. Какой богатый негативный опыт! Как мы любим музыку!

Возможно, отчасти это объясняется тем, что в православном храме музыка никогда не звучала — только акапелльное пение. В иудейском храме пела арфа царя Давида, в католическом соборе играет орган… Православие к музыке (как и к театру) относилось с большим недоверием – бесовское это дело.

Ну, мистическое – это точно.

А может, просто плохих музыкантов гораздо больше, чем настоящих.

Пытаюсь найти в бескрайнем русском языке слово, которое точнее бы обозначило взаимодействие музыканта и инструмента, нежели общее понятие «игра». «Музицирование» – какой-то ледяной, казённый термин. У Анненского смычок и струны сливаются воедино. Слияние – ну допустим, близко. Мне кажется – ещё ближе «соитие», сексуальная коннотация этого слова меня совершенно не пугает, но плохо обстоят дела с глагольной формой – старорусское выражение «еть», скажем, скрипку звучит как-то похабно. Пусть уж лучше играет, бог с ним.

Меня с детства завораживает красота музыкальных инструментов. Некрасивых музыкальных инструментов нет – ну, может, за редким исключением дешёвых попсовых электрогитар, отрыжки безвкусного двадцать первого века. Настоящие инструменты совершенны – потому что предельно функциональны – от формы деки до колков, от обичайки до эф. Всё поставлено на службу единственной задаче – рождению божественного звука. Именно поэтому форма инструментов столетиями не меняется – она уже безупречна. Авиаконструктор Туполев сказал – некрасивый самолёт не полетит. Музыкальный инструмент, висящий на белой стене, для меня лучше любой картины. Самая простая скрипка. А ситар я могу рассматривать часами, годами. Кстати, считается, что если ты решил освоить ситар – первый истинно музыкальный звук ты издашь спустя десять лет с начала обучения. Никогда не забуду, как мне впервые в жизни разрешили взять в руки гитару. До этого я прикасался, конечно, к пианино, но пианино и рояль в моём представлении всё-таки стоят особняком — их нельзя взять в руки, это немножко мебель. Гитара висела на стене в чужом доме — изделие Шиховской фабрики музыкальных инструментов, с розовым бантом на головке грифа. На ней давно никто не играл, гриф безбожно повело, струны отставали от него сантиметра на полтора. Играть на ней было невозможно, даже если б я умел. Я не умел, мне было десять лет. Я даже не знал, как её настроить — я просто тихо водил пальцем по струнам, и гитара тихо отвечала. Наверно, она была рада, что кто-то наконец взял её в руки. Я вдыхал её волшебный запах — запах дерева, клея, лака и чего-то ещё. Я мог заниматься этим бесконечно. С тех пор через мои руки прошли сотни гитар — дешёвых и уникальных, современных и старинных, но ту, первую, я запомнил навсегда. (Недавно замечательный скрипач Дмитрий Ситковецкий дал мне подержать в руках свою скрипку — скрипку Страдивари. Я чуть не потерял сознание от магии, которая от неё исходила.)

Овладевание инструментом — процесс, не имеющий конечной точки. «Я научился». Ни хрена ты не научился — аккорды зажимать научился с грехом пополам. Ибо нет предела совершенству. Когда, в какой момент начинается волшебство — и, слушая тебя, человек вдруг ощутит слёзы на своих глазах? Сколько до этого должно пройти месяцев, лет, десятилетий? Да и случится ли вообще? Да, ты любишь свой инструмент. Этого недостаточно. Инструмент должен любить тебя. А у них, инструментов, с этим очень строго. Я с тоской смотрю на технаря, поливающего зал нотами как из пулемёта, и понимаю, что это результат неразделённой любви. Он спасается техникой игры. Не спасётся. Да, производит впечатление. На таких же глухих, как он. Волшебство возникает только при взаимной любви. Иначе это не соитие, а изнасилование.

А вот музыкант взял негромко три ноты – и у тебя побежали мурашки по спине. Ибо тебя коснулась магия настоящей музыки. И будешь потом часами сидеть дома со своим уставшим инструментом, повторять раз за разом эти невыносимые уже ноты и понимать – не так, не так! Как они это делают? Они – это музыкант и его инструмент, слившиеся воедино в порыве огромной любви.

Тренькать, говорите? Играть, то есть?

Студенческое

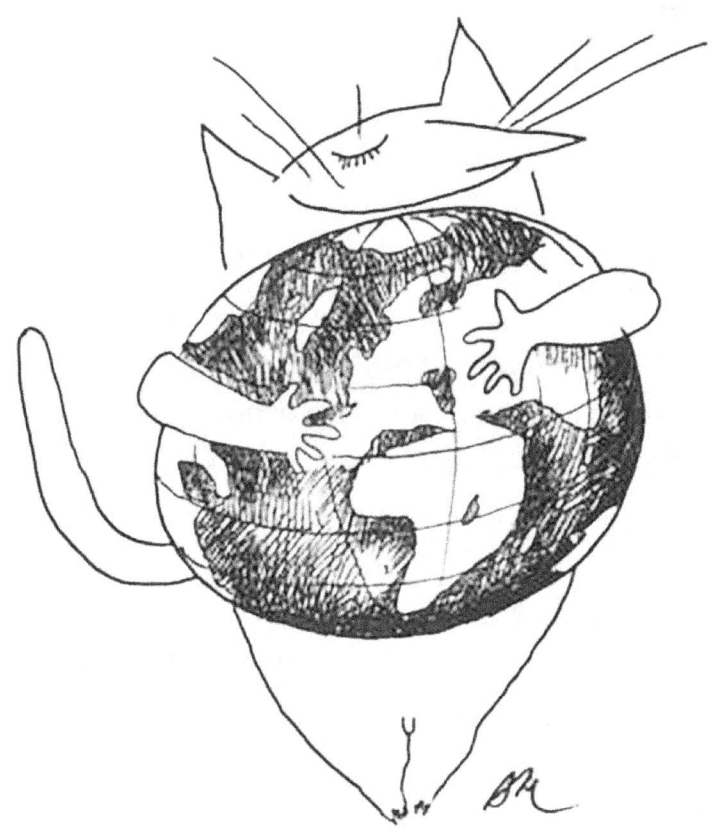

Недавно совершенно случайно проходил по улице Жданова мимо родного архитектурного. Улица Жданова теперь не Жданова, а Рождественка – вернули историческое название. Не могу привыкнуть. Смешно – кто-то когда-то не мог привыкнуть к тому, что она – Жданова. За оградой на фонтане точно так же, как тридцать лет назад, сидели студентики и студенточки, курили. Волосатые ребята тащили подрамники. Страшно вдруг захотелось зайти внутрь и посмотреть – как там сейчас? Как было у нас или всё по-другому? И – не смог зайти, испугался: а вдруг всё не так?

Если тебе посчастливилось быть студентом – до последних дней ты будешь вспоминать свое студенчество как лучшее время жизни. Если посчастливилось. А на что же ты потратил эти волшебные годы? На армию и флот?

У нас было так. Не знаю, как сейчас.

К десятому классу школа уже трещит по швам. Ты вырос из нее – из школьной формы, из постылых школьных правил: сели-встали, учебники на край стола, Макаревич, дайте дневник. Последние месяцы невыносимы. И – вот она, свобода! Нет больше никаких дневников! Некуда писать замечания родителям! Не в зачетку же. Ты – взрослый! Во всяком случае, преподаватели делают вид, что относятся к тебе именно таким образом. Как же ты, оказывается, ждал этого отношения! После убогой школьной тюрьмы духа и тела пространство, в которое ты попадаешь, кажется ярким и бесконечным. Не знаю, как сейчас. У нас было так.

И весь мир – у твоих ног. Ты – молодой красивый орел, уже догадывающийся, что не будешь жить вечно, но совершенно еще не думающий о том, сколько это будет продолжаться. Твой возраст заточен под счастье. Фабрика твоих гормонов работает в бешеном режиме. Тестостерон, адреналин и серотонин прут из тебя, как квашня из кадушки. Твой порох сух, заряды забиты, курки взведены.

Конечно, бузить. Студенческая буза – это не школьное шалопайство. Мы хотим изменить мир. Здесь и сейчас. Мы не очень хорошо знаем как, зато отлично видим – что.

Да практически все.

Мы не спим. Вообще. Ну, разве что на лекции. Всё остальное время отдано изменению мира. От КВН до студенческих революций. Наша юная правда дороже нам всех истин человечества. Как же это наивно и как прекрасно!

У нас было так. Как сейчас – ей-богу, не знаю.

Да, наверно, так же.

А наши девушки? Да нет, это отдельный разговор!

И – вот еще что. Ты, оказывается, не совсем взрослый – у тебя еще осталась детская потребность собираться в стаю, гуртоваться. Скоро это пройдет – навсегда. А пока – мы не можем друг без друга: талантливые с талантливыми, бездарь с бездарями, художники с художниками, технари с технарями. Эта дружба, это лицейское братство оставит след в твоей душе на всю жизнь. По нему мы узнаем друг друга.

У нас было так.

Про пенсию

Вот уж о чём никогда в жизни не вспоминал, так это о пенсии. Не подумайте только, что я агитирую за пенсионную реформу – просто сужу по себе: по кому же ещё судить? И связано это не с беззаботностью, а с элементарными особенностями психологии – нежеланием думать про неизбежное. Ну в самом деле – пока ты молод, ты вообще не рассуждаешь на тему, что будет потом, когда эта твоя молодость вдруг кончится. И вообще, нет ощущения, что она кончится, и занят ты совершенно другими проблемами. Потом, когда она всё-таки кончается (это почему-то называют «кризис среднего возраста» – почему «кризис», почему не «апофеоз»?), ты ещё довольно долгое время не желаешь это признавать, и сперва это даже удаётся – тут все мысли, напоминающие о грядущей старости, особенно неуместны. Какая, к чёрту, пенсия? Этот дуб ещё пошумит! Но дни летят быстрее и быстрее, и неизбежное приближается. Твои потуги косить под молодого становятся всё более наивными и нелепыми, и это замечают уже не только все окружающие, но и ты сам. И вот не так давно мне принесли нарядный пакетик, где лежала социальная карта москвича, пенсионное удостоверение, а также книжечка «Ветеран труда» (я ахнул), сулящая мне небывалые блага на закате жизни. Появилась и пенсия – поскольку я продолжаю много работать, я не ощутил её в плане серьёзного улучшения моего жизненного уровня. Про новые привилегии я тоже постоянно забываю – что можно, например, теперь бесплатно ходить в музей. Я хотел рассказать совсем про другое.

Пятьдесят лет назад мне навсегда снесло крышу новой, небывалой музыкой. Этой самой музыкой я занимался всю жизнь. Мне и моим товарищам страшно повезло – мы не просто застали день, когда рок-н-ролл взорвал планету, – мы ещё оказались в юном, самом уязвимом, для последствий этого взрыва возрасте. И люди, творившие чудо на электрогитарах, и миллионы, внимавшие им, раскрыв рты, – все они были невероятно, оскорбительно молоды и прекрасны. Эти тонкие длинноволосые парни в клешах, со сверкающими гитарами в руках были не артистами эстрады – они были пророками. Как их любили, как им верили! Знаете, почему? Потому что они не врали. Вообще. Они видели, что с миром что-то не так, и хотели его изменить. И знаете – им это удалось. Отчасти. Наверно, сегодня это трудно объяснить. А тогда – сравните обращение американского президента к народу, речь генерального секретаря ЦК КПСС на съезде партии и третий «Лед Зеппелин». Что честнее?

Я смотрю старинную чёрно-белую съёмку. 1965 год, совсем молоденький улыбающийся Мик Джаггер. Журналист спрашивает его: сколько проживут «Роллинг Стоунз»? «Два года», – отвечает он, не задумываясь. Если бы ему сказали тогда, что он будет так же носиться по сцене спустя пятьдесят лет, он бы, наверно, расхохотался. Во всяком случае нам, глядя оттуда, такая картина представилась бы очень смешной. Рок-н-ролл – музыка молодых! Не верь никому старше тридцати! Лав, пипл!

Да, нам повезло. Мы застали это чудо длиной в одно поколение. Нет – длиной в одну человеческую жизнь. Это была и наша жизнь тоже. Посмотрите, сколько ребят в возрасте слегка за семьдесят плывут на этой старинной, сказочно красивой посудине с пацификом на флаге! Они по-прежнему выходят на сцену, и зал взрывается, и никому сегодня это не кажется странным. Пол, Мик, Кейт, Эрик, ещё десятка полтора великих – последние столпы эпохи. Недавно в каком-то интервью кто-то из «Дип Пёрпл» – кажется, Гиллан, сказал «Меня иногда попрекают тем, что я себя как-то не так веду. Скажите, с кого мне брать пример, если всё, чем мы занимаемся, с нас началось и на нас закончится?»

Ребята, это была достойнешая эпоха. Она уходит с честью. Интересно, а у Джаггера есть пенсия? А какая?

Река

В начале 80-х мы с «Машиной» отчаянно гастролировали по бескрайним просторам СССР. Были мы молоды, помешаны на рок-н-ролле, веселы и сексуально невоздержаны. Приезд в новый незнакомый город становился праздником. Это было время всевозможных открытий. В частности я тогда заметил, что самые красивые девушки живут в городах, расположенных на берегах больших рек – Волги, Днепра. Этот факт требовал подробного научного объяснения. Вспомнил я об этом обстоятельстве много лет спустя, когда мы с друзьями сплавлялись по Амазонке. По берегам реки встречались поселения индейцев-кабокло. Их девушки были стройны, очаровательны и улыбчивы. Представительницы же племён, живших в джунглях вдали от воды, оказывались большей частью приземистыми, кривоногими и мрачноватыми. Я даже почти выстроил мистическую теорию о влиянии великой движущейся воды на формирование женской красоты, но мой товарищ, эрудит и прагматик, поднял меня на смех. Просто по великим рекам во все века шла торговля, перемещались народы, происходило смешение наций, кровей и генов.

Всего-то и делов.

Меня река всегда завораживала. Возможно, сильнее, чем океанский прибой – тот, скорее, убаюкивает. А ровное, медленное движение огромной воды – в этом есть что-то неподвластное пониманию. Река говорит тебе – я была здесь всегда. И сто лет назад. И тысячу. Твой прапрадед ещё не родился на свет, а я уже давным-давно была. И буду – тысячу лет после тебя. Можешь посмотреть на меня – если хочешь.

Наверно, так и выглядит Время.

На лодке-моторке с необычно длинным шкивом мы уже шестой день шли по Пантаналу – это часть территории Мату-Гросу на самом юге Бразилии. Большую часть времени года Пантанал покрыт водой – в сезон дождей реки разливаются, соединяя озёра и болота, образуя единую необозримую водную сеть с островами, островками, протоками и открытыми водными пространствами. Царство кайманов, капибар и тропических птиц. Деревеньки индейцев чередовались с совершенно безлюдными местами – за последние три дня мы не встретили ни одного человека. Наш проводник рассказал, что где-то здесь, в одном из таких мест, живёт Индеец, Прячущий Своё Имя. Живёт вдвоём со своей матерью, которой больше ста лет. Ему разрешено охотиться на кайманов, которые здесь находятся под охраной государства – он такая же часть природы, как и они. Кайманами они с матерью и питаются. Ещё проводник сказал, что мы заедем к нему в гости – они знакомы. Мы доплыли до его хижины на следующий день.

Вообще для индейца этих мест скрывать своё имя от посторонних – обычное дело: имя твоё несёт магическое наполнение, и совсем не обязательно сообщать его кому угодно. Так что нам он представился как Винсенто, но это, конечно, был камуфляж, никакой он был не Винсенто. Имени его мы так и не узнали. Жилище его имело три стены и располагалось у самой воды. Открытой своей стороной оно смотрело на реку. Территория вокруг жилья была усеяна остатками кайманов, среди которых важно бродили собаки и кошки. Собак было шесть, кошек – пятнадцать. Обстановку дома составлял очаг, стол и два гамака. В одном гамаке совершенно неподвижно и невероятно прямо сидела старуха – мать индейца. Она была слепая. Лицо её было обращено к реке. За всё время, которое мы провели там, она не пошевелилась. И не издала ни звука. Она смотрела на реку невидящими глазами. Она видела что-то, невидимое нам. Они с рекой были вместе.

По поводу Времени. В еврейской космогонии не человек движется по реке времени, а река времени течёт навстречу человеку. И сквозь него. А поскольку время течёт из прошлого в будущее – прошлое расположено не позади, как мы привыкли думать, а перед нами, а вот будущее – у нас за спиной. Поэтому прошлое нам открыто, мы видим его, а будущее – неведомо.

Забавно, правда?

Анатомия памяти

Время недоступно нашему пониманию. Потому что оно необратимо. И оно делает необратимым всё, к чему оно прикасается. Фильм можно прокрутить туда и обратно десять раз, и мы там как живые, но – пленка поцарапалась и осыпалась. А завтра выцветет вовсе. По любой дороге можно пройти туда и обратно, но – пролетел день, и ты уже не тот, и дорога не та.

Время – дорога в одну сторону.

Как это – голос звучит, и ты слушаешь и плачешь, а человека этого уже давным-давно нет?

Фотокамера сегодня превратилась в приложение к телефону, фотографирование – в милую домашнюю забаву. А сто лет назад это было чудо, священнодействие. И человек шел к фотокамере, как на исповедь. Поэтому в отражении глаз этих людей можно разглядеть всё: как они любили, как страдали и радовались, как текла их непохожая на нашу жизнь. Разглядеть – если захочешь.

Время – дорога в одну сторону.

И всё-таки, думаю я. Если законы природы едины – может, мы просто чего-то не знаем? Ведь можно заставить ток бежать в другую сторону – надо только поменять полярность.

Стрелкам, в сущности, всё равно, в какую сторону вращаться.

Соблазн

— Тонкая кость. У неё удивительно тонкие запястья. И щиколотки. Хотя ничего немощного в этом нет. Порода. Причём запястья тонкие, а кисть руки нормальная, пальцы длинные. Мизинец чуть-чуть искривлен внутрь — грузины утверждают, что это признак голубых кровей. Господи, сегодня даже «голубая кровь» звучит как-то двусмысленно. А вообще, видно, что в ней много намешано — там даже не Грузия, там, скорее, какой-то Восток. И главное, этот Восток настолько глубоко спрятан, что смотришь и не можешь понять, в чём он именно проглядывает, — просто чувствуется. Она не красит ногти — может, каким-то бесцветным лаком, но они всегда потрясающе ухожены. Женщинам с обкусанными ногтями и остатками маникюра я бы сразу отрубал палец. Но самое удивительное — шея.

— Шея?

— Знаешь, иногда слушаю мужиков и поражаюсь — о чём они вообще? Талия, жопа, сиськи… Идиоты. Смотрят и не видят. А между тем если у женщины короткая шея, все эти погремушки не спасут. Шея и посадка головы. Осанка. Грудь у неё, кстати, небольшая. Интересно — она никогда не носит ничего обтягивающего, всё свободно болтается, и как раз из-за этого видно, какая она там внутри тонкая и замечательно сложенная. Между картиной и рамой должен быть зазор, свободное пространство. Называется паспарту.

— Кстати, о картинах. Краситься любит?

— Она вообще, по-моему, очень мало использует всяких красителей. Полное ощущение, что на лице ничего нет. Хотя, скорее всего, просто незаметно. Тоже искусство. А волосы у неё тёмные, жёсткие и очень густые — всё время хочется запустить в них руку и ухватить сзади за холку. Грива такая. Давай возьмём ещё два по сто.

— А она длинная?

— Смотришь, как идёт, — кажется длинной. А подходит — нет, скорее, невысокая, чуть ниже меня. Пропорции. Размер ноги — тридцать шесть.

— О! Ты уже дарил ей туфли?

— Нет пока. Я просто сразу вижу женский размер. И, между прочим, ни разу не ошибался. А ещё, когда я был совсем молодой, я мог посмотреть на девушку и сказать, в каком месяце она родилась. И тоже не ошибался. Причём все эти знаки зодиака, гороскопы меня совершенно не интересовали — я их и не знал. Просто смотришь — и сразу видно — середина мая.

— Так она майская?

— Нет, она как раз зимняя. Конец декабря. И она не из Москвы, это точно. Хотя никакого акцента — даже московского. Знаешь, интересно — я заметил: уральский акцент, например, всегда отлично слышен, а дальше — Новосибирск, Красноярск — абсолютно чистая речь. Неужели это из-за ссыльных? Вот, может, она откуда-то оттуда. А самая красивая речь, кстати, — во Пскове. Ты слышал, как говорят во Пскове?

— Не части, я записываю. Твоё здоровье. Ну ладно, а голос?

— Как ты словами опишешь голос? Высокий, низкий… Ну, скорее, низкий. Чуть-чуть хрипловатый. Смех звучит очень неожиданно. Но совсем не противно. У меня была одна подруга, её смех был похож на крик чайки. Пришлось расстаться. Вообще, человек может запомнить тысячи голосов – для всех нюансов даже нет названия. Ты с ней не разговаривал пять лет, а потом она сказала в трубку «алё» – и тут же узнал! Вот как это?

– Не умничай, пей давай. А чем она занимается?

– Будешь смеяться – не знаю. Она не любит говорить о себе. Я не знаю даже, сколько ей лет. Где-то вокруг тридцати. А иногда вдруг улыбнётся – какие там тридцать? Вообще ребёнок! Я не знаю, была ли она замужем. Если была, то очень недолго. Но сейчас не замужем, это точно. Хотя… Это такой человек, что всё возможно. Всегда есть какая-то тайна. Можешь провести с ней всю жизнь, и тайны этой не узнаешь.

– Ну ладно. За здоровье твоей красотки. Как её зовут, кстати?

– Откуда я знаю? Я её ни разу в жизни не видел!

О желаниях

Говоря о желаниях, господа, я бы прежде всего разделил эти желания на два типа – преходящие (будничные, мимолётные – как угодно) и заветные. Ибо, как мне кажется, роль их в нашей жизни глубоко различна. Желания первого типа посещают нас каждый день, и мы непрерывно занимаемся их удовлетворением, иногда даже не отдавая себе в этом отчёта. Ну в самом деле – вы хотите пить и наливаете себе воды, хотите есть и лезете в холодильник, хотите выпить и звоните друзьям. Эти и прочие преходящие желания (имя им легион) – моторчики (иногда – паруса, иногда – вёсла), заставляющие нас двигаться по реке жизни. Представьте себе человека, который ничего не хочет – он же вообще не будет шевелиться! А зачем? Даже чтобы почесаться, надо, чтобы захотелось почесать – а это уже желание. Всё эти желания мы осуществляем легко и с удовольствием, из этого и соткано наше бытие.

Иное дело – желание заветное. Тут надо быть очень осторожным с его осуществлением. Ибо механизм его действия иной – именно недостижимость его заставляет нас не спать ночами, нервничать, тосковать, искать новые пути, и, конечно, мечтать – а это как раз вторая составляющая нашей жизни, верно? Звезда, указующая путь, свет далёкого маяка и прочая романтическая пошлятина. «Главное – очень сильно захотеть!» – говорили нам советские учителя. Не надо очень сильно хотеть, тихо возражали буддисты, иначе перекосишь всю свою карму. Любишь ты, скажем, сверх меры китайскую еду и вожделеешь её каждый день – есть опасность в следующей жизни оказаться поваром в Шанхае. Ты ведь этого хотел, да?

Хорошо бы научиться безошибочно отличать первые желания от вторых. А чёткой границы между ними, между прочим, нет. Парадокс, да?

Сорок лет назад, когда фраза «Увидеть мир» даже не обозначала заветного желания, так как нельзя желать абсолютно невозможного, мы с женой часто фантазировали, пытаясь представить себе блюда, которые мы не попробуем никогда – мы были в этом абсолютно уверены. Первое место прочно занимали омары и кокосы – не знаю почему. И даже не кокосы, а кокосовое молоко. Ух, какие картины нам рисовались! Гром грянул нежданно – мне позвонили из комитета Молодёжных Организаций (была такая странная контора) и предложили включить меня в состав маленькой делегации, летящей в Гвинею Бисау – думаю, просто из хорошего ко мне отношения. В Африку! Джунгли, жирафы, слоны! Да блин!

Не спрашивайте меня о задачах нашей группы – по-моему их не было. Хотя мы встречались с вождём какого-то племени и кажется, даже передавали ему комсомольский привет. Еще я попел песен для советских врачей, которые там работали. Остальное время мы пили джин с тоником, чтобы уберечься от малярии (уберглись не все), бродили по джунглям и всё это было похоже на забытую экспедицию. До сих пор это самые яркие мои африканские впечатления – а ведь сколько раз бывал потом! Но я не об этом.

Мы возвращались в Москву и я вёз в чемодане огромный кокосовый орех – прямо с пальмы, в толстой зелёной кожуре. Орех занимал пол-чемодана, внутри зазывно плескалось.

Когда радость от встречи жены с кокосовым орехом несколько улеглась, встала задача этот орех вскрыть. Ни пилы ни сверла у меня дома не оказалось. В общем, я взял топор и пошел на лестничную площадку. Орех скакал, как дьявол, я изрядно поколол плитку на полу и чудом не отрубил себе ногу. Минут через тридцать я всё-таки победил, орех треснул и прозрачная жидкость заструилась прямо в подставленную миску. Жена сделала несколько глотков, удивлённо посмотрела на меня и произнесла: «Невкусно».

Всё.

Нет уж, знаете, пусть трамвай «Желание» не приезжает на конечную остановку.

Пусть ездит.

Старые фильмы

Антону Долину

Мир любит старые фильмы. Он может восхищаться новыми, но любви к ним так и не возникает – их успевают забыть. А любят старые – «Великолепную семерку», «Белое солнце пустыни», «Кабаре», «Плату за страх», «Мужчину и женщину»... Всех и не упомнишь, да и не надо – они сами напомнят тебе о твоей любви, когда захотят – их сотни и никто их никогда не считал. Они достигли волшебного возраста и больше не стареют. И у нас на острове они иногда показывают себя – это случается раз в год, только день они выбирают сами. Он называется «День старого кино». Им помогает Хранитель – он когда-то давным-давно жил в России и был кинокритиком.

В этот день на острове должна непременно стоять тихая теплая погода – никакого дождя, никакого ветра. Когда солнце окрасит небо закатом, а жители закончили работу и даже выпили по стаканчику вина, Хранитель обходит домики старых фильмов и тихонько стучит в их двери. И фильмы послушно выходят к нему, приводят себя в порядок – причесываются, стряхивают прошлогоднюю пыль – они любят показывать себя людям. Теперь должно ещё чуть-чуть стемнеть. И вот – началось!

Можно смотреть свой любимый фильм на стене старого дома. А можно поднять голову вверх, и он пойдёт прямо на небе! А лучше всего сеть на обрыв, свесив ноги, и тогда весь горизонт с безмятежным морем и закатным небом превратится в огромный экран, и первые звёзды будут просвечивать сквозь него! А голоса героев будут звучать прямо у тебя в голове, и услышит их только тот, кто пришел посмотреть кино вместе с тобой! И на два часа остров погрузится в тишину, и только то тут, то там будет едва будет слышно, как люди смеются, вздыхают или плачут.

А потом кино кончится, окажется, что стало уже совсем темно, Хранитель разведёт фильмы по их домам, да и люди побредут домой, вспоминая любимые кадры и тихо переговариваясь. И чувствуя, что они опять стали чуть-чуть лучше. Пусть ненадолго. До следующего Дня старого кино. До праздника движения пятен света на стене.

Еще раз про любовь

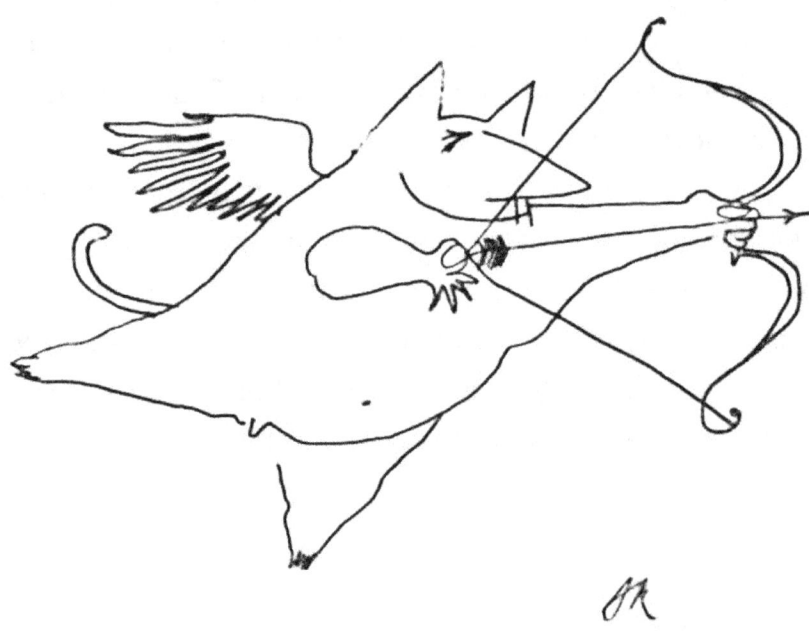

Несколько лет назад меня пригласили участвовать в благотворительной акции – «Раскрась корову». В мире такие акции проводят довольно часто, но в нашей стране это случилось впервые. Разным художникам раздали белоснежных пластиковых коров в натуральную величину, каждый расписал свою как мог, а потом их продали на аукционе. Я быстро придумал для своей коровы довольно смешную концепцию, сделал всё за пару дней, и, помню, работа моя очень хорошо продалась; было приятно – не зря старался. С тех пор меня не покидало ощущение, что я не до конца высказался в этом жанре. Я решил продолжить – уже для себя. Оставалось найти собственно корову.

Я вспомнил, что в прошлом году что-то похожее видел в магазине «Твой дом». В магазине мне сказали, что да, была у них такая корова, но никто ее так и не купил, и теперь она стоит на складе. Я поехал на склад в какую-то глухомань, и веселые толстые дядьки выволокли из лабиринта коробок и контейнеров и поставили передо мной роскошную корову – белую в черных пятнах и с большими грустными стеклянными глазами. Корова томилась на складе давно, была вся в пыли, на ней имелись утраты, и мне продали ее за полцены. Мой пес Гек, бернский пастух, человек добрейший и мечтательный, увидев корову, жутко перепугался. Он спрятался за кустом и оттуда наблюдал, трепеща, как два грузчика затаскивают в гараж непонятное чудовище. Заставить его подойти и познакомиться с коровой было невозможно.

Наутро я приступил к работе. Я решил сделать корову черно-золотой. Такое черненое золото можно увидеть на древних японских украшениях и эфесах самурайских мечей, сочетание невероятно благородное. Первым делом я покрыл всю корову матовой черной краской из аэрозольного баллончика. Гек поборол страх, пришел в гараж и завороженно наблюдал, как животное на глазах меняет цвет. Потом настало время золочения. Дело это кропотливое и нудное – надо намазать небольшой участок коровы клеем, потом плотно прижать к нему кусок пленки с золотой амальгамой и, когда клей застынет, резко сорвать пленку – позолота останется на поверхности. Постепенно корова покрывалась золотой патиной – получалось даже красивее, чем я ожидал.

И случилось невероятное – Гек влюбился. Он лежал у ног медленно золотеющей коровы и, улыбаясь, смотрел на нее блаженными глазами идиота. Таких глаз я не видел у него никогда – ни во время любовных игр со всякими, извините, суками, ни в дни, когда он, прыгая, встречал меня у ворот после долгой разлуки. Нет, это было что-то совсем иное. Он забыл про еду, питье и отказывался покидать гараж. Утром я заставал его у ног возлюбленной в той же позе, что и вчера. Три дня ушло у меня на процесс золочения, и три дня Гек не покидал свой пост. По-моему, он даже не отлучался пописать. На четвертый день с золотом было покончено, оставалось покрыть корову лаком. Лак жутко пах, я чуть не терял сознание, Гек морщился, но оставался неподвижным. Это была вахта безнадежно влюбленного раба у ног недоступной королевы.

Еще день корова сохла, а потом настало время искать ей место. Вещь немаленькая, в комнату не поставишь. К тому же мне хотелось поднять ее высоко, как знамя. И два мужика за бутылку помогли мне затащить ее на второй этаж и выставить на единственный балкончик — она чудом вошла во все двери и вот теперь скромно сияла золотыми боками прямо над входом в дом. Туда Геку уже было не добраться, а он и не рвался — он знал, что несчастная его любовь обречена. Теперь он сидел у порога дома, задрав голову, и неотрывно смотрел ввысь. К вечеру ветер стихал, и тогда было слышно, что он тихонько поет.

Я даже хотел написать сказку про неразделенное чувство сторожевого пса и золотой коровы, но вспомнил, что всё это уже давным-давно сделал Андерсен.

Сигары

В самом начале девяностых мы с друзьями неожиданно рванули на Кубу – впервые в жизни. Божественное, дивное время открытия мира! Вдруг стало можно. Нет, ребята, вам сегодня этого не понять, и не пытайтесь. Поездка получилась короткая, безумная и невероятно яркая. Синий океан, обглоданная, как после атомной войны, и потому необыкновенно живописная Гавана, умопомрачительные кубинки – что я вам буду рассказывать? Ром, мохито и, конечно, сигары. Здесь они были не экзотикой на грани выпендрежа, а совершенно естественной частью жизни.

Нет, нельзя сказать, что мы увидели их впервые. В табачных ларьках и магазинах Страны Советов именно кубинские сигары были представлены весьма широко – это было то немногое, чем Куба расплачивалась за щедрую политическую, экономическую и военную помощь. Ящички и коробочки из ароматного дерева, оклеенные марками и картинками, колониальную стилистику которых революционные кубинцы так и не поменяли. «Монтекристо», «Ромео и Джульетта», «Партагас», «Коиба», «Панч» – это звучало как музыка. И стоили они, насколько я помню, копейки – во всяком случае, значительно дешевле, чем во всём остальном мире. Ящички и коробочки пылились на полках – никто их не покупал. Во-первых, образ сигары был сильно скомпрометирован политической карикатурой — империалист рисовался толстым, безобразным, в цилиндре и непременно с огромной сигарой в зубах. Во-вторых, никто толком не знал, как с ними обращаться — надо ли обрезать кончик, например, и если да, то чем. О хьюмидорах тоже никто не слышал, поэтому все сигары были безнадежно пересушены, и крошились от первого прикосновения. В общем, представьте себе, что вам предложили попробовать устриц, но не объяснили, что надо сначала раскрыть створки раковины.

Помню, отечественная промышленность предприняла робкую попытку догнать своих кубинских друзей — выпустила сигары «Погар» (по названию города, где располагалась табачная фабрика). Пять продолговатых коричневых предметов в серой картонной коробочке. Будучи извлеченными, они действительно метров с трех напоминали сигары. При ближайшем рассмотрении иллюзия рассеивалась.

В общем, знакомство с культурой сигары на Кубе состоялось. Хотя любовь пришла позже. Помню, как я на следующий день после возвращения сижу в каком-то баре в окружении восхищенных мальчиков и девочек — впечатления и свежие знания так и прут из меня, я страшно важничаю. Я дымлю привезенной сигарой и обучаю неофитов азам. Очень, например, неплохо опустить кончик сигары в хороший виски или коньяк — это придаст ее аромату дополнительные оттенки. Я погружаю сигару в стакан с вискарем и начисто забываю про нее. Через пару минут ее конец распухает и распускается, как розовый бутон. Конфуз.

Если говорить об истинной любви к сигаре, то это, как и всякая любовь, многотрудное и ответственное дело. Сделана каждая сигара вручную (если это не дешевая игрушка), она хранит магию рук создателя и тепло его души. Нет двух одинаковых сигар — даже если они лежат в одном ящике. Недавно я был на фабрике «Партагас» в Гаване. Старинное здание, огромный зал с высоченными окнами, длинными рядами плотно стоят столы, за ними сидят работники и работницы – немолодые уже люди. Перед каждым маленький деревянный верстачок – видно, что верстачкам этим очень много лет, сейчас таких уже не делают. Не суетясь, размеренными движениями ладоней эти мастера скручивают из табачных листьев ровные колбаски – и при этом почти у каждого во рту дымится сигара! В этой картине было такое торжество духа, что я чуть не заплакал – так хотелось это дело заснять. Снимать было запрещено – таинства не снимают.

Содержание сигар в домашних условиях – серьезное и хлопотное занятие: примерно как держать аквариум с рыбками. Вам предстоит многое узнать, причем ценой исключительно собственного опыта. Например, что такое хьюмидор, и зачем он нужен. И почему самый дорогой далеко не всегда самый лучший. И как убедиться в его качестве в момент покупки – потом будет поздно. И как оживить уже лишенную жизни сигару, эту уснувшую в высохшем аквариуме рыбку?

Курение сигары – процесс, требующий погружения и самоотдачи. И если вы не окончательный валенок, вам не придет в голову закуривать сигару на бегу от метро к месту службы. Выкурить сигару – это поступок (хотя те же кубинцы начисто лишены этого пиетета, курят где угодно и когда угодно и запросто затягиваются сигарным дымом, презрев вот это снобистское «пропускать исключительно через нос». И я с ними в этом солидарен).

А как же получить от сигары долгожданное удовольствие? Урок номер один. Вам понадобится круизная яхта. Необязательно огромная, как у Абрамовича – метров тридцати вполне достаточно. Важно, чтобы она располагалась в тропическом море и чтобы вы находились на борту. И чтобы на море был штиль, погода ясная, а время в районе шести часов вечера, в это время солнце в тропиках садится, хорошо, если оно опускается прямо в море. Очень важно, чтобы на палубе был бассейн – вам предстоит присесть в шезлонг около него: не у самой воды, а в некотором отдалении. Музыка пусть звучит совсем негромко – она должна быть плавной, но пусть в ней читаются латиноамериканские нотки. Метрах в десяти от вас должны танцевать девушки в бикини – штук пять, и делать это они должны лениво, как бы нехотя, тихонько переговариваясь. Важно не смотреть на них в упор – они занимают периферийную часть картины. В левой руке у вас тяжелый стакан с хорошим виски – не вздумайте портить его льдом: лучше добавьте несколько капель обыкновенной воды. В правой руке – только что раскуренная «Коиба робуста», ровненькая шапочка пепла говорит о том, что сигара скручена идеально. Теперь сделайте маленький медленный глоток, дайте напитку продемонстрировать вам все свои волшебные грани, и не спеша затянитесь. Неглубоко.

Ладно, не надо яхты. Тропики – тоже необязательное условие. Черт с ними, с девушками – только отвлекают.

Но виски-то у вас есть?

Совсем про другое

Ко мне в гости приехала моя старшая (она уже двадцать лет живёт в Принстоне) со всем семейством – мужем, тремя детьми и племянником. Чудесные мальчики и девочки в возрасте 9-10-12-13 лет. С восхитительным чувством юмора. Не говорящие по-русски, существующие в американской среде по американским правилам. Для дальнейшего повествования это важно.

На неделю мой не самый большой дом превратился в смесь общежития и пионерлагеря.

Пока компания ехала из аэропорта, я готовил завтрак на семерых. Как я люблю. Свежевыжатый сок – морковка, помидор, сельдерей, яичница с помидорами и сосисками, посыпанная зеленью. Кофе, чай.

Приехали, отобнимались, сели за стол. Голодные. Не едят! И что-то явно некомфортно. Ну конечно, я забыл: у каждого должен стоять стакан воды со льдом. Это не значит, что сейчас все бросятся пить – но стоять должен. Утром, днём и вечером.

Лично я никогда не считал лёд (как и воду) необходимой добавкой к трапезе, я его даже в сочетании с виски не употребляю, поэтому льда в холодильнике у меня нет – только если по стенкам поскрести. Ладно. Ковыряют яичницу, не едят. Там помидоры. Они не едят яичницу с помидорами.

И трава какая-то сверху. Сок не пьют – там сельдерей. И помидоры. Погодите, вы же пьёте сок! Ну да – апельсиновый.

Нет, в дальнейшем я освоился – яичницу делал «пустую». А апельсиновый сок мы купили в магазине. И потом на какой-то еде мы даже сходились – скажем, стейки на гриле и цыплята в тандыре (я это умею) принимались на ура. А вот волшебные баклажаны на углях с кусочком курдюка и чеснока внутри – никак. Вежливо пробуется (через преодоление), хвалится и отодвигается на край тарелки. Что такое? Ладно бы лягушки маринованные!

На третий день Крис (муж моей старшей) взялся приготовить бекон к яичнице. Полчаса он, как сталевар, стоял у брызгавшей салом сковородки. Из трёхсот граммов грудинки получилось восемь тончайших невесомых хрустящих ломтиков – вкусно, но несопоставимо с трудозатратами.

Я очень люблю пробовать то, что нигде и никогда больше не попробую. И делаю это непредвзято. Во-первых, это интересно, во-вторых, сулит неожиданные открытия. И мог бы без усилий прожить на любой кухне мира – за исключением, может быть, эскимосской (возьмите мясо моржа, заверните в его же шкуру, заройте в землю на 2–3 недели… Не моё).

Американцы же едят исключительно то, к чему они привыкли. Ко всему остальному относятся с очень большим недоверием. А едят они много и часто – четыре раза в день. И если это происходило в городе или в движении – это всегда было то, к чему я не притрагиваюсь: гамбургеры, пицца, какие-то чипсы, шоколадные батончики, палочки «Твикс» – сплошной фаст-фуд. Запивалось это литрами кока-колы – в которой, как нам сообщают, сахара больше, чем воды. В общем, говоря языком Александра Ширвиндта – типичные говноеды. И я смотрел на всё это с ужасом и не мог понять: ПОЧЕМУ, ЧЁРТ ВОЗЬМИ, ОНИ ПРИ ЭТОМ ТАКИЕ ХУДЫЕ И СТРОЙНЫЕ? Ну ладно дети – но родители!

Может, нас и тут обманывают?

Я проводил семейство, побежал на кухню и дрожа от вожделения зажарил яичницу – лучок, помидоры, сосисочка кружочками, сверху киндза и укроп. Крупная морская соль (чтоб похрустывала), черный перец. Я, в конце концов, тоже имею право на привычки.

Система

Система непобедима. Она воспроизводит саму себя. Система представляет собой цепочку элементов, взаимосвязанных по одному принципу. Казалось бы, замени любой кирпичик на инородный, и система рухнет. Но именно поэтому ничего инородного система внутри себя не допускает. Ни под каким видом.

Скучно? Сейчас объясню.

Вот режиссер заказал композитору музыку для фильма. Композитор – халтурщик и записал всю музыку на дешевой корейской электронной клавишной игрушке. На такой пукалке даже корейские пионеры к музицированию не допускаются. А он записал всё – рояль, скрипки, трубы, барабаны. Нет, конечно, платили бы серьезные деньги – он бы позвал на запись государственный оркестр кинематографии с дирижером Скрипкой. А тут – на какие шиши?

В общем, звучит чудовищно. А режиссер эту музыку покупает. И вставляет в фильм. Ну, во-первых, у него что-то с ушами. А во-вторых, бюджет и правда позорный; он и этот-то еле выбил, а надо еще на актеров, на производство, на павильоны, на натуру... Ну, и себя не обидеть. И не думает он о том, что такая музыка – уже волчий билет на любой международный фестиваль: не возьмут там такое. Он на эти международные фестивали не очень-то и рвется. Подумаешь! У нас свои есть. «Кинотавр». Чем не Канны?

А актеры тоже не очень-то рвались в этом кино сниматься. Потому что все понимают. А с другой стороны, окончили ВГИК, подавали надежды, год, два – не звонит Скорсезе! И Сокуров не звонит. А кушать надо. А на театральную зарплату не покушаешь. Да и там, у них, между нами говоря, не Петер Штайн ставит. Некоторые, у кого психика покрепче, снимаются в рекламе прокладок. И в сериале «Счастливы вместе-12». Но не у всех же актеров такая крепкая психика. Она обычно расшатана профессией. Вот и пошли с надеждой – а вдруг что получится! Бывают же чудеса. Всё-таки кино. Полный метр.

Не получится. Потому что сценарист на фильме был как раз очень известный. И в силу этого исключительно востребованный. И именно на этом отрезке времени он интенсивно работал сразу над двумя сериалами. Ну, так получилось. Он, конечно, к этим сериалам относился с должной иронией и даже некоторым презрением. А киносценарий писал для искусства. Для вечности. Но вот на эту самую вечность всё время не хватало то сил, то времени. Нет, задумано было неплохо. Но – недотянул. По объективным причинам. Он и не думал, что режиссер этот сценарий возьмет. А ему что-то там вдруг понравилось. Он, правда, просил кое-что переделать и дописать, но когда? Не жизнь, а сплошной цейтнот!

Ой, я забыл про оператора. Оператор как раз мечтал на этом фильме поработать. Потому что всю жизнь снимал телевизионные программы. В основном кулинарные. И они у него очень хорошо получались. И на телевидении его хвалили. Но хотелось в искусство. Пленка, полный метр. Он правда очень старался. Но у него не очень получалось не кастрюли снимать. Оказывается, разучился, сбил планку. Да и не очень-то умел, видимо. А режиссер сначала думал пригласить вместо него великого, а тот занят. С Германом снимает. Уже двенадцать лет.

А зритель постоял-постоял перед афишей, да и не пошел на фильм. Во-первых, вон в соседнем зале «Аватар против чужих» дают. А во-вторых, если всё-таки кто-то из знакомых посмотрит и окажется, что можно смотреть, посмотрим дома. На пиратском диске.

Приятного просмотра!

Предчувствие

Только не надо, господа, путать предчувствие и логические умозаключения, основанные на наблюдениях. Что-то тучи за окном собираются, надо бы зонтик взять. Нет-нет, предчувствие — нечто совсем иное — лёгкое, горнее, оно не имеет никакого отношения ни к логике, ни к разуму, ни к унылому ходу реальности. Предчувствие всегда иррационально. Шёпот ангела — вот что такое предчувствие.

Мне хочется говорить о предчувствии прекрасного, хотя случаются, разумеется, предчувствия всякого рода неприятностей, и они-то как правило в результате происходят. И прыгает потом человек вокруг дымящейся воронки и кричит — а я знал, я чувствовал! И что? Что-то изменилось от того, что ты чувствовал? Хотя бывает, что изменилось. Однажды мы пришли домой поздно — мама, папа и я (мне было лет 10) — кажется, ходили в кино. Пришли домой, разделись и было легли спать, и тут выяснилось, что всем троим хочется есть, мы снова встали и пошли на кухню. Открыли холодильник, достали что было и устроили пир. Хохотали, помню, страшно — такие вещи обычно смешат. И вдруг я почувствовал, что нам всем троим надо немедленно с кухни уйти. Ощущение было очень сильное, искать причину не было времени. Я с ходу выдумал какой-то идиотский предлог, родители удивились и ушли за мной в комнату. Как только мы закрыли за собой дверь, в кухне бабахнуло. Мы не сразу поняли, что это двадцатилитровая бутыль домашней вишнёвой настойки, мирно стоявшая в углу кухни с самого лета. И вот она вдруг забродила. Рвануло так, что стены посекло до кирпича, а сахарницу, стоявшую на столе, пробило осколком насквозь – как осколком снаряда. До сих пор не нахожу этой истории никакого рационального объяснения.

И всё-таки давайте о прекрасном.

Прекрасное – это когда ты только-только проснулся, а глаза ещё не открыл, и знаешь – оно здесь. Вот тут ни в коем случае не надо совершать резких телодвижений, радостно кричать, хлопать в ладоши. Спугнёшь. И это будет необратимо. Нет-нет, вести себя следует очень спокойно, двигаться плавно, стараясь не потерять ощущение, посетившее тебя. Это как будто у тебя в руках большая чашка, и она до краёв наполнена чем-то тёплым – очень легко расплескать. На вопросы окружающих отвечать мягко, с улыбкой, ничего не объяснять – не их это дело. И вот если удастся его не спугнуть в первые десять минут – есть шанс, что оно останется с тобой на целый день. А что это тебе сулит? Да в общем ничего особенного. Просто скомканный бумажный шарик полетит точно в ведро (до этого два года падал мимо), и первая же пущенная стрела поразит цель, и яблоко с дерева упадёт прямо в подставленную руку. И люди будут с тобой добры и внимательны, и тебе не придётся никого ни о чём просить, и твоя единственная посмотрит на тебя чуть удивлёнными и опять влюблёнными глазами, и день будет долог и светел, а закат неописуемо прекрасен, и когда ты уже закроешь глаза и отойдёшь ко сну, оно неслышно покинет тебя. И все соберутся над тобою, безмятежно спящим, и будут вполголоса недоумевать – что это с ним сегодня такое было?

А было – предчувствие. Предчувствие лучшего. Ангел пролетал. И – задержался.

Первое лирическое отступление

Господи Боже, до чего же неловок и хрупок человек, как тонка и прозрачна его кожа, как ненадежны сочленения и суставы – и как же он при этом беспечен, заносчив и самонадеян! Еще пару часов назад вы полагали себя полным хозяином собственной жизни, а сейчас стоите, дрожа, в больничном коридоре и с запоздалой осторожностью поддерживаете левой рукой то, что совсем недавно было вашей правой, а теперь она чужая, при малейшем движении гнется не там, где должна, и вы чувствуете, как внутри нее что-то противно задевает друг о друга и всякий раз при этом холодный пот выступает у вас на лбу и тоненько бежит по спине – не от боли, нет, – от ужаса перед внезапной своей беспомощностью. И вас ведут на рентген, а вы уже знаете, что там случилось – когда что-то действительно случается, ощущения не обманывают. И вот на черной пленке ваша прозрачная ручка, и цыплячья косточка внутри нее сломана ровно пополам, и вокруг маленькие крошки. А дальше вам облепили плечо и руку противным холодным гипсом, он нагрелся, застывая, на шее у вас повисла неудобная незнакомая тяжесть, и – на выход, ждать, когда освободится место в палате. Но вы не уходите, потому что совершенно невозможно вернуться в ту, нормальную жизнь в таком виде и состоянии даже на время, и вы мечтаете только об одном – чтобы все, что с вами должны здесь проделать, началось и кончилось как можно скорее. Поэтому обреченно бродите туда и обратно по коридору, глядя в больничные окна – там слякоть, голые деревья, проезжают грязные машины, идут озабоченные люди и не ведают своего счастья.

А знаете, чем пахнет больница? Во-первых, чем-то, чем наводят чистоту, но не бытовую, человеческую, а после того, как кто-то уже умер. Хлорка, карболка? А еще – столовой пионерлагеря: перловый суп, подгоревший лук, маргарин. А еще – тем, чем пахнет в кабинете зубного врача: это смесь запаха то ли спирта, то ли эфира с запахом человеческого страха. А мимо стремительно проходит главный врач, и еще утро, а у него уже усталое лицо, и вдруг ловишь себя на том, что специально торчишь в коридоре у него на пути, чтобы он тебя увидел и поскорее положил в палату, а это глупость — койка от этого раньше не освободится, и все равно торчишь, потому что лечь хочется немыслимо, и когда он проходит, пытаешься поймать его глаза, и не получается — он про тебя помнит, но не тобой занята сейчас его голова — вас тут много, а он один.

И вот наконец койка свободна, но это ты по старой памяти думал, что взлетишь на нее, как птица, и лежать будет удобно, и хотя над ней висит специальная ручка, как в трамвае, для здоровой руки — карабкаешься на нее медленно и неуклюже, а когда вскарабкался — оказалось, что лежать совсем невозможно: нет такой позы, чтобы твоей каменной руке стало удобно, и вот тут она начинает болеть. Начинает уверенно, не спеша, с расчетом на длинную дистанцию. И проваливаешься в какой-то липкий черно-белый полусон, где нет ни времени ни мыслей, и только бывшая твоя рука, пульсируя на острие боли, не дает отплыть от убогого причала реальности.

Вечером приходит маленькая круглая медсестра. Она несет на подносике, как официант в ресторане, твои уколы. Она хохотуха, и вдруг понимаешь, что это она не чтобы тебя утешить, а просто у нее такой характер, и от этого почему-то становится легко.

И совсем уже легко становится утром, когда тебя переложили на каталку, накрыли простыней и везут по коридору в операционную, это совершенно новое смешное ощущение, тебя так еще ни разу не катали, ты едешь, как торт на праздник, и больничные лампы пролетают над тобой, и больные в коридоре заглядывают в твою каталку, как в блюдо — кого это там повезли, и вообще разница только в том, что везут тебя головой вперед. Везут уверенно и быстро, и ты совершенно успокоился, потому что с этой минуты от тебя уже ничего не зависит. А еще потому что во всех движениях врачей ощущается безошибочность, граничащая с автоматизмом — это у тебя все пока впервые, а у них каждый день такой, значит, правда, ничего особенного. А операционная недалеко, и неясно, за что тебе такая честь — прокатиться на тележке, и немножко неловко, и предлагаешь дойти самостоятельно. Смеются — нельзя.

И вот операционная наехала на тебя, знакомый уже врач — ты узнал его по глазам, над маской — он шутит, над тобой огромная космическая лампа, все очень торжественно. И даже мысль о том, что сейчас этот чужой тебе человек полезет маленьким острым ножичком внутрь тебя, живого, не пугает. Интересно только, как ты будешь засыпать. Тебя уже однажды в жизни усыпляли наркозом, и ты тогда не заметил, как уснул, и сейчас изо всех сил стараешься не пропустить это мгновение. И все равно ничего не выходит, и ты уже в палате, все кончилось, тебя перекладывают на твою койку, и тебе хорошо и весело, потому что из всех ощущений боль возвращается последней. Рука твоя поверх гипса забинтована, оттуда торчит коктейльная трубочка, на нее надет пластмассовый стакан с крышкой, туда из трубочки капает что-то коричневое. Ты представляешь, как эта трубочка уходит под бинтами в самую сердцевину твоей руки, и тебе становится нехорошо. Лучше не смотреть на нее. Но! Тебя починили! Этот доктор залез внутрь тебя и сделал что-то совершенно тебе непонятное — все починил! И теперь твое возвращение к жизни — только вопрос времени! И вот тут хочется есть.

Масса всего нового неожиданного, но уже не трагического. Тебе в палату привозят обед: большие серые кастрюли, красным написано – «ПЕРВОЕ», – и оказывается, что с помощью левой руки вилка попадает в рот легко, а вот ложка – никак! К тому же тумбочка возле твоей кровати устроена так, что сесть за нее как за стол невозможно – упираются колени, и ложку с супом приходится нести очень далеко, это даже здоровому не под силу, и суп капает на пижаму и пока еще девственно белый гипс.

Твой сосед по палате – милейший пожилой человек, но у него все время посетители, а к тебе никто не приходит – ты сам всем запретил, ты не хочешь, чтобы тебя видели с закапанным супом гипсом и за это жалели. А у него все время родственники, они очень тихо разговаривают, но все равно слышно, и встаешь и уходишь шататься в коридор, а там совершенно нечего делать, всю наглядную экспозицию по замене суставов ты уже выучил наизусть, а от прохожих по коридору хочется спрятаться – уж очень ты нехорошо выглядишь, – а родственники от соседа все никак не уходят, а если уходит один, то через полчаса приходит другой, и это невыносимо. К тому же ты уже третьи сутки пытаешься разгадать загадку: под потолком у вас в палате висит маленький телевизор, у вас на двоих один пультик, вы соревнуетесь в воспитанности и все время уступаете его друг другу. В промежутках гуляете по программам, пытаясь найти хоть что-то интересное. Но как только это интересное находится, ваш сосед тут же переключает канал! Он образованный человек, интеллигентный до застенчивости, и, казалось бы, вас должно интересовать одно и то же – что за ерунда? На Земле так много непонятного.

На пятый день все-таки припираются вдруг друзья-музыканты – с поллитрой, солеными огурцами, бородинским хлебом и домашней селедкой в баночке. Ты собирался сердиться – чего приперлись, – а самому вдруг приятно. Черт нас самих разберет. И выпиваем стоя, разложив газету на холодильнике, как положено, и наливаем соседу, и выясняется, что за пять дней я совершенно забыл вкус водки – наверно, когда организм начинает сам себя чинить, он все ненужное выбрасывает – делает генеральную уборку в доме. И друзья ушли, сосед дремлет, а ты лежишь, захмелевший (от ста пятидесяти-то!) и вдруг ловишь себя на мысли, что строишь планы, как будто ты уже здоров и ничего такого не было.

Все, что ли – домой?

Второе лирическое отступление

А знаете, какая самая большая пытка? Это та, которая вплотную прилипает к самой большой радости. И происходит это совершенно одинаково – будь ты в Гамбурге, Нью-Йорке или Омске, ибо наш человек везде одинаков, а последние годы даже более одинаков вдали от родины.

И вот ты отыграл концерт, и он опять получился отличный, хотя никаких предпосылок к этому, казалось, не было – и аппаратура так себе, и самочувствие, и вообще. И когда ты, согретый этим неожиданным счастьем, наконец оказываешься в гримерке и начинаешь стаскивать через голову мокрую рубаху – тут-то все и начинается. Никакие просьбы по поводу того, чтобы к тебе в комнату хотя бы десять минут никого не пускали, не работают. Дверь не запирается, а если вдруг и запирается – в нее будут барабанить, как милиция с ордером на обыск. И вот всовывается первая морда, он толстый и вспотевший, и на лице его еще следы песни «Поворот», которую он только что громко кричал вместе со всеми, а у тебя еще руки не вынуты из мокрой рубашки, и даже когда вынешь, ты его все равно не выпихнешь за дверь, потому что он, как террорист заложника, ведет перед собой бледную немощную девочку лет шести – дочку, и конечно фотографироваться надо будет с ней, хотя ей это на фиг не нужно, она не понимает, куда попала, и ей так же, как и тебе, хочется, чтобы все это быстрее закончилось. И становится тоскливо ясно, что чем объяснять этому толстому, что не надо сюда заходить как к себе домой, проще дать ему щелкнуть, и пусть идет к чертовой матери, но тебе надо сначала хоть что-то на себя накинуть, хотя толстому все равно – он может и так. Потом он будет долго устанавливать ребенка перед тобой, а сам обязательно в это время расскажет, что он рос на твоих песнях и где слушал тебя в восемьдесят втором году, и присутствие шестилетней заложницы не позволит заткнуть ему рот, а лицо его будет светиться таким счастьем и любовью, что у тебя опустятся руки. Наконец он сделал все, что хотел, и уходит, пятясь, но это только начало группового изнасилования. Потому что дверной проем уже заполнен подошедшими. Их объединяет общее выражение лиц. Так смотрит три дня голодавший на жареного цыпленка. Помните старинный фильм про нашествие зомби в универмаг? Они идут небыстро и даже как-то неуверенно, но спасения от них нет. В последнюю секунду удается, как в кино, захлопнуть дверь и прислонить к ней своего директора, но смысла в этом уже никакого нет – ты в осаде. И с тоской вспоминаешь короткий опыт гастролей по загранице, только по настоящей, не русскоязычной – там даже к самой начинающей школьной группе за кулисы не пропустят ни одного человека, даже если за него попросят музыканты. В общем, находится компромисс – за дверью собирают бумажки, билеты, пластинки, сигаретные пачки и заносят в комнату ворохом – на всем этом надо будет сейчас расписаться. Это уже легче, хотя настроение подпорчено, и расписываешься не глядя, и одеваешься быстро, и сквозь строй в коридоре пробегаешь в автобус, правда, по пути надо сфотографироваться с охраной, которая пропустила к тебе всю эту шоблу, с пожарниками и с родственниками организаторов концерта – это святое. И вот ты наконец в автобусе, и все музыканты здесь, и вас везут ужинать в ресторан. Думаете, все? Не тут-то было!

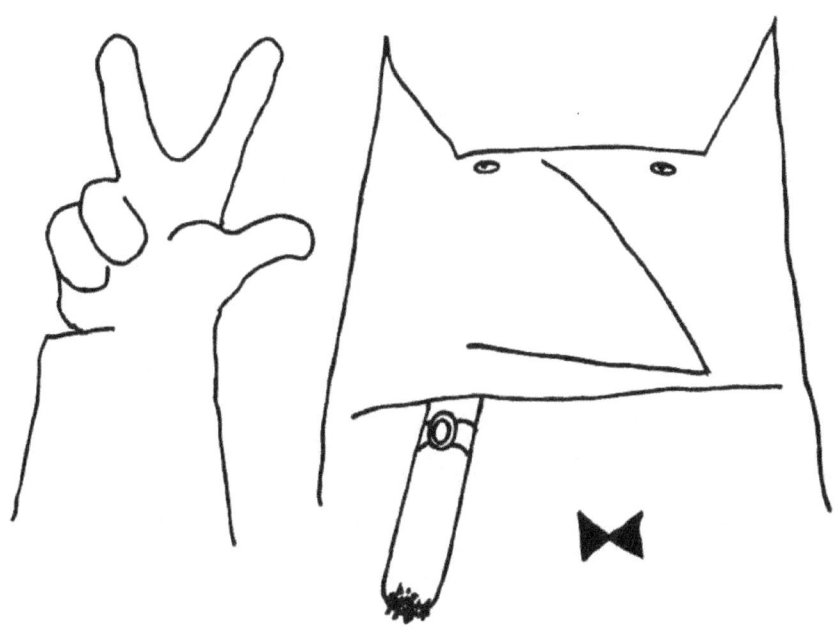

Если это зарубеж, то ты десять раз накануне попросил – пусть это будет какой угодно ресторан: китайский, итальянский, японский, местный – только не русский! Не потому что ты русофоб. А потому что в русском групповое изнасилование будет продолжено. Называться он будет обязательно «Тройка», или «Матрешка», или «Самовар», и умный хозяин уже продал места тем, кто мечтает пообщаться и выпить с артистами, за это артистов, может быть, даже накормят бесплатно, и вообще у него с устроителем концертов свой договор – мы завтра уедем, а им тут вместе жить. И поэтому после лживых заверений тебя все-таки подвозят к ненавистной

«Тройке», а ты ослаблен концертом, не знаешь города, и время такое, что все остальное уже закрыто. Устроитель прячет глаза, клянется, что тут «только свои», ему бесполезно объяснять, что его «свои» — это совсем не твои «свои», а жрать хочется, и стискивая зубы входишь внутрь. В этот момент раздаются аплодисменты, а лабухи на сцене обрывают на полуслове «Владимирский централ» и переходят на «Марионетки», и ты идешь быстро, опустив глаза, за свой стол уже не в силах ничего изменить и не понимаешь, почему за твоим столом не шесть мест по числу музыкантов, а двадцать четыре? А это как раз «свои». Если все происходит на родине, то помимо организаторов гастролей и спонсоров за столом располагаются: первый зам. губернатора, главный судья, главный гаишник, главный милиционер и главный бандит — все с женами. В случае заграницы ты даже предположить не можешь, что за люди сидят за твоим столом, мало того — это тебе совершенно неинтересно, и когда тебе их представляют — через силу улыбаешься и киваешь головой, хотя ни черта не расслышал, лабухи опять взялись за «централ», и нет никакой силы и возможности объяснить этим неплохим, наверное, людям, что ты свой концерт сегодня уже отработал и просто хочешь побыть в тишине один или с друзьями, но никак не в их компании, и будут кричать тебе через стол, прорываясь сквозь ресторанный гвалт и брызгая закуской, и чокаться с тобой за «группу нашей юности», и рассказывать какую-то ерунду, и заглядывать в глаза, а ты все будешь притворяться, что слушаешь, а станут опять фотографироваться, положив руку тебе на плечо и приставив с другой стороны пышную, как клумба, жену. И если тебе удалось в обход всего этого быстро выпить свои сто грамм, проглотить кусок мяса, незаметно выскользнуть из-за стола и сбежать в гостиницу – тебе повезло. А количество совместно выпитого находится в прямом соответствии со степенью взаимного уважения – они готовы были выпить с тобой ведро, и никого ты, ей-богу, не хотел обидеть, но совершенно невозможно заставить себя напиваться с этими незнакомыми дядьками и играть роль, которую они для тебя придумали.

И разговоры, конечно, будут: «Чего это он? Важный какой-то». – «Да нет, приболел просто…» – «Да ну! Вот Якубович приезжал – так тот нормальный мужик. Гуляли так гуляли!»

Простите меня.

Третье лирическое отступление

Вы когда-нибудь видели, как мужики идут за вином? Нет, сейчас эта картина уже выглядит крайне размыто – исчез порыв, ушла битва. Достаточно протянуть руку с деньгами, и в нее вложат любую бутылку согласно вашим запросам и благосостоянию. Нет-нет, представьте себе какой-нибудь летний крымский городок – скажем, Гурзуф начала семидесятых. Утро, как правило, безлюдно – последние гуляки только-только расползлись из кустов, у пансионатов метут дорожки, пляжи еще пусты, первые пожилые пары и мамы с малышами занимают лежаки. Солнце поднимается выше, отчего море делается синей, подул ветерок, открывается «Блинная» на набережной, тетка, звеня ключами, отмыкает цистерну с надписью «Пиво», и рядом с ней тут же вырастает очередь с трехлитровыми банками, и вот – смотрите, мужики пошли за вином. О, эту походку, это выражение лиц не спутать ни с чем, и однажды увидев эту картину, запомнишь ее навсегда. Читается она только со стороны – если ты сам в рядах идущих, ты не увидишь ее красоты. Так пловец в открытом море не замечает течения. Идут по двое – по трое, собранно и энергично, хотя без суеты и с достоинством, и выражение лиц у них всегда вдохновенно-серьезное.

Идут ПО ДЕЛУ. Дело не пустяковое, так как магазин в городке один, в лучшем случае два, одиннадцать пробьет через семь минут, а идти пятнадцать, и еще неизвестно, что там останется и что вообще завезли (впрочем, я несколько сгущаю краски – завозили обычно вволю). А еще на их лицах – ответственность за тех, кто остался, не пошел в поход, но скинулся, и теперь только от идущих зависит, каким будет сегодняшний вечер и сколько радости он принесет.

В одиннадцать уже невероятно жарко, из четырех стеклянных дверей в магазин открыта одна, туда поочередно впихиваются страждущие с деньгами в потных кулаках и выдавливаются совсем уже мокрые, в прилипших рубашках, но счастливые – с вином. Жара усугубляется тем, что по набережной бродит милиционер в полной боевой выкладке и удаляет за пределы своей видимости отдыхающих в шортах и майках («Граждане, вам тут не пляж! Это городская набережная!») Внутри магазина – ад. Если на улице просто очень жарко, то внутри температура приближается к температуре внутри доменной печи – о кондиционерах жители страны советов еще не слыхали. Плотное мокрое месиво, состоящее исключительно из мужчин средних лет, медленно ползет вдоль прилавка. Сначала увидеть, что там дают, потом догрести, доплыть до кассы, обменять деньги на чек из толстой серой бумаги, сохранить силы для главного рывка к прилавку, обменять чек на тяжелые некрасивые бутылки темного стекла, вырваться на волю, пробуравив напирающую снаружи толпу, ничего не разбить и не потерять сознания – это вам как? На такие дела посылали самых надежных.

(Вообще отношение к делу – не просто работе, упаси бог! А к ДЕЛУ, возвышающему мужчин, отличает последних от женщин. Я однажды наблюдал в дикой Африке, как два местных жителя, пока их жены в количестве девяти штук копались в рисовом болоте – каждая с младенцем за спиной, – эти двое занимались ДЕЛОМ. Они вели бизнес. У дороги они расстелили газету, на которой был представлен товар – спички поштучно и макароны поштучно (именно поштучно, а не попачечно). Торговля шла плохо. Точнее, она совсем не шла, и это спасало бизнес, так как спичек было полкоробка, и макарон – полпачки, и поставок не предвиделось. Но видели бы вы этих гордых негоциантов!)

Так вот, похожая облеченность миссией написана была на лицах Мужчин, Идущих за Вином. На этом сходство заканчивалось, так как, в отличие от застывшего во времени африканского процесса, процесс крымский развивался и давал результаты – вино удавалось взять (как правило). Если не удавалось – надо было ближе к вечеру пристроиться к компании, представителям которой это удалось. И если халява не переходила в систему, то удавалось это всегда – портвейн, как я уже говорил, вселял в людские сердца доброту (до определенного предела, разумеется). Мало того, он уравнивал употребляющих, и в какой-то момент вы себя чувствовали счастливыми составляющими одной огромной компании, а может быть даже, и страны. Возможно, в этом и заключалось скрытое воспитательное действие напитка, называемого в СССР «портвейн», и может быть, именно поэтому он так настойчиво и предлагался населению одной пятой земного шара.

Впрочем, пили на юге не только портвейн. Пили, конечно, и сухое – от отчаянья, когда портвейн кончался, и даже всякие игристые – типа «Донского красного». Коньяк не пили из-за дороговизны, а водку, видимо, из-за невозможности ее охлаждения – если в средней полосе водка комнатной температуры еще идет, то горячая в Крыму – уже с трудом. К тому же действие водки отличается от действия портвейна и поэтому менее подходит к состоянию южного отдыха. Русский человек, выпив лишнее количество водки, как правило, перестает любить человечество в лице отдельных его представителей, и гармония нарушается дракой. (Удивительно – на евреев эта особенность не распространяется – они от водки любят человечество еще сильней. Этот феномен заслуживает детального изучения.)

Также, конечно, в Крыму пилось пиво, но не как самодостаточный алкогольный напиток, а как средство, связывающее послевкусие вчерашнего праздника с сегодняшним грядущим. В этом качестве пиво выполняло задачу на сто процентов.

И вообще, скажу я вам — все особенности и нюансы тогдашней жизни соответствовали особенностям и нюансам тогдашнего кайфа. Ушла навсегда (хотелось бы) та жизнь, нет больше магазинов с названием «Гастроном» или «Вина-воды» (в Сочи даже был «Специализированный магазин по продаже водки населению» — как название?), да и напитки сменили вкус, и бутылки выглядят куда нарядней, и давиться за ними уже не надо. И никакой я ностальгии не испытываю ни по совку, ни по собственной молодости — разве что посидеть ночью на прохладной гальке гурзуфского пляжа под еле слышный плеск прибоя и треньканье расстроенной гитары в компании малознакомых ребят и девушек, красота которых только угадывается в темноте, передавая по кругу теплую от их рук бутылку портвейна «Кавказ».

Ядро с бригантины

В самом начале восьмидесятых «Машина» приехала на гастроли в Днепропетровск – впервые. Работали мы, как водится, во дворце спорта целую неделю – по два концерта в день. Сейчас это трудно себе представить. В первый день ко мне подошли два довольно лохматых местных парня – Паша и Саша – с огромным отечественным бобинным магнитофоном. Они попросили разрешить им подключиться к нашему пульту, чтобы записать концерт. В то время это был еще единственный способ распространения наших песен – пластинка «Мелодии» посвященная фестивалю в Тбилиси, с двумя произведениями «Машины» появится позже. У меня обычно такие просьбы возражений не вызывали, а ребята мне понравились, и я позвал нашего звукорежиссера Наиля и, зная, что он втихаря иногда берет за такую услугу деньги, проникновенно его попросил ребят подключить и с деньгами не приставать. Мы разговорились, и не помню, почему разговор коснулся подводной охоты. Я к этому времени уже был совершенно помешан на подводном мире, но не подозревал, что охота возможна в наших реках и озерах – мне казалось, что вода в них недостаточно прозрачна. Как выяснилось, я ошибался. Ребята вовсю охотятся в Днепре, а Паша даже сам делает подводные ружья. Увидев, как я задрожал, ребята предложили мне завтра же утром отправиться с ними понырять – костюм и ружье они дадут.

Как вы думаете – спал я ночь? Это я сейчас такой спокойный.

Рано утром мы выехали на пашиных «Жигулях» в сторону Запорожья. Минут через сорок мы свернули с асфальта на грунтовку, пересекли поле и скоро уткнулись в большую воду – берег Днепра сворачивал от реки перпендикулярно, образуя огромный залив. Место называлось «Губа». Пока я отчаянно пытался влезть в привезенный для меня отечественный гидрокостюм «Садко» (изготавливали его, я подозреваю, на той же фабрике, что и автопокрышки, и из того же материала, и при попытке втиснуть ноги в штанины и руки в рукава в голове начинала играть старинная детская песенка про кузнечика с рефреном «Коленками назад»). Паша и Саша уже ловко натянули на себя эти вериги – ко всему человек, подлец, привыкает! – Саша первый зашел в воду, проплыл пару метров, отчаянно затрубил, Паша бросился к нему на помощь, и через минуту они в четыре руки выволокли на берег – нет, это был не сазан, а какой-то теленок, я такого увидел впервые в жизни, он весил килограммов четырнадцать. В общем, если бы мне показали весь этот эпизод в кино, я бы долго смеялся – чушь, так не бывает!

Я чуть с ума не сошел. Вот это места, вот это охота!

Я тут же вогнал себя в костюм, дрожащими руками принял незнакомое ружье и тихо поклялся – без добычи не выходить. Я не имел ни малейшего представления о технике местной охоты и проплавал часа четыре, прежде чем мне удалось-таки подстрелить сазанчика. Сазанчик был не в пример мельче, а я к этому моменту уже посинел от холода – костюм «Садко» страшно осложнял движения, но зато совершенно не грел, – но все это было не важно: новая страница была открыта!

Мы подружились с ребятами, и я стал ездить к ним на охоту регулярно. А потом Паша (практически уже Павел Сергеевич) создал клуб любителей подводной охоты, нарек его «Андреевский Смак», и могу сказать что живет и процветает этот клуб по сей день, хотя с охотой в Днепре стало гораздо хуже. Происходит это исчезновение из мировых вод всего живого по всей планете и с пугающей скоростью, и всех причин мы, боюсь, не узнаем никогда, хотя, разумеется, человек играет в этом процессе основную роль. Каких-то тридцать пять лет!

Ну да ладно.

В 2004 году Паша ошарашил меня известием – в районе Хортицы ребята нашли на дне остатки деревянных боевых посудин – много! Скорее всего, петровских времен! Я побросал все и помчался в Днепропетровск.

Дно Днепра в этих местах песчаное, а скорость и сила течения задается плотиной, стоящей выше по реке (это, кстати, одна из причин того, что рыба исчезла, а вода стала мутной – нельзя безнаказно вмешиваться в течение реки, это ее жизнь). Периодически, обычно в половодье, плотину открывают, песчаное дно размывается потоком, и самые удивительные предметы открываются взору ныряльщика. Однажды я пер в Москву большую берцовую кость мамонта, найденную на дне в районе Днепродзержинска. Величиной она была практически с меня и весила как хороший покойник. В этот раз половодье было особенно сильным, плотину приоткрыли больше, чем обычно, и останки флотилии выступили из песка. Вообще дерево хорошо сохраняется в пресной воде, но тут спасительную роль сыграл как раз песок – корабли были им «законсервированы». Показавшись, они сразу начали разрушаться течением.

В 1999 году ребята из института подводной археологии нашли на дне и подняли казацкую «Чайку» – большую ладью тех же времен. Ладью законсервировали и выставили в музее острова Хортица. Но здесь лежали более мощные и серьезные посудины.

Это ощущение нельзя передать словами. Вот берег, камни, на песке загорают мальчики и девочки. Ты заходишь в воду, делаешь несколько движений ластами, и на тебя выдвигается из темноты огромный покатый борт старинного корабля. Вот это ничтожное расстояние между жизнью сегодняшней и глубоко прошлой, загадочной, всегда вызывало у меня обильное появление мурашек на коже.

К моменту моего приезда археологи уже обследовали объекты, и выяснилось следующее. Построена была эта флотилия действительно во времена Петра Первого для похода в Крым. На сравнительно небольшом участке дна найдено более сорока посудин, разных по водоизмещению и предназначению (одна, например, была гружена якорями; литой якорь в те времена стоил бешеных денег). А стояло их тут, согласно историческим свидетельствам, около четырехсот. Строили казаки под руководством русских офицеров. Судно, на которое погружался я, – бригантина, разработанная в 1710 году галерным мастером Петром Меншиковым. Прямых аналогов в Европе не имела. Пригодна для похода и по реке, и по морю. Вот что пишет о бригантине друг Петра, вице-адмирал Наум Синявин: «Корабли сии на море безопасны, понеже на оных имеются палубы и гребля, и ходить могут не токмо способным ветром, но и противным ветром лавируют и имеют на себе четыре пушки трехфунтовые (они называются фальконеты. – А. М.) и людей посадить можно на каждый по пятьдесят человек з двоемесячным правиантом» (из «Истории отечественного судостроения», СПб, 1994, т. 1, с. 220). Длина 21 метр, высота бортов около четырех. Ходила эта бригантина с другими кораблями в поход на Очаков в 1737 году и вернулась с победой – на корме ее обнаружился очаг, сложенный из очаковского сланца. (А на очаге стоял котел, а в котле лежала ложка! Вот такие вещи действуют на меня сильнее всего!) А дальше случилось следующее. Известно, что флотилия привезла из Очакова чуму, к тому же Елизавета в отличие от Петра не уделяла боевому флоту должного внимания. В 1739 году случился сильный ледоход, и флотилию подавило льдами.

В общем, мы решили поднять уникальный боевой корабль. Создали российско-украинский проект «Запорожская бригантина», меня выбрали президентом, хоть я и брыкался. Медлить было нельзя – течение на Хортице сильное, и бригантина разрушалась на глазах. Археологи тщательно произвели обмеры. Инженеры разработали систему подъема – это было совсем непростым делом: поднять и доставить на берег двадцатиметровый корабль при том, что определить насколько он сохранил прочность, практически невозможно. После подъема и просушки его следовало немедленно разобрать и законсервировать – дерево, пролежавшее в воде двести пятьдесят лет, может, высохнув, рассыпаться в порошок. Каждая деталь погружается в ванну с консервантом (который производится в Германии и стоит совсем недешево – а представляете, сколько его нужно?). По счастью, в специальном ангаре на острове Хортица, где уже стояла к этому моменту запорожская «Чайка» оставалось место в аккурат для бригантины. Как чувствовали!

Составили смету. Она получилась немаленькой, но украинский предприниматель Виктор Пинчук взял все затраты на себя. Спасибо ему за это.

Теперь предстояло дождаться зимы (зимой вода прозрачней), аккуратно раскопать бригантину (она была наполовину погружена в грунт, это тонны и тонны песка), затем подвести под нее ремни, закрепить их равномерно по всему корпусу, потом краном приподнять корабль, погрузить в воду специально изготовленную платформу на колесах, подвести ее под бригантину, опустить бригантину на платформу, закрепить, вытащить платформу на берег и отбуксировать в ангар (по счастью, не очень далеко) для демонтажа и консервации. Ну как, все просто, да?

В момент откапывания корпуса (песок забирал мощный насос со специально пригнанной баржи) случались удивительные находки: это на суше время лежит в земле слоями — чем глубже, тем древнее. А песок речного дна в постоянном движении, и времена тут перемешаны: рядом друг с другом лежали несколько ядер от фальконетов с бригантины, ручная граната РГД-1 времен Второй мировой и потрясающей красоты костяной крючок для ловли рыбы — археологи сказали что ему не менее пятнадцати тысяч лет. Судя по размеру крючка, пятнадцать тысяч лет назад рыбка здесь ловилась совсем немаленькая: крючок с трудом умещался на ладони. Я такой совершенной по форме вещи не видел никогда: очень хотелось утащить крючок домой, но совесть взяла верх, и он уехал в музей.

Всю зиму шли напряженные подводные работы — необходимо было поднять бригантину до наступления весны, когда вода поднимется и плотину опять откроют. Я страшно нервничал, но понимал, что самому сейчас ехать туда не надо — ускорить я все равно ничего не мог, не хотелось мешать работе специалистов. И вот был назначен день подъема.

На берегу Хортицы собралось огромное количество народа. Приехал митрополит, прочитал молитву и благословил нас на подъем. К этому моменту ремни уже были заведены под бригантину, платформа находилась под водой. Кран на барже заработал, и ремни медленно — очень медленно! — поползли вверх. Я поймал себя на том, что сейчас я впервые увижу бригантину целиком — вода в Днепре не настолько прозрачная, чтобы видеть на двадцать метров, поэтому при погружениях я все время рассматривал какой-то фрагмент судна — то нос, то борта, то корму. Рулевое перо (огромное!) и мачта вообще лежали в стороне, достаточно далеко. Тишина стояла необыкновенная, по-моему, люди старались даже не дышать, только тарахтела лебедка крана.

И вот из воды показался покатый черный борт. Спустя двести семьдесят лет бригантина возвращалась к людям. В какое-то мгновение раздался негромкий треск – в тишине он прозвучал как гром, борт корабля чуть-чуть просел, по толпе пронеслось: «Ах-х-х-х!» Но все обошлось, тревога оказалась ложной. Мы сделали это!

В ангаре, где бригантину разобрали до гвоздика и уложили фрагменты в ванны с раствором, я поразился еще раз: дерево было темным, местами почти черным (та часть, которая хранилась под слоем песка – светлее), а вот просмоленные канаты, которые частично сохранились на юферсах и лежали свернутые в бухточку на палубе, выглядели так, как будто их сплели вчера. Пенька оказалась долговечней дуба.

Я держу в руках ядро от фальконета и пытаюсь услышать голоса тех, кто правил судном, поднимал парус, командовал: «Заряжай!» Когда приходилось идти на веслах, они пели песни – протяжные, казацкие. Чьими прапрапрадедами были эти люди, о чем они говорили? Мне кажется, я вот-вот услышу.

А бригантина уже несколько лет стоит в музее острова Хортица. Окажетесь в тех местах – непременно сходите посмотреть.

Про дом

Лет двадцать назад, помню, одна журналисточка спросила у меня, почему в песнях «Машины» так часто звучит слово «дом». Я удивился – не обращал внимания – стал считать. Оказалось, и вправду очень часто попадается. Что-то я там такое имел в виду.

Если говорить о буквальном значении слова «дом» – не думаю, что то, что являлось домом в моей юной жизни, могло вдохновить меня на песню или хотя бы на поэтический образ. Довольно долго мы жили в коммуналке в самом центре Москвы, и это было отнюдь не поэтическое место, какие бы старые песни о главном нам сейчас ни пели. Помню в основном богатое смешение запахов – от социально-общественных до глубоко личных. Социально-общественным пахла (нет, все-таки воняла) рыжая мастика, которой жильцы по очереди согласно расписанию натирали пол – паркет из трех пород дерева, русский классицизм, оставшийся от хозяев-графьев, и его строгий рисунок проступал сквозь рыжую гадость, как лик иконы сквозь копоть. Социально-общественным пахло на кухне, где на четырех плитах одновременно булькала, испуская пар, нехорошая еда. Тут же сушилось на веревке кое-какое белишко – предмет постоянных скандалов. Сейчас с придыханием говорят, что решили наконец вернуться к нормативам, по которым в те светлые времена делали для трудящихся еду — колбасу, сыр, пельмени и прочие радости. Ну-ну. Нет, нормативы наверняка были, но какое же отношение они имели к тому, что время от времени выбрасывали в магазины? Ничего — лет через десять умрет последний человек, который помнит, что это было на самом деле, и врать можно будет уже без оглядки.

Про личные запахи умолчу — скажу только что палитра была богатая. Утлая общая раковина-ванна с постоянно забитым сливом возможности помыться не давала, в баню полагалось ходить раз в неделю (это полагалось!), дезодорантов советская власть еще не ведала, а одеколон «Шипр» и духи «Красная Москва» картину скорее обогащали. В общем, вряд ли все вышеописанное вдохновило бы автора на создание произведения, воспевающего дом. Впрочем, автор в те годы был крайне молод и никаких песен еще не писал.

Потом мы с семьей переехали в отдельную квартиру на Комсомольском проспекте. (Чудо! Стих Маяковского про ванную помните?) Комсомольский проспект представлял из себя длинную, до Фрунзенского вала череду строящихся и только намеченных к стройке домов вперемежку с остатками бараков, и все это было очень далеко от центра Москвы — окраина! Потом я женился, и мы с женой переехали на площадь Гагарина — от любимых, но слишком заботливых родителей. Это уже был дом. Почти. Потом я развелся и уехал в подмосковную Валентиновку в дом, рожденный фантазией безумного художника дяди Паши, пожарника по профессии. В свое время я написал про это сооружение и его гостей целую книжку, которая так и называется — «Дом», и нет смысла повторяться. Давайте-ка я расскажу про дом сегодняшний.

Все мои друзья четко делятся на две категории. Одни живут в центре Москвы и не имеют ни малейшего желания перебираться за город, другие, напротив, живут за городом и не представляют своей жизни в Москве. Я из второй категории. Какая бы у тебя ни была квартира, постоянное ощущение того, что за тонкими перегородочками слева, справа, над тобой, под тобой не имеющие к тебе отношения люди спят, веселятся, плачут или готовят преступление, делает твою жизнь невыносимой. В детстве мама взяла меня с собой в виварий – стена одинаковых клеточек до потолка, в каждой клеточке – морские свинки. Они уже обречены, просто не знают об этом. Запомнил на всю жизнь.

Дом, в котором я сегодня живу, отличается от предыдущих тем, что внутри (да и снаружи) я его придумал сам – раздербанил предлагаемый план, убрал половину стен. Раньше мне приходилось мириться с тем, что придумали и построили другие. По молодости это меня веселило, сейчас раздражает. Я сам знаю, как мне надо. И что очень для меня важно – дом должен быть соразмерен масштабу человека (я имею в виду не его общественное положение, а его физические размеры). И крохотный, и огромный дом, не отвечающие этому правилу, незаметно калечат психику.

А теперь о сакральном. Дом (как и машина, и музыкальный инструмент – все, что создано для постоянного контакта с человеком) – живое существо. И если вы оставите его, заперев за собой дверь, – он вскорости умрет, а потом начнет разваливаться, и никакое включенное отопление, увлажнители и даже работающее радио на кухне не спасут ситуации. И вернуть такой дом к жизни будет очень непросто – кто проходил, знает. Кроме этого, дом мой заполнен огромным количеством живых существ – это картины моих друзей-художников, гитары, авторские куклы (вообще особая статья), масса старых и старинных, как вам покажется, безделушек. Но это вам только покажется. На самом деле – каждая тихонько рассказывает мне свою историю, и я могу слушать их часами. Вам они ни хрена не расскажут. Они вас стесняются. Что касается количества всех этих предметов – люди, державшие аквариумных рыбок, знают: вот вы купили аквариум, промыли его, промыли песок, уложили его на дно, добавили камней, ракушек, налили воду, посадили водоросли. Казалось бы, все готово – пускай рыбок. Нет. Вода еще не живая. А завтра она может зацвести. Или вовсе протухнуть. Опытный человек увидит, когда она успокоится и заживет, и с этого момента ее уже не надо будет менять – только подливай. А песка, камней, ракушек и водорослей (а впоследствии и рыб) для этого должно быть ровно столько, сколько надо – не больше и не меньше. Я понятно объяснил?

А замечали ли вы, господа, такую странность – если, конечно, у вас в доме висят на стенах картинки и фотографии в рамках? Вот вы вернулись после трехдневного отсутствия, а все ваши картинки чуть сдвинулись со своих осей – висят кривовато. И ведь пыль за это время никто с них не стирал, и землетрясения вроде не было. Это что такое? А это они разговаривали.

А ночью! Я часто работаю ночью. И когда ты уже устал, можно выключить музыку, которая помогала тебе рисовать, и замереть. Сколько жизней проистекает вокруг! Еле слышно, коротко перешептываются старые деревенские иконы – так хрустнет сухой лист под ногой в лесу в конце ноября перед самым снегом. Скрипнула ступенька – поднимается ко мне в мастерскую кто-то из домовых. У меня их несколько – милые безобидные твари. Внизу хором бормочут куклы – раньше они замолкали, когда я спускался, теперь почти не обращают на меня внимания. А вот вспомнила что-то во сне гитара – сама коснулась струны. Дом живет, и это делает меня счастливым.

Да, я забыл сказать – я живу один. Вернее, вдвоем с домом. Я обожаю гостей и принимаю их часто, но если близкий друг или очаровательная женщина задержатся у меня пожить – ну, дня три я продержусь. Даже буду рад. А потом начну беспричинно звереть. Реакция на вторжение в личное пространство не поддается логическому объяснению, но поделать с собой я ничего не могу. Пусть меня простят.

И вот еще что. Я всю жизнь настолько любил путешествия, что считал дни до отъезда. А вот возвращаться домой не любил. Прощай, волшебный праздник, здравствуй все как вчера. Так вот, недавно я заметил, что люблю возвращаться домой. Это ведь что-то значит, да?

Водка, без сомнения

Самый главный напиток среди напитков. По моему разумению, во всяком случае. Знаете почему? Потому что она абсолютно рациональна. Водка направлена на решение одной-единственной вашей задачи – сделаться пьяным (в какой степени – уже ваше дело). Все остальные напитки, созданные человечеством, стыдливо прикрываются фиговым листочком вкусовых достоинств. Водка сама по себе – невкусная (давайте не будем врать себе). Вкусная водка – это водка наименее противная. И по-настоящему она вкусна только в сочетании с правильной закуской. Однажды в Америке хозяева, видимо, хотели продемонстрировать нам на приеме духовную близость и пили с этой целью водку, навалив в нее льду, отхлебывая маленькими глоточками и похваливая. Мне стало дурно от одного этого зрелища, хотя, согласитесь, выдержка их заслуживала всяческих похвал.

Жизнь российского человека вне водки немыслима. Это глубинная связь, замешанная и на физиологии, и на мистике. Можете себе представить зимнее сибирское застолье с пельменями и бутылочкой «Шардоннэ»? Древнюю, доводочную Русь я себе рисую крайне смутно. Что, например, заменяло боевые сто грамм? Медовуха, что ли? Прекратите. Мы просто многого не знаем.

И все же наше поколение вышло на водку не сразу. Юные хипповые годы прошли под флагом портвейна, и это отдельная история. Попробовать водку впервые довелось в седьмом классе (нынешние-то молодые, небось, поразвитее будут). Я пришел к своему однокласснику Мишке Яшину, а у родителей его собрались какие-то гости, и нас усадили за стол. Папа Мишки был поэт, и компания его, видимо, отличалась свободой взглядов. Во всяком случае, нам предложили водки. Мне было тринадцать лет, и в этом возрасте я больше всего боялся показаться неловким, поэтому я сделал вид, что все нормально – водки так водки. Помню, что было очень невкусно и потом немножко туманно. В общем, повторить эксперимент желания не возникало. (Удивительное дело! Несколько раз в жизни приходилось по разным причинам прекращать выпивать – на время. Если срок превышал недели две, то первая выпитая рюмка водки вызывала в точности те же детские ощущения. Правда, проходили они быстро.)

В общем, водка не пошла. Да и примеров у меня перед глазами не было – дома практически не пили, мать – вообще, а отец – по советским праздникам с гостями и очень немного – для веселья. Бабушка, помню, в сухое вино сыпала сахар и размешивала – любила сладенькое. Так что алкогольного воспитания в семье я не получил.

В девятом классе папин товарищ по работе взял меня на зимнюю рыбалку. Я грезил рыбалкой, а ездить было не с кем – отец мой совсем был к этому делу равнодушен, хотя рвение мое уважал. Мы встретились ночью на Савеловском вокзале – поезд шел на Углич. Оказалось, что компания довольно большая. Мужики в зипунах, с ящиками, неповоротливые, как космонавты, с грохотом загрузились в темный плацкартный вагон и скинулись по рублю – проводнику. Билетов никто не брал. Поезд тронулся, мужики стали кучковаться по трое, у меня спросили: «Будешь?» Я даже не понял, что они имеют в виду, но не мог же я сказать «Нет» – я же был настоящий рыбак! Пришлось выдать еще рубль, и стало ясно, что сейчас будем пить водку – на троих. Я сильно заробел, на троих – это вам не рюмочка в гостях за столом, но скорее откусил бы себе язык, чем признался этим огромным дядькам, что я, скажем, не готов или мне не очень хочется. Достали водку, стаканы, домашние бутерброды, плавленый сырок «Дружба», порубили колбасу прямо на ящике. Мне протянули стакан – почти полный! Омертвев от ужаса, я выпил его не отрываясь и понял, что жую сырок пополам с фольгой. Этап употребления прошел, слава богу, достойно, но я со страхом ждал последствий – должно было развезти.

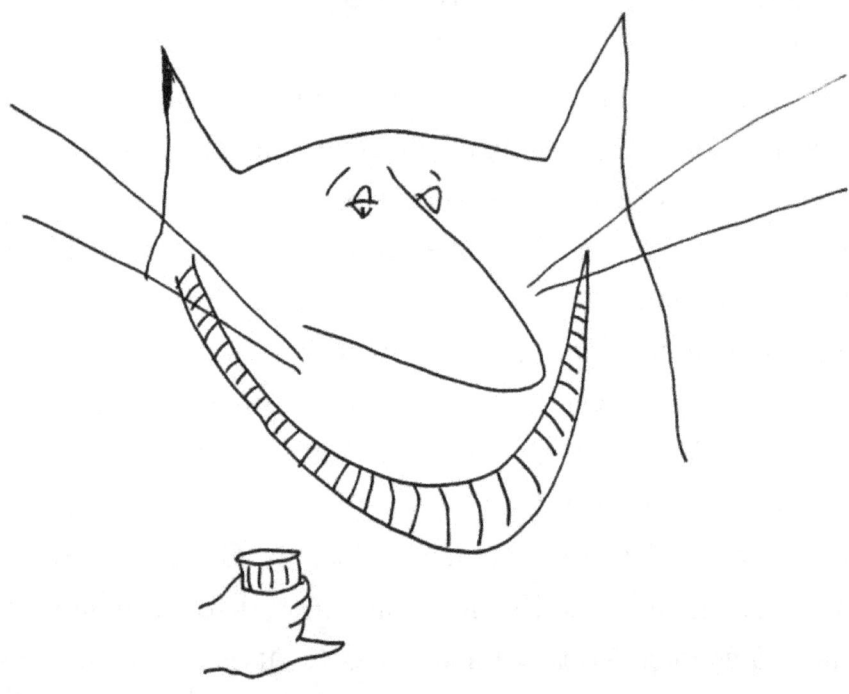

Дальше получилось смешное – развезло всех, кроме меня. Заплетающимися языками, не очень слушая друг друга, они шумно травили в пространство обычную рыбацкую небывальщину, а я тихо сидел, смотрел на них и удивлялся, что сделалось за пятнадцать минут с этими крепкими мужиками; что касается меня, то мне стало очень тепло, но с головой ничего не случилось – видимо, от страха. Сила духа победила.

Я не очень помню ощущения перехода с портвейна на водку, хотя предполагаю, когда это произошло: году в семьдесят девятом, когда мы вдруг попали из московского подполья в гастрольную жизнь – поезда, гостиницы, дворцы спорта, огромное количество новых знакомых и друзей-артистов. В этой среде господствовали водка и коньяк, и мы радостно с головой ушли в новые ощущения. Хотя помню – гораздо раньше, семьдесят третий, третий курс архитектурного, ноябрьская слякоть, пять остановок на метро – «Парк культуры», «Кропоткинская», «Библиотека имени Ленина», «Проспект Маркса», «Дзержинская» – в вагоне битком, спишь стоя, держась рукой за поручень, «Осторожно, двери закрываются», насквозь бегом через Детский мир вверх по улице Жданова, звонок уже прозвенел, в вестибюле пусто, слава богу, первая пара – история искусств, это на втором этаже в темном зале со слайдами, твоего опоздания не заметили, на кафедре – профессор Косточкин, он говорит – «римлянИнин» и «пиршествО», мучительно хочется спать, некуда положить голову и все-таки спишь, и римлянинин на пиршествЕ назойливо ломится в твой сон, перемена, сигарета «Прима» в туалете, она сырая и противная, и все вокруг серое, сырое и противное, и проснуться до конца нет никакой возможности, и тут рядом оказывается Борька Соловьев, он большой и добрый, и говорит тихим басом: «Может, под полпервого?» – и в жизни сразу появляется небольшая, но совершенно ясная цель, и мы выбегаем из института в осеннюю мерзость, но это уже ничего, бежать недалеко – метров сто вниз по Жданова, а там на углу – кафе «Сардинка», а почти напротив – винный, и Борька уже взял чекушку, и мы спускаемся в «Сардинку» – она в полуподвале, и там ровно столько народу, сколько надо – не много и не мало, за столиками сидят, а очереди – никакой, и мы берем по полпорции первого – солянки мясной, она в мисочке из нержавейки, горячая, ярко-оранжевого цвета, и в ней плавает долька лимона, и два стакана (знаете, сколько граней на граненом стакане? Двадцать шесть!), и садимся за пластиковый столик и разливаем чекушку пополам, и это ровно столько, сколько надо, и восхитительно выпиваем, и заедаем невероятно вкусной солянкой, и мир обретает гармонию.

Три окна

С возрастом у человека накапливаются претензии к окружающему миру. При этом ему не приходит в голову что у мира в то же время накапливаются претензии к нему – ибо каждый мнит себя центром мироздания и точкой отсчёта.

В конце семидесятых в питерской музыкально-подпольной тусовке необыкновенно популярны были беседы о буддизме и прочей восточной мудрости (Москва этим, кстати, не страдала). Мы сидели после сейшена в прокуренном флэте, и какой-то волосатый адепт завёл со мной беседу о бодхисатвах и колесе сансары – как со своим. Некоторое время я изображал понимание, потом сдулся и вежливо сообщил ему, что я вообще-то не по этой части. Собеседник был поражён. «Как? У тебя ж песня про это!» «Какая песня?» «Три окна»!

Вот те и раз. Меньше всего я думал про всякое буддистское, когда писал эту песню. Ровно как и про то, о чем хочу написать сейчас.

И тем не менее. Взаимоотношения человека с миром делятся на три периода.

Первый из них – детство. Ты пришел в этот мир, и ты полностью раскрыт – тебя еще не научили закрываться. И мир раскрыт для тебя: он прекрасен, и ты всё видишь и ощущаешь впервые. Я часами мог лежать в траве и не отрывая глаз смотреть на какого-нибудь кузнечика или муравья. Полочки внутри твоей головы ещё пусты, и ты заполняешь их сам – по своему усмотренью. Скоро придут взрослые и здорово испортят картину. Ты пока ещё видишь фей, но завтра они посмеются над тобой и скажут, что фей не бывает – и ты потеряешь способность их видеть. Навсегда. Любой твой опыт, включая негативный (молоко горячее, оса опасная) – бесценен. Ты способен видеть (нет, ощущать!) красоту мира, не обладая никакими знаниями о ней. Никакими знаниями вообще. Завтра тебе в голову эти знания вколотят – гору железных клеток и клеточек, по которым ты будешь вынужден распихивать свои представления. Вот уже на полочках и не осталось свободного места. И всё-таки это ещё детство. Мудро сказал Гришковец – дети не взрослеют. Они исчезают. Знаете, когда?

Когда окажется, что ваше половое созревание состоялось. И вот тут отношения с миром сильно меняются. Прав был старикашка Фрейд – на этом этапе точно. Видели, как взрослеющая собачка делает это с валиком дивана, плюшевым мишкой, ногой хозяина? Вот и у птичек так же. Я сейчас не о дамах (хотя они, конечно, на первом месте – пока) – я об окружающем мире вообще. Иногда мир может ответить тебе тем же, но сейчас это не фатально – ты молод, задорен и пластичен. Ты с упоением будешь отдаваться этому занятию четыре-пять десятков лет. Плюс-минус. Добро пожаловать в клуб. Да, кстати – пролетит это как один день.

И вот ты вдруг замечаешь, что желания твои уже не столь амбициозны, да и возможности – как бы это сказать? – поскромнее, что ли. И ладно бы это – ты чувствуешь, что разъезжаешься с миром в разные стороны: в день по сантиметру. Представления твои, разложенные в голове по клеточкам много лет назад, за это время окаменели, и с ними ничего не сделать – ни изменить, ни сдвинуть с места. И всё пространство занято. А с миром может происходить что угодно: он глупеет, умнеет, становится изящней или уродливей (с вашей точки зрения) – только одного с ним не происходит никогда – он не стареет. И крутит головокружительные романы с двадцатилетними. И танцует с ними прекрасные танцы. На ваших глазах. И это начинает вызывать глухое раздражение. Не, ну а как? И музыка у них убогая, и живопись бездарная, и писать разучились…

«Нет, нет!» – кричит во мне кто-то. «Так оно и есть на самом деле! Был же великий джаз, великий рок, итальянский неореализм, поэты шестидесятых! Как нам повезло, что мы это застали и были молоды!» Ага. А только где критерий оценки? В нас самих, да?

Где-то я прочитал, что всё это устроено специально чтобы человек покидал этот мир без сожаления. Из гуманных, так сказать, соображений. Ну, не знаю. Я лично пока никуда не собираюсь. И совершенно не ощущаю себя одиноким в своих представлениях о прекрасном. И никуда оно не делось – я знаю где оно живёт. И вокруг меня множество моих друзей, и они это знают так же как и я. И хотя они плюс-минус мои ровесники – для меня они по-прежнему молоды. И мы можем собираться вместе, слушать божественную музыку, ставшую частью нашей жизни, пить любимые напитки, говорить друг другу чудесные слова, шутить.

Непременно шутить.

Про некоторую хитрость

Интересно – с детских лет при слове «художник» возникала в моем воображении совершенно определенная картина. Художник на ней пребывал в недлинной, но окладистой бородке и широкополой шляпе. В левой руке на отлете располагалась палитра. Художник стоял перед мольбертом посреди идиллического пейзажа и, сощурясь, оценивающим взглядом изучал свое произведение. Это при том, что вырос я в семье художника, и запах красок был мне знаком с детства, и видел я отца за работой каждый день – а рисовал он исключительно дома, на этюды не выезжал, а вот не приходило мне в голову, что это как раз художник и есть. Нет, художник – это с бородой, в шляпе, на далеком пленэре... Странно, правда?

По мере того как я поступил в институт и сам занялся этим ремеслом, количество художников среди моих друзей стало расти. Обнаружились и общие их черты. Борода оказалась совсем не обязательной. Обязательным был старый, уже кое-где распущенный и совершенно безразмерный свитер, слегка испачканный красками – в нем художник любил работать. Еще – каждая мастерская (если, конечно, у художника была мастерская) оказывалась наполненной одним и тем же набором старинных и просто старых предметов – деревенские прялки, пара почерневших икон, медные чайники и ковшики, лошадиные подковы, бутыли и бутылки столетней давности. Впрочем, те, из которых пили вчера, тоже вполне вписывались в интерьер. В мастерских было пыльно, уютно и страшно интересно. Я, помню, думал – почему таких разных художников притягивают одни и те же финтифлюшки? Как правило они были не из антикварного салона, а из лавки старьевщика, и материальной ценности не представляли. Но художники их упорно любили, с наслаждением разглядывали и могли рассказывать о каждой из них часами. В довершение скажу, что я не являю из себя исключение, и моя мастерская наполнена точно таким же любимым хламом.

В перестроечные годы художники выползли из подвалов на улицы – зарабатывать. На Арбате получился натуральный Монмартр. Художников было много – хороших и разных. Хорошие скоро исчезли – среднестатистический прохожий их не понимал и картин их не покупал. Остались разные, которые очень быстро сделались совершенно одинаковыми – незатейливый вкус этого самого прохожего вычислен был с точностью до миллиметра. Это касается, кстати, всех монмартров мира – не могу отделаться от ощущения, что все эти шедевры выходят из-под одной руки.

Потом перестройка кончилась, и власти стали художников гонять, и, в общем, разогнали. Я переживал – ну зачем? Кому это мешает? Дураки, ей-богу.

Его я часто видел на одном и том же месте – не самом, кстати, проходном, и запомнился он мне тем, что вызвал в моем подсознании тот самый позабытый образ Художника: шляпа, бородка, палитра в левой руке. Он прикасался кисточкой к холсту и отступал назад, щурясь – все делал как надо. Однажды я решил посмотреть, над чем он так вдохновенно работает. На холсте художник изобразил окно, за которым льет дождь. На подоконнике, повернувшись к нам спиной и слегка прикрывшись занавеской, сидела обнаженная женщина с длинными распущенными волосами. В общем, настоящий коврик с лебедями, только без лебедей. Работал художник медленно и вдумчиво, это вызывало уважение.

Через несколько дней я увидел его на том же месте за тем же занятием. Погода была серая и прохладная, дул ветер, с неба капало. Мне стало его жалко. Взглянув на холст, я с изумлением отметил, что работает он над тем же самым полотном – на мой невзыскательный вкус, оно было закончено. «Что, не покупают?» – спросил я, чтобы что-то спросить.

Художник повернул ко мне удивленное лицо. «Почему не покупают? – сказал он несколько даже обиженно. – Покупают! Сегодня уже две ушли!» Под мольбертом у него стояла сумка, из которой выглядывали аккуратно свернутые в рулончики холсты с совершенно одинаковыми обнаженными на подоконниках.

А вы говорите – искусство.

Бутылка с острова Трук

Бутылка, как ни верти – сакральный предмет. Даже невзирая на сегодняшнюю разовость её использования. (Это сейчас! Молодые уже не знают что такое очередь в пункт приёма стеклотары! Мы-то помним.) Потому что бутылка содержит в себе нечто вожделенное – будь то вино, духи или святая вода. Сопровождая человечество на протяжении почти всего его пути бутылка чутко улавливала дух времени, его настроение и эстетику. Это ведь невероятно интересно – время, застывшее в стекле! А если ещё и этикетка цела… И я уже сто раз говорил себе – остановись, нельзя объять необъятное, и не соберёшь ты все бутылки на свете, и ставить их тебе уже некуда – а увижу ещё одно стеклянное письмо из прошлого – и ничего не могу с собой сделать.

Вот бутылка петровских времён – со дна Балаклавской бухты. Квадратная в сечении, толстого крепкого стекла, устойчивая – в качку на столе не опрокинется, только ездить будет туда-сюда, и горло широкое, чтобы прямо из него отхлебнуть без всяких там экивоков. По дизайну (не было тогда такого слова) – просто продолжение петровского мундира. А вот времена Екатерины, бутылочка от какого-то парфюма – духов или ароматного масла, изящная, вытянутая, тончайшего стекла – заморская, не иначе, да и не использованная до конца – что это там за кристаллики на дне? Будуарная вещь! А потом тебе хочется узнать про неё больше, и ищешь специалиста, и едешь к нему с бутылочкой и вопросами, и понимаешь, что можешь слушать его бесконечно – ибо нет у истории дна.

А вот изысканная, конической формы бутылочка (бутылкой такую и не назовёшь) с тоненьким горлышком и – счастье! – с почти целой этикеткой. И читаешь – «Нежинская рябина. Настойка, приготовленная из отборных свежих вымороженных ягод, удостоенная Большой золотой медали на Парижской выставке 1889 года.» А потом, для дураков, всё это же по-французски! И это только колечко вокруг горлышка! А ниже – и гербы, и орлы, и медали, и «Поставщик двора Его Императорского Величества – торговый дом Петра Смирнова». Сад Эрмитаж, самое начало двадцатого века, и, конечно, первая мировая уже на пороге, но это пока где-то далеко, в Европе, а у нас тут орхидеи в тонкой декадентской вазе синего стекла, разварная севрюжина с хреном, банкетные перепела на шпажках, и заказ принимает сам господин Оливье, а на десерт дамы требуют ананасы в шампанском. Как, вы ещё не слышали Северянина? А на сцене поёт Варя Панина со своими цыганами, и кажется, что счастье будет вечным.

Кому это мешало?

А вот начало двадцатых – только-только отменили сухой закон. Первая советская водка, в простонародье – «Рыковка». И бутылка кривоватая, и этикетка из скверной бумаги, и шрифт казённый. Так и вижу хмурого комиссара в кожанке с маузером на боку и цигаркой в зубах, контролирующего всю эту красоту. Не время, товарищи. И торчала эта бутылка из кармана бушлата братишки с Балтийского флота, который собрался было на гражданскую, на Дальний Восток добивать беляков. Или, может, к Махне? Да он, кажись, в Румынию сбежал…

Эх…

Недалеко от городка Красногвардейска (Калининградская область) я нырял на яхту гауляйтера Кеннигсберга Эрика Коха. Кох был большим эстетом, любителем искусств и ценителем изделий из янтаря – настолько, что янтарём было выложено крыльцо его виллы. Когда стало ясно, что приход русских неизбежен, он отправил в Германию по воде несколько транспортов со своими коллекциями. Судьба их неизвестна. Вообще по достоверным сведениям в акватории Калининграда на дне Балтийского моря покоятся около пятисот (ПЯТИСОТ!) известных, то есть нанесённых на карту затонувших судов. В основном немецких – военных и транспортных. Транспорты везли сюда боеприпасы, а отсюда – всё что можно было увезти. Лежат они все неглубоко – Балтика вообще в тех краях у берегов неглубокая. Правда вода холодная и самое главное – мутная, и нырять там непросто. И всё равно – пятьсот! Это не пять и не пятьдесят! Жизни не хватит, чтобы исследовать их все.

А у меня, как назло, был всего один день – мы снимали фильм про поиски шахты Генриетта, где, по некоторым сведениям, было спрятано немцами убранство Янтарной комнаты. Это отдельная и невероятно интересная тема, но об этом в другой раз. Местные дайверы, которые нам помогали, предложили сходить на яхту Коха, и я с диким трудом освободил день.

День оказался ветренный и серый – а для видимости в мутной воде состояние неба имеет большое значение. Ну что ж поделаешь. По дороге мы нырнули на один из немецких транспортов – он лежал совсем неглубоко – палуба метрах на двенадцати – слегка наклонившись, и по кромку бортов был загружен минами, снарядами самого разного калибра и ящиками с патронами. Мины мне трогать почему-то не хотелось, но когда я потянул за крышку одного из ящиков – доски разъехались, промасленная бумага развернулась, и на палубу посыпались хромированные патроны для парабеллума – блестящие, как будто их вчера откатали.

Яхта Коха размерами и формой вполне напоминала яхту нынешнего нефтяника средней руки – за тем исключением, что вся была бронирована. Лежала она глубже, чем транспорт, и вокруг уже стоял полумрак. Я попытался пролезть во внутреннее пространство – палуба была чиста, видно, всё интересное подобрали до меня. Неудача! Дно, на котором лежала яхта, оказалось илистым, и все помещения были заполнены этим илом почти на две трети высоты. К тому же прямо у меня перед носом из ила периодически выскакивали здоровенные перепуганные угри и поднимали страшную муть. Муть от ила может не оседать часами, и попробуй найди в полной темноте дорогу наружу. Тут как правило очень помогает паника.

Двигаясь практически наощупь я добрался, судя по всему, до камбуза и понимая, что ничего найти в таких условиях не удастся, на прощание наугад погрузил руку по плечо в мягкий ил. Рука неожиданно нащупала какой-то предмет, довольно объёмистый. Я ухватил его и теперь уже совершенно наощупь дополз до боковой двери. На свету предмет предстал большой пузатой бутылью из-под вина, скорее всего прованского. Бутыль оказалась пустой, но это было совершенно неважно – ведь сидел рейхскомиссар Кох, сволочь такая, на корме своей яхты в компании приятелей-офицеров, а может и пухленьких арийских фрау, попивал лёгкое французское винцо за победу немецкого оружия и считал свои миллионы. А вот ведь как вышло. Ни Коха, ни рейха. А бутылка стоит у меня на книжной полке целёхонькая — только немного обросла ракушками.

Остров Трук находится в большой группе островов под общим названием Микронезия. Насколько я помню, их там около двухсот — маленьких и малюсеньких. Микронезию найти просто — двигайтесь от Сингапура на восток и градусов десять на север. Пересечёте Малайзию и упрётесь. Микронезия — рай для дайверов, и не только: если помните рекламу «Баунти — райское наслаждение» — так вот это там. Причём без всякого Баунти. Песчаные пляжи, лазурный океан, круглый год лето — жизнь в шортах. Моя мечта.

Остров Трук (или Чуук — как вам больше нравится) — тем не менее занимает отдельное место среди всех этих островов. Во время Второй мировой войны здесь базировался Четвёртый Императорский флот Японии — около четырёх десятков боевых кораблей плюс поддерживающие суда плюс триста военных самолётов на берегу. Большая часть побережья Трука — естественная природная коралловая лагуна, защищенная от волн, идеальное место для базирования. В феврале 1944 года американцы, не простившие японцам Пирл Харбор, напали на Трук с воздуха, первым делом затопили два больших корабля, стоявших на выходе из бухты, и тем самым перекрыли выход, после чего в течение трёх дней уничтожили весь японский флот и всю авиацию. Предположительно погибло около сорока тысяч человек. Средняя глубина бухты — 40–50 метров, прозрачность идеальная, и боевые корабли лежат нетронутые. Лучший памятник жертвам Второй мировой на море.

Это была одна из первых наших экспедиций, и происходило это, кажется, в девяносто седьмом году – тогда наши российские коллеги по подводному делу только осваивали Хургаду. Ехали мы на свой страх и риск, имея весьма приблизительную информацию относительно того, что нас там ждёт.

Очарованы мы были сразу всем: небом, морем, погодой, но главное – совершенной нетронутостью этого островка. Нет, это не остров Робинзона Крузо – здесь живут люди и даже есть аэропорт, куда раз в сутки садятся Боинги. Просто всё это оказалось совершенно неиспоганено туристической индустрией. (Повторяю – речь идёт о девяносто седьмом годе. Как сейчас – ей-Богу, не знаю. Наверняка изгадили.) В крохотном городке местное население передвигалось в основном на велосипедах и скутерах. Правда, было четыре такси – под государственными номерами «1», «2», «3» и «4». На единственном перекрёстке когда-то висел единственный светофор, но единственный в городе полицейский снял его за невостребованностью и повесил над туалетом в баре который он держал по совместительству, и теперь всем было видно – занято или нет. Местные жители отличались невероятной застенчивостью и деликатностью. Если ты просил проходящего паренька помочь тебе (!) достать кокос с пальмы, он тут же связывал себе ноги на уровне щиколоток верёвкой, легко взлетал на верхотуру, сбрасывал вниз пару самых крупных кокосов, спускался вниз, двумя движениями вскрывал орех (я так и не научился) и с поклоном подавал тебе, а когда ты пытался дать ему за это доллар, он удивлённо говорил: «Сэр, я не растил эту пальму, вам не за что мне платить!» Уже во время погружений мы причалили к берегу на лодке в диком месте – к нам тут же слетелась стайка детей:

самому старшему лет семь. Они уставились на нас, как на марсиан. Сердобольная Нинка, жена нашего дайвера Кирилла, запричитала — ой, бедненькие, надо их соком угостить! Мы достали пакет сока и пластиковые стаканчики. В Индии дети вырвали бы этот сок у нас из рук и устроили за него драку. Здесь же произошло следующее: старший с достоинством принял из нинкиных рук пакет, не спеша налил по полстаканчика всем, начиная с самых маленьких девочек, последнему налил себе и слегка поклонившись, вернул пакет Нинке — там оставалось около половины. Я в таких ситуациях чувствовал себя настоящим Миклухо-Маклаем. Ну почему цивилизация так калечит людей?

Мы с некоторым трудом разыскали обещанный нам дайв-центр. Дайв-центр состоял из десятка баллонов, старого компрессора, маленькой моторной лодки и двух местных парней в дрэдах, всем этим владевших. Не знаю, принимали ли они дайверов до нас, но то, что мы здесь были первыми из России — это точно.

Первое погружение — так называемый обязательный check dive у нас состоялось ночью — на затонувший транспорт при очень сильном течении (шёл отлив) и не очень хорошей видимости. По десятибалльной шкале сложности я бы поставил девяточку. Сами ребята в воду с нами не ходили, наши лицензии и уровень подготовки их не очень интересовали. Я понял, что ответственность за наши жизни не входит в круг их приоритетов. Честно говоря, меня это более чем устраивало — куда противней когда за тобой следует местный инструктор (особенно хороши в этом смысле немцы) и постоянно бьёт тебя по рукам — это не трожь, сюда нельзя, глубже не лезь, следуй за мной. Снимать кино в таких условиях просто невозможно. Впрочем, почти всегда нам удавалось договориться нам не мешать.

Так вот эти чудесные ребята нам и не мешали. В дальнейшем они вывозили нас на точку (нам повезло, прозрачность воды была идеальная и чаще всего затонувший корабль просматривался с поверхности), объясняли как лучше всего попасть внутрь и откуда можно выбраться обратно, после чего теряли к нам всякий интерес. Один из них надевал маску, нырял и моментально колол пикой какую-нибудь рыбку, после чего они доставали варёный рис, завёрнутый в пальмовый лист, резали из рыбки сашими, пировали, потом закуривали косячок и погружались в дрёму.

Ребята, вы не представляете себе что такое крейсер, лежащий на боку при видимости метров сорок – а было именно так. Величие и печаль этой картины не поддается описанию. При этом ты понимаешь, что с момента катастрофы здесь не было никого – поэтому в зенитный пулемёт вставлена лента, а снаряды от пушки скатились к борту, когда крейсер шёл на дно, кренясь, а на камбузе целы сотни тарелок – только горки их рассыпались, и в лазарете в стеклянном шкафу так и лежат пузырьки с таблетками и лекарствами – и не все протекли! Первое – и естественное желание – всё схватить, всё потрогать, всё поднять в лодку!

У нас это желание быстро пропало: во-первых, когда вокруг тебя такое количество всего – глаза разбегаются. Али-Баба, попав в пещеру с сокровищами, не знал, за что хвататься. Во-вторых – и это главное – чей-то голос говорит тебе: не надо. Не трогай. Пусть всё останется так, как было тогда. Уверен, что за прошедшие шестнадцать лет там побывали сотни дайверов, и уверен что далеко не все это голос слышали (особенно это касается наших, отечественных) и картина, которую вы увидите там сегодня, наверняка будет существенно отличаться от того, что видели мы. Нам повезло. Сейчас, говорят, там строго. Ну, дай Бог сохранить то, что осталось.

Трюмы почти всех кораблей оказались заполнены бутылками – я и не подозревал, что на войне столько пили. На глубине больше двадцати метров давление (а двадцать метров – это три атмосферы) пропихивает пробку внутрь – и целую, непочатую бутылку найти почти невозможно. К тому же морская вода и годы делают своё дело. И всё же нам повезло – в последний день Лёня Ярмольник (он вообще везунчик) нашел в трюме запечатанную бутылку портвейна, а я – бутылку сакэ. Портвейн мы открыли. Морская вода всё же просочилась внутрь, и пить его было трудно, но это нас не остановило. Вы когда-нибудь пили фронтовой портвейн сорок четвертого года?

Про радио

А ведь я еще помню, когда радио говорило нечеловеческим голосом. И было это совсем недавно.

Транслятор из веселенькой пластмассы включался в специальную радиорозетку и назывался радиоточкой. Он присутствовал в любой коммуналке, в любой парикмахерской или конторе и, сколько помню, всегда работал. Он имел в диапазоне три программы вещания, но как правило у всех стоял на первой кнопке. Впрочем, в особо важные для страны моменты программы синхронизировались.

Так вот по поводу голоса – я не смогу его сымитировать или достоверно описать. Примерно так говорит сегодня Сири – хотя у нее получается не так равнодушно-торжественно и более человечно. Были, правда, исключения – в детской передаче или в «Пионерской зорьке» пожилые тетеньки с театральным прошлым ненатурально изображали мальчиков и девочек, а в воскресной программе «С добрым утром» в голосах ведущих появлялась сладкая фальшивая задушевность.

Потом вдруг оказалось, что существует ФМ-диапазон, и на нем зазвучали, запели, заговорили первые станции. Заговорили своими, человеческими голосами! Я помню, как страна, оторопев, слушала Ксению Стриж – как вату из ушей вынули.

А потом количество станций стало расти, и через несколько лет ты уже не мог по трем секундам эфира угадать станцию. Конечно, три разных станции сделать проще, чем тридцать разных. Конечно, хорошо, когда много всего растет — плохо, когда растет одинаково. То есть это хорошо, но в питомнике. На колхозной грядке.

Одинаковые жизнерадостные болваны, разбавляющие своим трепом одинаковую безликую музыку, заполнили бо́льшую часть эфира. И как же отчетливо на этом фоне слышны голоса тех станций, ведущие которых сохранили способность мыслить, рассуждать, спорить — да просто иметь собственное мнение! Да, их мало – но ведь хорошего должно быть мало, верно? Я ощущаю их своими собеседниками, часто – единомышленниками.

Мне с ними интересно. И я благодарен им за это.

А музыку я заведу себе сам. Ту, которую люблю.

Про сеть

Хотите послушать про сеть? Ладно, расскажу.

Я знаю, что многие мои друзья с большой опаской, а то и с некоторым ужасом относятся к одному из любимых моих занятий – подводной охоте. Чувства их основаны на незнании предмета, поэтому я стараюсь не беседовать с профанами на эту тему: рассказ летчика про то, как он чудом выровнял и посадил машину при сильном боковом ветре, будет нам, скорее всего, малопонятен и потому неинтересен. При этом его коллеги станут слушать его затая дыхание, восклицая и вспоминая похожие случаи из своей жизни. Но раз уж я решил рассказать про сеть, придется сначала попытаться объяснить вам, что такое подводная охота – и что это для меня.

Формально это – спортивная охота на рыбу в водах морей, океанов, а также рек и озер. При этом охотник использует пневматическое либо резинового боя ружье с гарпуном и не использует акваланг либо прочее устройство для дыхания под водой – в его распоряжении маска и трубка длиной 30 сантиметров, над поверхностью воды она возвышается сантиметров на 10, не более. Через нее мы и дышим. Также можно набрать воздуха в легкие и нырнуть на задержке дыхания, если рыба находится на глубине. Ласты на ногах, гидрокостюм (подводная охота – занятие круглогодичное, и теплый летний сезон – отнюдь не самый для нее лучший). Свинцовые грузы на поясе, чтобы добиться нулевой плавучести – гидрокостюм держит тебя на поверхности, без грузов ты не нырнешь. Кукан для добычи на том же поясе, нож в ножнах на аварийный случай – вот, собственно, и все, что нужно. Еще добавлю, что из всех охот эта охота – самая справедливая: если ты, находясь в чужой среде и имея в запасе единственный выстрел из оружия, напоминающего древний арбалет, и бьющего всего-то на пару метров, сумеешь добыть рыбу – ты охотник. Обычно для этого тебе необходимо самому перевоплотиться в рыбу.

В общем, я поехал на охоту к своим друзьям в Белоруссию — там есть совершенно дивные места. Мы приехали на берег озера уже к вечеру и поставили лагерь. Был самый разгар бабьего лета, вечер выдался тишайший, и я решил пойти в ночь — меня вообще в такие моменты охватывает детское нетерпение. Ночная охота отличается тем, что в руке у тебя фонарь. Поскольку во второй руке у тебя ружье, а третьей руки природой не предусмотрено, это делает ночную охоту несколько более сложной, но и более интересной. Я быстро оделся, мой минский товарищ дал мне свой фонарь — большой, тяжелый и, как я понимаю, дорогущий, — и я ушел в воду. Это любимый момент охоты — занавес поднимается, и дальше в любую секунду возможно все. Ночь была темной и абсолютно безветренной — тишина, черная поверхность озера как стекло, и только иногда плюхнет где-то невидимая рыба. Я, стараясь не шуметь, продрался сквозь камыш к открытой воде — дальше начиналась глубина — включил фонарь и тихо поплыл вдоль кромки. Мелкая рыба ночью, как правило, спит — окуньки и щурята развешаны в зарослях водорослей, как елочные игрушки, — крупная охотится. Я тоже крупная рыба, я вышел на тропу. Вперед!

Минут через сорок я чуть не влетел в браконьерскую сеть — она стояла перпендикулярно кромке камыша и уходила в темноту. Меня спасло то, что плыл я очень медленно. Сеть была из тоненькой прозрачной лески — еле поблескивала в луче света, и заметить ее было трудно. Поблагодарив Всевышнего и сделав в голове отметку — тут вот у нас сеть, — я обогнул ее большим полукругом и двинулся дальше. Еще минут через пятнадцать я подбил здоровенного угря — килограмма на два: он проплывал прямо подо мной, я выстрелил наудачу и попал. Те, кто помнит, как выглядит угорь — длинная и довольно тонкая тварь, – понимают, что это был удачный выстрел. Следующие пятнадцать минут я отчаянно пытался переместить угря с гарпуна на кукан и понял, что это невозможно – невероятно сильная и скользкая гадина крутилась на гарпуне, кусалась, и я боялся упустить ее и остаться без добычи. В общем, я решил плыть обратно, держа фонарь, ружье и гарпун с угрем в руках. К тому же вода оказалась холоднее, чем я предполагал, и я начал подмерзать. Я развернулся и поплыл обратно – уже быстро. И через некоторое время, повторяя про себя: «Где-то тут должна быть сеть», я въехал в нее на полном ходу.

Невидимая, но на редкость прочная леска облепила меня, как паутина муху, и любое мое движение только усугубляло ситуацию – это я понял сразу. Угорь, решив, что это его последний шанс, забился с новой силой, запутывая меня окончательно. Я вспомнил рассказ Астафьева «Царь-рыба», и на минуту мне стало смешно. Потом смех прошел. Нож у охотника располагается в ножнах на левой голени, но ни подтянуть ногу к руке, ни дотянуться рукой до ноги я не мог – не хватало каких-то сантиметров. Видимо, тех же сантиметров не хватало для того, чтобы ноги хотя бы кончиками ласт уперлись в дно – я болтался в сети, и вытягивать голову вверх, чтобы глотнуть воздуха через трубку, с каждым разом становилось труднее. В этот момент я совершил непростительную ошибку – я расстегнул пояс с грузами, надеясь от него освободиться – и восемь килограммов свинца повисли у меня на ногах. Через минуту я понял, что начал прихлебывать воду. Это очень плохо – когда с каждым вдохом начинаешь прихлебывать воду. Больше и больше.

Интересно, что голова все это время работала спокойно и приоритеты в ней были расставлены четко: бросить фонарь? Нельзя – чужой и очень дорогой. Бросить ружье с угрем? Да вы с ума сошли – любимое ружье и такая добыча! Сам я со своей еще достаточно молодой жизнью располагался в этой иерархии на третьем месте – и никаких вопросов на тот момент это не вызывало. В общем, еще минут через тридцать мне удалось непостижимым образом стряхнуть ласту с левой ноги, после чего я подтянул вверх колено, достал наконец нож и изрубил чертову сеть в клочья. После чего, отдышавшись и даже не пытаясь найти утонувшую ласту, я двинулся в сторону дома, прижимая к груди притихшего угря, любимое ружье и чужой дорогой фонарь. Вы когда-нибудь пробовали плыть по прямой в полной темноте и с одной ластой на правой ноге? Это практически невозможно. Обратная дорога заняла, наверно, часа два.

Ну что вам еще сказать? На берегу мы много смеялись: что подумает браконьер, найдя в остатках сети ласту Макаревича, – ушел? Из угря сделали шашлык (это безумно вкусно, потом расскажу, как это готовится) и употребили его с водкой. А потом рассвело, и мы пошли на охоту.

Вот такая история. Ах, вы не про эту сеть? Вы про всемирную?

Моя старая Москва

Когда начинаешь думать о своем восприятии Москвы – мысль неизбежно скатывается к воспоминаниям о Москве. Нет – к вспоминаниям Москвы. И чем глубже ты ныряешь в прошлое, тем они ярче. Это свойство возраста, или просто дело в том, что раньше ты ходил по ней, бежал в школу, а потом в институт, спускался в метро, трясся в троллейбусе, ловил такси… Да чего там – жил в Москве, в самом центре, вдыхал ее запахи. Уже много лет я живу за городом, а по Москве передвигаюсь на машине – от одного дела к другому. Вечером друзья покажут очередной новый ресторан – отличный! Открывают и открывают. Москва очень изменилась. И запахи ее стали другие. И она мне по-прежнему очень нравится. Только вот вряд ли я буду эту Москву вспоминать. Потому что она – здесь, независимо от того, где я. А той – уже нет.

Недавно приезжал мой товарищ-архитектор, живет в Америке уже четверть века и в Москву вернулся за это время впервые. Я бросился ему показывать (местами – с гордостью!), как все изменилось, а он расстроился оттого, что почти ничего не узнает. И здесь ведь дело не в том, какая Москва лучше, правда?

Вы помните старые московские окна? Деревянная, когда-то белая, скорее всего, еще дореволюционная рама в трещинках и шелухе краски. Очень грязное стекло (мыли два раза в год, а чаще один – весной). Закрашенные этой же краской и потому застывшие намертво шпингалеты: хочешь открыть – постучи молотком. Между рамами лежит валик из ваты, можно украсить звездочками из фольги – Новый год. Эта красота лежала у всех зиму напролет – может, заодно для тепла? А изнутри и первая, и вторая рама – вернее, щели в ней – заклеивались полосками бумаги на крахмальном клейстере. Оставалась только форточка – как люк в подводной лодке. Обычно она плохо закрывалась, и из нее дуло. На широком подоконнике – банки: огурцы, варенье, лечо. На лечо – страшное заклинание: «Имам Баялды». Какие такие баялды? Подоконник – холодное место. За окном – Волхонка, звенит, дребезжа, трамвай (банки отзываются дрожью), курит, поеживаясь, у дверей старый парикмахер Абрамсон, меня водят к нему стричься – вам польку или полубокс? Пятнадцать копеек, пожалуйста! На кухне идет большая стирка с кипячением, доносится запах пара и тряпок, переругиваются соседки. В радиотрансляции – «Театр у микрофона». «Кремлевские куранты».

Это было вчера.

А вот сейчас я очень спешу – дорога рассчитана до минуты, но накануне мы репетировали до поздней ночи, а потом еще пили портвейн под загадочным номером 33 и до умопомрачения спорили, сколько голосов звучит в битловской «When I Get Home»: три или четыре? Сережке Кавагое вечно мерещатся несуществующие голоса, и он страшный спорщик. В общем, поспать удалось часа два, и сейчас надо быстро перебежать Комсомольский проспект (ночью выпал снег, и машины уже превратили его в кашу цвета кофе с молоком), скатиться бегом по эскалатору метро «Фрунзенская», втиснуться в поезд (интервал между поездами полторы минуты. Интересно, как сейчас?), продремать двенадцать минут до «Дзержинской» (ты так плотно зажат гражданами, что упасть не получится, спи – не спи), теперь вверх по эскалатору (бегом!), сразу направо в Детский мир – через него короче, прямо насквозь, в это время в нем еще нет толпы, выскакиваешь, утыкаешься в двери ЦДРИ, налево, направо – и ты уже на улице Жданова, перебегаешь Кузнецкий мост, еще сто метров – и вот слева за оградой твой родной Архитектурный, фасад с изразцами, немножко пряник. Интересно, когда знаешь, что все равно опоздал – зачем бежишь? Никогда не мог себе этого объяснить.

Прямо перед входом – круглый фонтанчик. Ни разу не видел, чтобы он работал. На фонтанчике сидят друзья – Игорь Орса, Оля Зачетова, Витя Штеллер. Они разумнее меня и никуда не спешат. Они курят. И я сразу успокаиваюсь. Мы не пойдем на лекцию. Раз мы опоздали. Мы пойдем в «Полгоры». Для этого надо (теперь уже совершенно спокойно) выйти из ворот (напротив через дорогу – наша любимая пирожковая: как же долго она просуществовала! Она пережила Брежнева, Андропова, Черненко, Горбачева, Ельцина – со своими жуткими жареными пирожками из автомата и сладким липким кофе со сгущенкой из бака «Титан». Закрылась недавно.), потом повернуть налево, пройти мимо церкви, где у нас расположена кафедра рисунка, теперь опять налево и круто вниз к Неглинке. Не помню название переулка, но ровно посреди него (отсюда и прозвание «Полгоры») на правой его стороне – наша конечная цель. Шесть ступенек вниз – как это называлось на самом деле? Кажется, «Столовая самообслуживания». Важно не название, а то, что в это время там всегда были места и почти всегда было пиво – «Жигулевское», тридцать две копейки бутылка. А потом пустую бутылку у тебя здесь же принимали за двенадцать копеек и – сколько оставалось добавить? А с учетом того, что на столе лежал бесплатный серый хлеб и тут же стояли соль, перец и горчица – праздник уже висел в воздухе. Из перечисленных пищевых компонентов делалось блюдо под названием «адский бутербродик», которого в силу остроты хватало на любое количество пива.

О чем мы тогда говорили?

Старая Москва при полном отсутствии генерального архитектурного плана и наивного разностилья сооружений обладала удивительным обаянием — вся она была чуть-чуть кривовата, состояла из поворотиков, закуточков и уголков. Дом строили, естественно, стараясь сделать его прямым, потом он проседал, и попробуй выправи — в следующий раз штукатурили поверху, как есть. Посмотрите на эти карнизы, на линию окон (кое-где еще остались дома, не искалеченные реставрацией) — это не дома, это скульптуры. И скульптор тут — Время. Таким когда-то был старый Арбат. Его выровняли, выгладили, раскрасили веселенькими красками, понатыкали чудовищных фонарей — и он превратился в декорацию театра юного зрителя города Мухосранска. Из него ушло дыхание.

Конечно, совсем скоро никакой старой Москвы не будет. Да ее уже нет — ибо отдельно стоящие отрафинированные памятники архитектуры не дают никакого ощущения живого старого города. Хотите ощущения — езжайте в Торжок. Пока там все не развалилось. И ничего тут не поделаешь — нельзя жилой город взять и превратить в музей. «Дом — машина для жилья», — говорил Корбюзье. И город — машина для жилья. И эту машину будут непрерывно обновлять и реконструировать, пока люди тут живут.

А вот в памяти моей старая Москва все отчетливей и живее.

Одно только не могу вспомнить — о чем мы тогда разговаривали?

Маленький самовар с Севера

Много лет нет уже с нами Тани, Татьяны Игоревны Шлык, дорогой моей архангельской подруги, а я все никак не привыкну. Таня работала в департаменте культуры Архангельска, занималась народными промыслами. Была она маленькая, рыжая, белокожая, вся в веснушках – и энергичная до невозможности. Строгие деревенские бабки держали ее за свою (редко кому из городских выпадала такая привилегия), а она в них души не чаяла.

А еще была она кладезем северных поговорок, верований, примет и обрядов. Помню, говорили про Высоцкого – оказалось, Таня проделала большую работу, находя в его стихах отголоски этих верований, причем она была убеждена, что знать он этих вещей не мог: это происходило на подсознательном уровне, но, как это бывает у большого художника, – точно. Например – почему «и в санях меня галопом повлекут по снегу утром»? Из города-то? Оказывается, тот свет в языческом представлении находился не под землей, не на небе, а на земле – просто где-то далеко, за лесом. И везли туда именно на санях. Почему и путника следовало обязательно пустить в дом – может, с ним пришла навестить тебя душа дорогого умершего человека.

Муж Тани (к тому времени уже бывший) Юра Шлык, такой же масти, как и она, с соломенной бородой и грустными голубыми глазами, резал из дерева знаменитых северных птиц: самые маленькие – величиной с бабочку, чем больше – тем изящнее. Птицы подобные продаются сегодня среди русских сувениров Севера, но, как правило, это грубые поделки – Юрины птицы летели. Я много слышал о том, как виртуозно владели топором русские мастера, но все равно представить себе этого не могу. Одну такую птицу я подарил музыканту Крису Кристофферсону – он увидел ее у меня дома и не мог оторваться. Теперь висит у него в окне в Малибу. А вторая точно так же висит в окне у меня.

Таня впервые свозила меня на Соловки, с ней мы путешествовали по глухим деревням Мезенского уезда. Она знала и любила русский север и обожала делиться своим знанием и любовью. В деревне Танина речь менялась – она начинала говорить северным говором, делала это не специально – это было абсолютно гармонично.

Если кто-то хочет посмотреть на настоящих русских в этническом смысле – ехать надо сюда: татаро-монголы сюда не дошли, и смешиваться русским тут было не с кем. При этом (поразительно!) я всюду натыкался на два абсолютно полярных типа внешности: одни – курносые блондины в веснушках, Ваня из русской сказки, финский тип, «чудь белоглазая», вторые – иссиня-черные волосы, голубые глаза, нос с горбинкой. Если бы не белизна кожи, я бы их принял за молдаван. И те и другие – чистые русские, причем промежуточных вариантов я не встретил: или так, или так.

Население деревень состоит из потомков бежавших сюда староверов, и крепостногоправа здесь отродясь не наблюдалось: жили и жили. Я пишу «состоит», а правильнее было бы писать «состояло» – а состояло оно тогда процентов на восемьдесят из старых бабок, и дело было лет тридцать назад, и, конечно, никого из этих бабок уже нет в живых, и вообще, что там происходит сегодня – не знаю и думать не хочу. Да и Таньки нет, которая бы мне это рассказала.

Так вот, отсутствие крепостного права, отсутствие необходимости ломать шапки перед барином сильно сказалось на северном характере. Таня очень точно определила – они слишком уважают себя, чтобы не уважать окружающих. Приветливость и доброта спрятаны за внешней строгостью и даже некоторой суровостью, но все меняется в один момент – если тебя приняли. Начиная с шестидесятых, по этим местам шастали охотники за иконами. Представлялись «художниками», и Таня мне рекомендовала при местных жителях это слово не употреблять, особенно применительно к себе, – память о «художниках» осталась в деревнях нехорошая.

Часть характера – чувство юмора, очень специфическое. На третий день пошел я со спиннингом на берег реки. Представление о том, что в северных реках рыба сразу бросается на крючок, весьма ошибочно. В нашей реке рыба была проходная, я этого не знал и безуспешно махал спиннингом. Наверно, в глазах местных, прекрасно знавших рыбье расписание, я выглядел совершенным идиотом. Через некоторое время ко мне подошли два мужичка, закурили, наблюдали за моими стараниями минут пятнадцать молча. Народ на Севере вообще неторопливый. Потом один из них спросил: «А что, парень, спиннинг-то у тебя японский?» «Японский», – ответил я. Минута тишины. «Хороший, я смотрю, спиннинг. И катушка японская?» – «И катушка», – ответил я, ничего не подозревая. Минута тишины. «Хорошая катушка. А леска-то, небось, тоже японская?» – «И леска японская». Две минуты тишины. «Да. А блесенка-то у тебя, парень, говно». Бросили бычки и пошли. Ни тени улыбки. Где-то внутри хохотали.

В деревне Кимжа, где мы остановились на несколько дней, как и в других деревнях, двери не запирали – если хозяин уходил, то просто подпирал дверь снаружи палкой. И всем видно – никого нет, и стучать не надо. Я ошибочно полагал, что чем северней, тем деревянная архитектура компактней, двери ниже: все направлено на сохранение тепла. Ну конечно. Избы тех краев – это двухэтажные дворцы, сложенные из неохватных бревен с въездом для телеги на второй этаж на поветь – там и сено, и утварь, внизу под поветью хлев для скотины. Жилая часть в один этаж – просто она оторвана от земли. Пол в избе сложен из досок, и они идеально подогнаны друг к другу и блестят от чистоты. Большая беленая русская печь (ничего вкуснее шанежек с лесными ягодами, испеченных в этой печи, я не ел в своей жизни). На окнах резные наличники, и выглядят дома гордо и достойно. Думаю, им лет по двести. В избе, куда нас пустили на постой, жили дядя Коля и жена его бабка Мария. Развязав рюкзак, я стал выкладывать на стол походные консервы – сардины, паштет, венгерскую ветчину. «Ой, парень, – смутилась хозяйка, – мы ведь этих коробок-то не ядим!» Вот те раз. А едят картошку из огорода, молоко из-под коровы, грибы и ягоды из леса, рыбку из речки. В деревенскую лавку раз в неделю привозят хлеб, водку, жуткий портвейн и постное масло. Все. Из грибов берут только рядовки. Это при том, что в лесу полно прочих грибов. А рядовки солят и всю зиму едят с картошкой – вместо мяса. Ягоды берут грабилкой – представьте себе кузовок размером с хороший совок для мусора. Край совка в прорезях, как большая расческа. Этой грабилкой причесывают ягодные заросли, а растет все вперемежку – черника, брусника, голубика. Если грабилка от одного движения оказалась неполной – беда, ягод в лесу нет. Я, впрочем, такого там не видел.

С рыбой же отдельная история. В путешествиях есть мне приходилось все что угодно. Не смог я употребить в пищу только два продукта. Личинку майского жука из китайского салата. И второе блюдо в моей жизни – старинная русская еда «кислая рыба». Делается так: пойманную рыбу (в нашем случае это была щука, дядя Коля говорил – «шшучка») чистят, потрошат, сильно солят, кладут в миску, заливают кипятком и ставят в теплые сени дня на два-три. Все. По истечении срока рыба – как бы это сказать? – нет, не тухлая.

Она скорее бродит. И становится от этого мягкая. Тогда ее берут за хвост и стряхивают одним движением в тарелку. Скелет в руке, деликатес на столе. Причем это – самое обязательное блюдо: хлеба на столе не будет, а кислая рыбка – всегда. Запах у кислой рыбки, не побоюсь этого слова, чудовищный. Стараясь не обидеть хозяев, я попытался убедить себя, что это вовсе не разлагающаяся плоть, а такой сильно пахнущий сыр «рокфор», и этого самообмана даже хватило на то, чтобы положить кусочек в рот, – и тут все рухнуло. Не выдержал, побежал на крыльцо. Дядя Коля и бабка Мария очень смеялись.

Так вот, консервы пришлось со стола убрать. А от привезенной бутылочки хозяева не отказались. После третьей рюмочки дядя Коля достал древний, по-моему, трофейный, аккордеон и запел. Играл он не очень – правая рука знала два аккорда, а левая жила в басах как бы сама по себе. А пел замечательно, и лицо его в этот момент хранило строгое и печальное выражение – как на молитве в храме.

Назавтра Танька сообщила, что бабки вечером соберутся в клубе петь старинные песни – фактически в честь нашего приезда (клуб – обычная пустая изба с большим столом посередине и двумя лавками по бокам). К тому же у запевалы бабки Степаниды случился день рождения, так что надо сходить в лавку и купить пару бутылочек сладкого вина. По счастью, вино в лавке оказалось.

На протяжении дня все бабки по очереди стучались к нам в окошко, и каждая сообщала Таньке, что именно она сегодня прийти не сможет – корова недоена, спина болит. Танька только посмеивалась: все придут! К вечеру бабки пошли по второму кругу уже с другим вопросом: «Татьяна Игоревна, так одеваться?» Я ничего не понимал.

В клуб-избу мы пришли, когда уже стемнело. На столе шипел самовар, кто-то принес шанежки. Я хотел сразу выставить вино на стол, но Танька на меня зашипела – только после того, как про день рождения вспомнят! А потом стали подходить бабки. И я понял, что имелось в виду под словом «одеваться» – бабки нарядились в старинные праздничные платья. Танька тихонько рассказывала, что некоторые платья – это платья бабушек этих бабушек, а жемчуг на них – речной, местный, а аглицкому рипсовому шелку, из которого вставки, вообще бог знает сколько лет и неведомо как он сюда попал, не иначе поморы в Швецию да в Англию ходили. А петь старинные песни не одевшись – не принято.

Среди бабок выделялась бабка Аглая. Трудно у деревенской бабушки определить возраст на глаз, но я думаю, ей было далеко за шестьдесят. Я в жизни не видел настолько красивой женщины. В осанке ее, в каждом движении и жесте виделись такая стать и благородство, что у меня шли мурашки по коже – голубая кровь! А в лице ее проступал лик Богородицы со всех икон сразу. Бабки пили чай, тихонько хихикали между собой, стеснялись. Ждали Степаниду. Она явилась последней и оказалась озорной бабулей в очках со стеклами небывалой толщины и почти без зубов, что ее абсолютно не смущало. Минут через десять «вспомнили» про день рождения, я достал бутылки, и бабки запели.

Северное пение не похоже ни на какое другое народное пение. Во-первых, отсутствует многоголосье. Запевала начинает, и хор подхватывает в унисон. И просто тебе вдруг становится совершенно ясно, что именно так пели и сто, и тысячу лет назад, и нету в этом никакой школы, а только не умершая традиция – от матери к дочке, от бабушки к внучке, и научить этому нельзя, с этим можно только родиться и вырасти, и жить это пение будет, пока не прервется нить, связывающая нас с нашими предками.

А потом вино кончилось, но откуда-то появилось еще, и бабки запели частушки. По их определению, «матерушшие». Всякие я слышал частушки — но выяснилось, что ничего я не слышал. Причем бабушки веселились, как дети.

В гостях у бабки Матрены, куда Танька повела меня пить чай («пить чай» — это значит, все, что есть в доме, ставится на стол, а после слов «ой, да гости замерзли!» появляется еще и самогон), я увидел маленький самовар — он стоял на буфете. Чем-то этот самоварчик меня очаровал. Интимный. Такой должны были подавать в светелку молодым. Я стеснялся завести разговор о самоваре. «А чего ты стесняешься? — удивилась Татьяна. — Предложи продать. Только обязательно скажи, что чай из него пить будешь». Что-то в этом роде я и пробормотал. «Ой, дак нет, парень, самовар-то мне в память от деда достался, не могу», — ответила бабка Матрена и — позвала нас пить чай завтра. Танька удивилась, увидев мое огорчение. «Да совершенно точно отдаст! Просто нельзя сразу. Вот завтра увидишь!»

Назавтра, и правда, самоварчик стоял уже поближе — на лавке и почищенный. Наученный опытом, я старался на него не смотреть и поддерживал разговор о том, что ягода нынче совсем не уродилась и что ендова у крыши вот-вот просядет. Поймав паузу, безразлично поинтересовался — как все-таки насчет самовара? «Ой, дак он, парень, худой!» — сообщила Матрена. «А я запаяю», — пообещал я. «Ой, не знаю прям. Память-то. Да и худой. Не знаю». Почувствовав, что давить опасно, мы ушли.

На третий день бабка Матрена торжественно и скорбно сидела за столом, сложив на скатерти руки, а перед ней стоял самоварчик. «Дак точно запаяешь?» – «Запаяю». – «И чай пить будешь?» – «Буду». – «Ну погоди, сейчас» – с этими словами бабка Матрена принесла лукошко, бережно уложила туда самовар и накрыла сверху шерстяным платком. «Огородом идите, – наказала она. – А то скажут – совсем Матрена сдурела, самовары продает!» Произнеся все положенные слова благодарности, я вынул из кармана десять рублей. «Ой, да ты что, парень! – испугалась Матрена. – Погоди, я тебе сдачу принесу!» Не слушая моих возражений, она убежала за тюлевую занавесочку – выдвигала, судя по звуку, какие-то ящички, что-то перебирала и, наконец, вернулась – в руке ее лежали два рубля мятыми бумажками и пятнадцать копеек – одной монетой. Я понял, что это все, что было у нее в доме. Я не посмел не взять сдачу.

Тридцать лет прошло с тех пор. Я так и не попил чаю из интимного самоварчика. Прости меня, бабка Матрена.

Корабли

Если строго по-русски – кораблем называется исключительно военная посудина: крейсер, линкор, торпедоносец. Даже тральщик. А вот сухогруз или мирный круизный теплоход следует называть судном. Ударение на первом слоге. Я всегда вздрагиваю – не дай бог ошибешься с этим ударением, и сразу получится черт знает что такое.

В молодые годы я очень любил уезжать на рыбалку один. На пару дней. На дворе тихо стояли семидесятые годы прошлого века, и конца советской власти еще ничего не предвещало. Я собирал свой зеленый брезентовый военно-пионерский рюкзак (других мы тогда не видали) – вермишель, банку тушенки, котелок, чайничек, кружку, буханку черного, бутылку водки, свитер, накидку от дождя, блесны, запаренный геркулес для леща и плотвы, спиннинг и удочки. Палатки и спального мешка я не брал – мои ватные штаны, усиленные многократным вытиранием об них рук после снятия пойманной рыбы, не пропускали ни воды, ни холода, и, поскольку плотность их напоминала шкуру ящера, они звались «зауроподы». Однажды я ночевал в них прямо на снегу.

Потом я направлялся в районе часа ночи на Савеловский вокзал. Страшен и темен он был в эту ночную пору. Впрочем, и днем в те годы он глаз не радовал. Я шел к плацкартному вагону, давал проводнице рубль – билетов никто не покупал, –

и, огибая редких и уже пьющих рыбаков и каких-то звероподобных личностей, забирался на вторую полку, клал рюкзак под голову и чутко спал до Калязина — к этому моменту уже светало, я выглядывал в окно — поезд, казалось, стоял прямо посреди бескрайней воды, из которой одиноко и несколько криво торчала колокольня — все прочее накрыло водохранилищем. Пейзаж был грустный и всегда нереально красивый — в любую погоду. Потом поезд начинал ползти в обратном направлении — менял ветку. Еще через час я сходил на станции под названием «Высокое». Не сходил — спрыгивал со ступеньки вагона в ковыль, доходивший мне до подбородка, перрона там отродясь не было. И станции, собственно, не было: стоял высокий почерневший сруб из трех стен и крыши — прятаться от дождя. Кассы, разумеется, там тоже никакой не было, и я все время думал — где местные жители покупают билет, когда, скажем, едут в Калязин или Углич за покупками? Тоже дают рубль проводнику?

Стены сруба изнутри были сплошь украшены надписями – обычные приличествующие таким местам слова из трех-пяти букв, иногда в сочетании с женскими именами, но попадались довольно пронзительные вещи: «4 октября 1971 года. Уезжаю в армию. Меня никто не провожал» и особенно (я оторопел, прочитав): «Что есть наша судьба, как не проявление воли и рассудка среди инертной массы обстоятельств, которые предоставляет нам жизнь?» Вот за что я люблю нашу страну.

Я шел по шпалам километра три до маленького железнодорожного моста – справа почти на горизонте виднелась широченная Волга, от нее начинался большой залив, через который мост и был перекинут. Слева от моста залив расширялся и превращался в огромное озеро, окруженное давно не паханными лугами. Дальше темнел сосновый бор, богатый белыми грибами. Ни души, ни признака жилья до горизонта. У меня было любимое место по правому берегу – он тут был сухой, довольно высокий, и прямо от кромки шла глубина: отличное место для леща. Я садился на край бережка, не спеша распаковывал рюкзак, разматывал снасти. Покой и благость, в которые я погружался, я нигде и никогда больше не испытывал (имея привычку делиться радостью, несколько раз брал с собой друзей и даже подруг – напрасно: мешали). Леща следовало прикормить, брать он начинал не сразу.

В тот раз погода стояла какая-то особенно тихо-дремотная – ни звука, ни ветерка. Лещ не клевал, и я не заметил, как заснул. Пробуждение мое было ужасным: странные звуки вернули меня в сознание, я испуганно обернулся: весь луг позади меня был заполнен коровами, а самая главная стояла от меня на расстоянии вытянутой руки и, грустно глядя мне прямо в глаза, ела своей огромной мордой, роняя слюни, черный хлеб прямо из моего рюкзака – вместе с целлофановым пакетом. Я заорал, корова нехотя ускакала вдаль с остатками моего хлеба в зубах. Приковылял маленький лукавый мужичок – пастух. Мы познакомились.

Пастуха звали дядя Леша. Мы поговорили о рыбалке – о том, что второй день не клюет, потому что давление, и рыба от этого ушла на самое дно, а вот третьего дня – да, клевало, и сам дядя Леша натаскал отличных лещей («Лящ – шо лопата! Его тащишь, а он глазами крутит, как дезертир!») В процессе беседы дядя Леша поглядывал на бутылку, торчавшую из моего разоренного коровой рюкзака, и в конце концов позвал меня к себе ночевать. Деревня стояла неожиданно недалеко – просто с берега ее не было видно.

Деревня оказалась маленькой, древней и почти брошенной – я пришел туда уже в темноте. И избушка у дяди Леши была крохотная, ушедшая одним боком в землю. Кринки на заборе, пара совсем черных икон в углу, фотографии родителей в рамке, немыслимый коврик с оленями на стене, русская печка, занимавшая половину всего пространства – дядя Леша и его бабка Матрена на ней спали. Мы как-то сразу подружились, и останавливался я у них потом много раз. Дядя Леша, выпив, делался озорным и начинал божественно врать про свою жизнь. Утверждал, например, что он старый рабочий-путиловец, отчаянный революционер. По возрасту не очень сходилось, но это еще ладно. А вот тот факт, что он лично присутствовал на съезде, на котором Ленин провозгласил Советскую власть, уже совсем ни в какие ворота не лез. У дяди Леши, правда, было неопровержимое доказательство – вырванная из журнала «Огонек» репродукция картины Серова, на которой Ленин как раз провозглашает эту самую Советскую власть. Дядя Леша тыкал коричневым пальцем в затылок какого-то большевика на переднем плане и кричал: «Вот! Смотри! Я!» Аргумент обычно сражал собеседника наповал.

В тот первый вечер мы прекрасно выпили водки под вареную картошку с малосольными огурчиками, поговорили про рыбалку, про восстание путиловцев. Потом бабка Матрена постелила мне на лавке, дядя Леша, кряхтя, полез на печку, а хозяйка задула керосиновую лампу и замерла у окна. Сделалось темно, в окошке видна была Волга, горели огоньки бакенов, и мимо них беззвучно шли баржи и пассажирские теплоходы, палубы и окна их светились. «Волга-то вся в огнях, – проговорила бабка Матрена, чудесно окая. И, помолчав, добавила: – Вот чего не могу понять: как это такая тяжесть – и на воде держится?» «Эх, дура-баба…» – огорчился дядя Леша с печки, и замолчал. Похоже, у него не было ответа. Я прямо чувствовал в темноте, как он смотрит на меня с надеждой.

Я отвернулся к стене и притворился спящим. Я тоже не имею ни малейшего понятия, как такая тяжесть держится на воде.

Я так и не провел это лето

Это оно провело меня – как и всех вас. Первые два месяца оно убеждало нас, что вообще никакого лета не будет, морозило, било градом, пугало ураганами, потом, когда мы окончательно смирились, вдруг решило начаться, но как-то истерически, вне всякой уверенности в завтрашнем дне… Казалось бы – взял чемодан и через три часа ты уже там, где лето как у всех нормальных людей – нет. Настоящее лето – это когда дома, на даче, на терраске. Я, извиняюсь, за городом живу. Слово «дача» не имеет аналогов в английском, так и будет – «dacha». Это же не просто так.

И все равно. Заведенного миропорядка никто не отменял. Сначала с участка исчезает снег. Это всегда происходит резко и заметно – вчера был, сегодня нет. От черной мокрой земли поднимается пар и сумасшедший запах, запах жизни, собаки носятся грязные и счастливые. Через несколько дней земля подсохнет, появится первая травка. Еще два-три дня – и деревья покроются нежнейшими полупрозрачными зелеными облаками: уже не почки, еще не листья. Это безумно красиво и очень ненадолго, поверьте. И вот тут самое время готовиться к главному весенне-летнему празднику: Дню Полета Майских Жуков. Не слышали о таком?

Первым делом потребуется тихий ясный вечер. Здесь и сейчас. И он придет, не сомневайтесь. Он даже в этом году случился – один. А больше и не надо. Соответственно вечеру подбирается компания друзей. Друзья должны быть самые лучшие, поэтому компания будет не очень большой и шумной. Исходя из размеров и преференций компании определяется стол. Стол должен быть не слишком изысканным и обильным – вы, в конце концов, не пожрать собрались. Хотя праздник есть праздник, и принижать его тоже не следует. В общем, у меня в этот раз было так: последние соленые рыжички (крепенькие, ровненькие, шляпки проходят в горло бутылки), слабосоленая тихоокеанская сельдь с красным сладким луком под деревенским подсолнечным маслом с безумным запахом семечек, а к ней в маленьком чугунке совсем молодая картошка в тоненькой еще, почти прозрачной шкурке, умащенная сливочным маслом, укропом и толченым чесноком, большое блюдо с зеленью – только-только появившаяся черемша (даже не думайте обойтись без черемши!), кинза, цицмата, зеленый лук, редис, спелые южные помидоры, тут же деревенский сыр из Грузии или Осетии. В довершение – баранья корейка, печется в тандыре минут пятнадцать, не более того, не пересушите. Напитки к такому демократичному столу могут быть разные, но «Шато Ла Тур» я бы не рекомендовал – давайте не будем выпендриваться.

Да, вот еще что важно: стол, за которым вы будете сидеть, непременно должен располагаться под открытым небом – на террасе или в саду, и чтобы полоса этого открытого неба над вами была значительной. Хорошо, если где-то неподалеку растут березы.

Садиться за стол предлагаю не раньше восьми – в конце мая темнеет уже поздно, и если пересидеть, то есть опасность, что к моменту наступления главного события гости потеряют чуткость и внимание их рассеется.

Хорошо, если застольная беседа будет доброй, легкой и позитивной – разговоры на тему «дожили, блин» и «нет, с этим надо что-то делать!» на данном празднике неуместны. Постарайтесь настроиться на созерцание. И не заводите разговор о майских жуках раньше времени.

К девяти солнце скроется за деревьями, ветер окончательно стихнет, ваш сад станет похож на декорацию из старого мхатовского спектакля. Если ни один листок на деревьях не шевелится, и небо темнеет с каждой минутой, уходя из розового в лиловое, можно сообщить гостям о главной цели вашей встречи. Гости к этому моменту уже выпили, закусили, кто-то закурил, кто-то увлекся беседой, и скорее всего они вам не очень поверят – какие майские жуки? Майские жуки – это в детстве, в добрые советские времена! Не старайтесь их переубедить. Ждите. Майский жук, как и вальдшнеп, совершает полет в поздних сумерках – почти в темноте.

И вот – слышите? Первый! Он летит прямо над столом. Он летит и гудит, как маленький большой трансформатор. Он только что вылупился и летит пока неуверенно – его можно сбить ладонью, только зачем? А вот навстречу ему еще один, и на несколько минут в гаснущем небе их становится много, очень много, и гости ваши замолчали, устыдившись своего неверия и потрясенные величием картины, и только как дети тыкают пальчиками – вон еще! И вон! И вон!

И вот тут надо поздравить друг друга с наступлением еще одного лета, и налить каждому, и выпить.

За любовь, например.

Чистилище

Здравствуйте, дорогие мои. Уж и не думал, что напишу вам, а тут вспомнил вдруг, что выпивал как-то с одним батюшкой. Зашёл у нас разговор про ангелов, и он мне объяснил, что ангелы небесные – суть почтальоны, вести доставляют с небес на землю. Ну, я одного тут и попросил. Он обещал. Не бесплатно, конечно. Ну да ладно. Так что надеюсь, что весточка моя долетит.

Как вы там живёте? У нас тут про Землю ничего не известно. Раньше, говорят, было радио – «Эхо Земли». Но потом его упразднили. Теперь только радио «Вера» перед отбоем. Так что все сведения получаем от вновь прибывших. Они говорят – у вас там вирус, некоторые прям тут кашляют. Ну нам-то чё, мы своё отболели.

Чистилище наше называется «РЗЧГ 2612 У» – на воротах было написано, я прочитал, когда нас завозили, и на простынях тоже напечатано. Живём мы тут хорошо, спокойно. Раньше всё хотел по привычке посмотреть, который час, но часы у нас отобрали – говорят, счастливым не положено. Ну, я постепенно и привык. Еда тоже хорошая. Не то, чтобы сильно разнообразная, но «Доширак», хлеб, сахар и чай дают три раза в день. К тому же имеется ларёк – там леденцы, сигареты «Седьмое небо» и чай «Улётный». Если его три пакетика на кружку – очень даже забирает. Сильно хочется иногда посмотреть на Землю нашу, и как вы все там на ней, но не выходит – чистилище наше крытого содержания, окошки все высоко и замазаны белым, а дворик для прогулок и вовсе внутренний. Так что никакого представления не имею относительно того как далеко мы от вас расположены.

Днями занимаемся общественно-полезным трудом – для очищения. Говорят, собирались открыть комбинат по производству духовных скреп, но не смогли установить, из чего эти скрепы следует производить. Так что пока шьём сутаны для младшего состава и наволочки. Работа приятная, не пыльная.

Вечерами завариваем чай, травим байки. Те, которые здесь давно, по-нашему «чистильцы», рассказывают, как тут жили раньше. Жили по-разному.

Народу нас тут много – в одной хате сорок душ, хотя говорят, положено двенадцать, и хат таких восемнадцать корпусов, а сколько хат в каждом корпусе – это мне неизвестно. И народ всё прибывает. Это потому что уже очень давно никто от нас не убывал. А вообще-то положено отсюда в рай – после соответственного очищения. Чистильцы говорят, что раньше уходили этапы – вроде в рай. Впрочем, сведений от отбывших более не поступало, и где они теперь – никому не известно. Ещё говорят, что рай не резиновый и вообще не для всех, а души с Земли прут и прут. Вообще с информацией тут плоховато – в наших православных законах ничего толком про чистилище я не нашёл. Говорят, только чего-то у Маккавеев – так кто ж их читал. И вообще они сами знаете кто – не нашей веры. Да ещё, говорят, восстание подняли. В общем, я слышал, осенью собираются в священное писание внести кое-какие поправки – чтобы разъяснить, почему мы тут так долго и с какой целью. И даже обещают голосование, и мы будем голосовать «за» – тут по-другому не положено. А я вот думаю – жили себе без всяких законов да поправок, и горя не знали. И ещё б сто лет прожили. Чего зря народ баламутить?

Ну ладно, родные мои. Листочек кончается, и свет сейчас вырубят. Кланяйтесь там нашей родне, шлю им приветы. И не скучайте – скоро все увидимся.

Остаюсь ваш Фёдор Плюхин.

К русской кухне

Или вот еще интересно: почему русская кухня не сделалась общечеловеческим достоянием?

Раньше я наивно полагал, что кухня распространяется по миру, потому что она вкусная. Это чепуха. Во-первых, я никак не могу назвать русскую кухню невкусной. Соленья, варенья, щи, жаркое, расстегаи и кулебяки – да вы что? А уха по-царски? А поросенок с гречневой кашей? А черная икра, наконец, царствие ей небесное? Во-вторых, невкусных кухонь вообще не бывает – бывают плохие повара (исключение, наверно, составит праздничный стол эскимосов, и то это весьма субъективно). Грузинскую кухню я считаю одной из самых изысканных в мире, а грузинских ресторанов по планете что-то не видно.

Потом я понял, что кухни чаще всего проникали в страну вместе с эмиграцией. Возникали районы, землячества, они открывали рестораны сначала для себя, и постепенно кухня ассимилировалась вместе с эмигрантами. Так наверно произошло с итальянскими ресторанами. Или с китайскими. А вот с французскими уже непонятно. Я что-то не припомню массовой эмиграции из Франции. Что, действительно французская кухня самая тонкая в мире, или это удачный двухсотлетний пиар – примерно как у них с вином вышло? И уж совсем меня ставит в тупик триумфальное шествие японской кухни по миру. С чего? В Москве японских ресторанов больше, чем в Нью-Йорке и в сто раз больше чем русских. Это при том, что вся эта сырая океанская рыба – вещь весьма специфическая, и к национальным кухням тех народов, которые сегодня по миру эту рыбу с удовольствием пожирают, не имеет никакого отношения. Я бы еще понял, если бы у нас размножились китайские заведения – и географически, и исторически. Нет, победили японцы, а мы с ними, между прочим, до сих пор формально находимся в состоянии войны. Что за черт?

В любом городе Европы и Америки вы найдете множество итальянских, японских, французских и китайских ресторанов. Поискав, отыщете индийский и греческий. Редко – еврейский. Русские рестораны за границей находятся исключительно на территории русских поселений. Успешных исключений я знаю два – «Максим» в Париже и «Самовар» на Манхэттене. В первом пел Алеша Дмитри́евич и существует он сто лет. В числе создателей второго – Иосиф Бродский и Михаил Барышников. А ведь мощнейшая волна русской эмиграции хлынула в Европу и Америку в годы революции, причем ехали не последние люди. И что? Принесли они с собой русскую кухню? Если и принесли, то не прижилась. Почему?

Два возможных ответа.

Первый. Русская эмиграция сама не ассимилировалась – не наше это. Так и жила (и живет) своим углом. А за годы советской изоляции (да и последующие – за исключением короткой горбачевской эпохи) в иностранном общественном сознании сложился такой неприятный образ России, что за стол к ним как-то не хочется.

Второй. Все-таки действует что-то еще. Какая-то, может быть, цепь случайных событий. Которые рождают моду, а она – традиции.

Хотелось бы верить во второй вариант. Он дает нам шанс.

Опять о еде

Правда, не знаю, как это вышло. Вообще, я считал, что мои взаимоотношения с едой и ее приготовлением уже много лет носят совершенно личный характер. Ну сколько можно, право. Каждый телеканал сегодня учит нас, как выбирать продукты, готовить их и есть что получилось. Программу «Смак» уже много лет блистательно ведет Ваня Ургант – спасибо ему. И вообще, я не настоящий сварщик – я интуитивный художник-примитивист. И если мы сойдемся в утверждении, что приготовление еды – это искусство, то ничему я вас не научил и не научу: нельзя научить делать искусство. Можно, правда, привить к нему интерес. Само же искусство – мистика. Одна из моих бывших жен страшно переживала из-за того, что у нее не выходило пожарить кусок мяса так, чтоб получилось как у меня. Я тоже переживал – за нее: вроде бы пустяковое дело. И вот однажды я вознамерился исправить эту несправедливость. Мы встали к одной плите, взяли две одинаковые сковородки, два одинаковых стейка, зажгли одинаковый огонь и дальше она секунда в секунду повторяла все мои действия. У меня получилось, у нее нет. Вот как это? Слезы, развод, девичья фамилия.

А ведь если приготовление пищи – это искусство, то это самое древнее и при этом самое консервативное из искусств. Все прочие направления и жанры менялись от века к веку –

иногда до неузнаваемости, до полной противоположности. С едой, конечно, тоже что-то происходило – вряд ли мы оценили бы сейчас главный древнеримский деликатес – соус из мелкой рыбешки, перебродившей с солью в каменной ванне на жаре (хотя удивительным образом русское северное блюдо «кислая рыба» с этим ужасом пересекается почти вплотную), да и сегодня нет-нет и наткнешься на очередную попытку оказаться умнее вечности – какая-нибудь молекулярная кухня по тыще рублей за плевок, – но это быстро проходит. Как «актуальное искусство». Пройдет, поверьте. Все равно были, есть и будут вечные базовые вещи – огонь, вода, мука, мясо, овощи, фрукты. И на мой взгляд, самые древние блюда продолжают оставаться самыми вкусными и много тысяч лет присутствуют во всех кухнях мира. Ну у какого народа, например, в ассортименте нет своей разновидности пельменей? Разница только в размерах и начинке. Нет, правда, только подумайте – шли века за веками, воевали страны, рушились династии, Пушкина пытались сбросить с корабля современности, «Мадонна» превращалась в «Черный квадрат», а мяса на углях никто не отменял. Кишка тонка – в прямом смысле.

А еще еда – это не просто пожрать – это ритуал. Общение. Праздник. Прием гостей. Поэтому ее старались сделать изысканной. Исключения крайне редки. Недавно мы путешествовали с друзьями по Монголии, и я удивился примитивности местной кухни. В общем, это была баранина. Либо просто вареная, либо запеченная на костре целой тушей, причем брюхо набивали раскаленными камнями из этого же костра. В исключительном случае ту же баранину жарили на воинском щите. Какие-либо специи отсутствовали как класс. Думаю, точно так же готовили пойманную добычу на заре человечества. Нет, это было вкусно – я вообще люблю простые вещи, – но полное отсутствие вариантов несколько удручало. На пятый день я не выдержал и обратился к проводнику – почему так? Ведь совсем рядом Китай – страна великой и разнообразнейшей кухни. Проводник ответил: в Монголии еда никогда не была социальным актом – выполняла чисто физиологическую функцию. Искусство не получило развития.

И вот еще интересно – почему никто не видел женщину-шеф-повара ресторана? Посмотрите: королевы и министры есть, звезды балета, театра и кино есть, художницы и писательницы есть. Есть замечательные руководители клиник и научных учреждений. Поварихи есть. А шеф-поваров нет. А шеф-повар и повар – это примерно как режиссер и режиссер-постановщик, для тех кто понимает разницу. Как так получается? А знаете, сколько сегодня стоит шеф-повар в хорошем ресторане?

В общем, много, много вопросов.

Я представляю себе огромную и интереснейшую книгу – историю кухни, нанизанную на историю человечества. (С историей человечества, правда, тоже много вопросов, но есть же описанные современниками праздничные столы Древнего Рима, есть обеды Людовиков, есть «Большой кулинарный словарь» Дюма, есть Гоголь, Чехов, «Советы молодым хозяйкам» Елены Молоховец и «Книга о вкусной и здоровой пище» с цитатами Сталина и Микояна. Да еще много всего – если порыться. Никто не написал?)

Так вот. С учетом, как говорится, вышеизложенного я возвращаюсь к этой теме. Имейте только в виду – я не историк, не шеф мишленовского ресторана и не Онищенко. Я просто дилетант, которому интересно. Надеюсь, я в этом не одинок.

Про картошку

Вы будете смеяться – я про картошку. Ну казалось бы – чего мы еще про нее не знаем? Картошка – наше все! Когда с сольцой ее намять...

И тем не менее.

Еще совсем недавно (по историческим меркам) – лет 300 назад – о картошке у нас и не слыхали. Функцию ее выполняли брюква и репа. Если тушить что-нибудь такое в горшке – хорошо. А вот поджарить с хрустящей корочкой – никак. Впрочем, в те времена особо ничего и не жарили – тушили и запекали в русской печи.

Родина картошки – Южная Америка: Чили, Перу, Бразилия. В Боливии инки растили картофель в горах на искусственных террасах. Там мне показали интересную штуку – больше всего это напоминало обточенную морем гальку: камушки были черно-серые и ослепительно белые. На вес эти камушки оказались неожиданно легкими – как пемза. Оказалось, это сушеный картофель. Процесс долг и непрост: черную картошку сушили на солнце, периодически подмораживая (благо перепад температур в горах очень серьезный). Что касается белой – ее сначала морозили, потом очищали от кожуры (шлифуя при помощи пальцев ног!), потом погружали в холодную воду аж на двадцать с лишним дней и только потом сушили на солнце. Такая картошка может храниться десятилетиями (говорят, и столетиями). От себя добавлю: пробовал. Чудовищно невкусно. Но когда речь идет о выживании – выбирать не приходится: урожай собирают раз в году, а год может случиться и неурожайным. Вообще у инков еда была не удовольствием, а именно средством поддержания жизни, но это тема для отдельного разговора.

В XVI веке испанцы привезли картошку в Европу, и она там очень быстро прижилась – неприхотливая, сытная, дающая обильный урожай. Скоро она стала в некоторых странах (в Ирландии, например) основным продуктом питания. Недавно в Швейцарии я посетовал на то, что местная кухня хороша, но слегка однообразна – в основном тушеное мясо с картошкой. Мне несколько снисходительно объяснили, что у них культивируют около сорока сортов картофеля, для каждого блюда – свой сорт, и чтобы в этом разбираться, надо у них немного пожить. А лучше родиться.

Петр Первый, впечатленный неизвестным продуктом, привез к нам картошку из Голландии. Продукт не пошел: народ не знал, что с ним делать и вообще не испытывал доверия к заморскому. Были случаи отравления, и картошку даже прозвали «чертовым яблоком». Подозреваю, пытались есть сырой (хотя у корейцев есть салат из нарезанной соломкой сырой картошки – ничего, никто не умер). Известно, что для популяризации продукта Петр даже использовал хитрость (чисто национальный прием!): к засеянному картошкой полю выставлялась охрана, которую на ночь демонстративно снимали. Подействовало: картошку стали подворовывать, сажать у себя на огородах. И все же окончательно она прижилась почти через полвека, уже при Екатерине, во время голода 1760-х. Считай, вчера.

Сегодня картошка – национальный продукт, количество блюд из нее не поддается исчислению, и специалистов хоть пруд пруди. Так что не стану утомлять вас очевидным — ограничусь несколькими замечаниями и советами. В процессе безуспешной борьбы за стройность фигуры картошка попала под раздачу: ее объявили чуть ли не главным врагом. Вредность картошки сильно преувеличена: крахмал — не цианистый калий, а если хотите уменьшить его количество — подержите почищенную и порезанную перед готовкой картошку некоторое время в холодной воде. И, конечно, не надо ею злоупотреблять, и количество масла не должно превышать количества картофеля. Обжираться вообще не следует.

Картошка, как ни странно, очень тонкий продукт. Пожаренная кубиками, соломкой или лепесточками — три совершенно разных блюда. Я уж не говорю о сочетаниях подсолнечного и сливочного масла. О наличии или отсутствии жареного лука (лук рекомендую всегда жарить отдельно и добавлять в конце — он жарится быстрее картошки и на одной с ней сковороде сгорит). Поэкспериментируйте с нарезкой, не ленитесь.

Оказывается, классический картофель фри (то есть по-нашему френчфрайз) получается только из предварительно замороженной картошки. Не знал.

В далекой деревне Кимжа (Архангельская область, Мезенский уезд) меня кормили вкуснейшей вещью — вареная картошка разминается с солеными грибами (рядовками) из бочки. Там такое едят всю зиму.

Совершенно гениальная штука — ройка (это из Беларуси): сырая картошка, сало и лук в равных количествах перемешиваются, набиваются в свиную (или баранью — какая будет) кишку, и эти колбаски жарятся в печи, духовке или на гриле. Оторваться невозможно.

Пюре – отдельная поэма. Талантливо приготовленное пюре (скажем, в сочетании с домашней котлеткой и хрустящим соленым огурчиком) может вызвать состояние, близкое к нирване. У каждого автора свои секреты: использовать молоко или сливки, добавлять ли воду, в которой варилась картошка, сколько и когда добавлять сливочного масла. А яичный желток – класть, нет? А капельку, например, масла трюфельного? А чуть-чуть укропу? А как взбивать? Ищите, ищите. Все вам расскажи.

А ведь еще есть драники, картофельные оладьи (не одно и то же), котлеты (совсем не одно и то же), запеканки, вареники, пироги.

Или вот что: помойте картошку, порежьте каждую пополам (чистить не надо), смажьте поверхность подсолнечным маслом, посолите крупной солью, уложите на противень смазанной стороной вверх и запеките. В майонез выдавите пару зубчиков чеснока и мелко порежьте немного укропа. Подать отдельно. В годы нашей юности это называлось «Тоска по Родине». Водка в холодильнике.

Мясо

Мой сын Иван – убежденный вегетарианец. Уже лет двенадцать как. Увидел случайно какую-то документалку про чикагскую скотобойню, и все. Заодно и от рыбы отказался – у нее тоже глаза грустные. Перешел на ботву. Выглядит по-прежнему прекрасно. Я не сторонник жестокости, но еще больший противник ханжества. В конце концов, ученые доказали, что листикам тоже больно, когда их едят, и они даже по-своему испытывают ужас. Мне не удалось его переубедить.

Американский ученый Питео Д'Адамо считает, что приоритетное питание напрямую связано с группой крови человека. Первая группа (он считает ее самой древней) – «охотники». Это люди прежде всего мясные и рыбные, хлеб, молоко и молочные продукты для них вредны. Нет, никто не умрет, просто обмен веществ может нарушиться, иммунитет ослабнет.

Вторая группа крови – «земледельцы» – расположены к вегетарианскому питанию. У них более чувствительный пищеварительный тракт, мясо у них будет большей частью перерабатываться в жир, так что белки им лучше восполнять фасолью, соей.

Третья группа – «кочевники». Это люди практически всеядные – мясо, рыба, молочные продукты, овес, рис, капуста, зеленые овощи. Хлеб, курица, кукуруза менее рекомендуемы.

И, наконец, четвертая группа – так называемые «новые люди». Иммунная система у них наиболее слабая: им можно в принципе всего понемножку, и тем не менее лучше избегать утку, лососевых, цельное молоко (молочные продукты – пожалуйста), бобы, гречку, авокадо, бананы, гранаты.

Не знаю. У меня третья группа группа крови (интересно, какая у сына). Вообще все очень индивидуально.

Наверно, я бы не умер без мяса. Определенно не умер бы. И может быть, даже очень хорошо выглядел. Но одной из земных радостей был бы лишен, это точно.

Может быть, потому, что мясо пробуждает в нашей генной памяти ощущение праздника. Ну не каждый день убивали наши предки мамонта или древнего бизона – и это был праздник для всего племени. В остальное время – с корешков на ягодки. И никакого праздника. В годы молодые я, подталкиваемый убожеством выбора в советских гастрономах, кидался в экзотику: коллекционировал специи (что можно было достать), изучал секреты китайской кухни. Основная задача состояла в том, чтобы превратить истощенную социализмом синюю курицу в кулинарное чудо. С тех давних лет палитра исходных продуктов сильно выросла (нет, не помните вы советские гастрономы!), а интерес к экзотике ослаб. Вот тебе мясо, вот огонь – твори!

Что делать, чтобы мясо на мангале оставалось мягким и сочным?

Способов множество. Но прежде всего – выбор самого мяса. Например, вырезку сделать жесткой крайне сложно – для этого придется зажарить ее до состояния сухаря. Но как минимум надо знать, как вырезка выглядит (бабушка одного моего товарища говорила – «Я вам этой вырезки целую ногу принесу»). А вырезка – это две сравнительно небольшие полоски мяса, идущие у животного вдоль позвоночника. У коровы это 2–3 килограмма, у барашка и свиньи совсем маленькие. При жизни на эти мышцы не приходится нагрузки, и мясо это очень нежное. Из него готовят филе-миньон. Очень хорош шашлык из вырезки, если порезать ее крупно и часа на два-три замариновать в сметане с мелко порубленным луком и травами. Про уксус забудьте изначально. Вообще применительно к маринованию мяса. Если уж вам так неймется – замените его лимоном. Вино тоже не советую. А вот сильногазированная вода творит с бараниной чудеса – углекислый газ отлично ее размягчает. То же самое делают кисломолочные продукты. Если речь идет о цыплятах или бараньей корейке – я смазываю их смесью оливкового и орехового масла и посыпаю специями за час-два до готовки. Постарайтесь, чтобы аромат специй не превалировал над естественным вкусом мяса – это дурной тон.

Барашек любит зиру, кориандр и красный перец, цыпленок – чеснок и имбирь. Не воспринимайте это как догму – ищите свои сочетания. Имейте только в виду, что солить все эти блюда следует непосредственно перед жаркой – никогда не кладите соль в маринад. Пару лет назад купил тандыр и не нарадуюсь – мясо в нем готовится в два раза быстрее, чем на мангале и пропекается куда равномернее, а цыплята-корнишоны за 15 минут превращаются в совершенные бисквиты. Свинка – вообще благодарное мясо для шашлыка: оно в меру жирное (если брать оттуда откуда надо) и изначально мягче баранины. Главное, чтобы свинка была молодая, а не умершая своей смертью бабушка. Боюсь, я не сумею вас научить на этой странице, как выбирать мясо для мангала – тут и знание анатомии, и опыт, и интуиция. Я просто смотрю на мясо и понимаю – вот из этого получится отличный шашлык. А это лучше в суп.

В заключение – вот вам один из моих любимых рецептов. Это древнейшее праздничное блюдо (интересно – и грузинское, и еврейское) и приготовить его ничего не стоит. Возьмите лопатку быка (можно и коровы, но бык вкуснее). Ни в коем случае не телятину – здесь нужно взрослое темное волокнистое мясо с изрядными прожилками жира и хрящей. Нет лопатки – возьмите шею. Варите его в воде не добавляя НИЧЕГО около четырех часов. Когда убедитесь, что оно начинает разваливаться – выкладывайте на блюдо большими кусками, посыпайте крупной солью и рубленой зеленью с чесноком. Несите к столу. И ешьте руками, обжигаясь и радуясь. Красное вино, водка. Праздник.

Немного о борще

Давайте-ка я вам расскажу про борщ – как я его понимаю. Никак не могу поставить борщ в один ряд с прочими супами – настолько это древнее и даже отчасти сакральное блюдо. Представляете – борщ и, скажем, куриная лапша? А в ресторанных меню они расположены на одной странице. Кстати, можете, конечно, заказать в ресторане борщ – только имейте в виду, что с настоящим борщом этот супчик связывает только название: ресторанная технология приготовления блюд, основанная на соединении заранее доведенных до полуготовности компонентов, не позволяет создать настоящий борщ – ибо это пять часов непрерывного труда. Ждать будете? (В советские времена иногда для скрашивания разницы использовалось название «борщок» – нечто, приготовленное индивидуально в небольшой посуде: звучит как-то фамильярно-унизительно.)

Нет, друзья мои, – есть блюда, которые в малых объемах просто не готовят. Потому что не получится. Попробуйте сделать плов в кастрюльке для варки яиц. Впрочем, лучше не пробуйте. Я беру для борща шестилитровую посудину – как минимум. Десятилитровая лучше. Во-первых, это красиво. Во-вторых, борщ у меня – праздничная, общественная еда, и либо я подгадываю его под гостей, либо довожу борщ до ума, а потом лихорадочно соображаю, кого бы позвать. Иногда друзья оказываются в разъездах. Тогда я ставлю эту бадью в холодильник и ем его сам. С наслаждением. Неделю. Утром, днем и вечером. Не надоедает.

Предупреждаю еще раз – это мое глубоко индивидуальное виденье борща. И на объективность я не претендую. Двух одинаковых борщей не существует, у каждого создателя свой рецепт и свои секреты, и всяк кулик будет свое болото хвалить. Да на здоровье.

Даже исходя из основы – кроме наличия свеклы (которую увы, не все могут сохранить в процессе готовки ярко-красной) и капусты – эти борщи ничего объединять не будет. Варят на свинине (да еще с добавлением старого сала – это по-украински), на говядине, на курице, на утке. Варят вообще без мяса – тоже, между прочим, борщ.

Итак. Я иду на рынок – сперва по мясным рядам. Нам нужна говядина (не телятина – навару не будет!), и лучше бычок. Грудинка – с достаточным количеством хрящей. Иногда я добавляю отрубленную поперек часть голяшки – если в середине наблюдается широкая мозговая кость. Отлично подходят бычьи хвосты, но они не всегда бывают. Мяса в борще должно быть много. В борще всего должно быть много – после моего борща мысль о втором блюде в голову как-то не идет. Когда вопрос с мясом решен, я выбираю овощи. Свеклу я беру немолодую (молодая хороша в холодном свекольнике и ботвинье) и не безумно крупную. А вот кочан капусты желательно молодой и небольшой, но плотный. Дальше – разнообразные овощи, всё, что глаз порадует: брокколи, маленькая стручковая фасоль (еще будет нужна фасоль консервированная), болгарский перец, сельдерей (стебли), лук, морковь, чеснок, много зелени. Вот картошку я в борщ не употребляю – извините. Не звучит она в борще.

Еще нам понадобятся оливки, каперсы, лимон (или два), специи, вустерширский соус, томатная паста.

Мясо мы просто варим в воде часа 3–3,5 – это зависит от возраста бычка и от того, насколько тяжелую он прожил жизнь. Раньше я клал на этой стадии в бульон французский букет, но потом понял, что это совершенно не обязательно: на финишной прямой зелень, лимон и чеснок сделают свое дело. Чтобы бульон оставался прозрачным (а тогда и борщ сохранит прозрачность при всей густоте красного цвета), после того как он закипел нужно снять пену и тут же убавить огонь до минимума – бульон не должен бурлить. Пусть еле шевелится. Тем временем режем овощи. Я не мучаюсь напрасно и использую блендер: лук – тонкими кружочками, морковь и свеклу – соломкой, капусту – соломкой. Мясо можно считать готовым, когда при попытке поднять кусок вилкой этот кусок готов развалиться. Берем глубокую сковородку. Немного подсолнечного масла. Когда оно нагрелось, я сыплю туда специи – красный перец, зиру и кориандр, можно хмели-сунели или что вы любите – пусть чуть-чуть обжарятся (в бульон в этот момент можно положить черный и душистый перец-горошек, лавровый лист). Теперь засыпаем на сковородку лук и морковь, обжариваем, перемешивая, на довольно большом огне. Это займет минут пять. Отправляем в кастрюлю. Опять немного масла на сковородку, выкладываем туда свеклу, заливаем томатной пастой и – внимание! – довольно щедро сбрызгиваем простым советским девятипроцентным столовым уксусом. Иначе свекла потеряет цвет и картина не заиграет красками. Иногда к томатной пасте я добавляю немного кетчупа – особенно когда ее не хватило. Все время перемешиваем, огонь убавляем. Через некоторое время свекла начнет пыхать редкими ленивыми пузырями. Очень хорошо, пусть попыхает еще минут 5–10. В кастрюлю.

Теперь очередь капусты и остальных овощей – они должны быть порезаны соразмерными кусочками – чтобы в ложку входило. Только у капусты допускается длинная соломка. Далее я отправляю в кастрюлю баночку оливок (вместе с рассолом), баночку каперсов (маленькую, с рассолом). Не вздумайте использовать оливки с начинкой – таких сейчас полно, это нам не надо. Банку консервированной фасоли – можно в красном соусе, можно без. Фасоль придаст картине нежность, смягчит тона. Теперь надо посолить борщ – я это делаю одним движением и ни разу не ошибся. Режем лимон пополам: половинку на тонкие дольки и – в кастрюлю, вторую половину выжимаем туда же. Пробуем. Учтите, что борщ еще не настоялся, и палитра пока упрощенная, но основное – баланс соленого, сладкого и кислого будет уже ясен. Недостаточно сладости дала свекла – добавьте немного сахара. Мало кислоты – выжмите туда еще один лимон. Если любите острое – положите стручок жгучего перца. Еще раз – все это время борщ не кипит, бурля, а тихо-тихо дышит. Попробуйте еще раз спустя минут 10–15. Довольны? Теперь завершающий мазок – куча рубленой зелени – петрушка, укроп, кинза, зеленый лук (не обязательно) и мелко порезанный чеснок идут в кастрюлю, через полминуты огонь выключается и кастрюля накрывается крышкой. Хорошо, если она у вас толстостенная или у нее хотя бы толстое дно – борщ должен сам с собой потомиться, это важно. В большой толстой кастрюле он не остынет до вечера, когда придут гости.

Не перегружайте стол. Соленые грибочки, квашеная капуста, бочковые помидоры и огурцы – ничего маринованного! Черный (я люблю бородинский) хлеб. Пара рюмок водки. Селедка просится в эту компанию – в принципе возможно. Потом небольшая пауза – мужчины ушли курить, женщины щебечут о глупостях, но сами-то думают только об одном – ибо божественный запах борща не позволяет думать ни о чем, кроме него. Не томите – подавайте!

Про помидоры

Давайте-ка поговорим про помидоры. Лично меня и само слово «помидор» и данное произведение природы приводят в восторг. Слово – звонкое, яркое, звучит гордо. Помню, много лет назад в начале Ленинградского проспекта строился большой жилой дом – по всему фасаду было написано: «ЭТО ДОМ ПОМИДОР». Было непонятно, но очень красиво. Слово придумали, между прочим, итальянцы – «pomodoro» – золотое яблоко. Есть, правда, версия, что произошло слово от старого «поми де море» – яблоко мавров. По смыслу это ближе, да к тому же какие же помидоры, к черту, золотые?

В художественных учебных заведениях объясняют, что такое дополнительные цвета: эта такая пара цветов, когда один на фоне другого максимально работает. Так вот, спелый ярко-красный помидор в зарослях темно-зеленой ботвы – лучший пример. Это божественно красиво. А вы думаете, откуда Петров-Водкин взял свою гамму?

Откуда к нам пришел помидор? А неизвестно. В общем, Южная Америка – Перу, Мексика, Чили... Известно только, что древние индейцы много веков назад культивировали его и употребляли в пищу. Они и дали ему второе название (вернее, хронологически – первое: «туматль». Отсюда – «томат». Мне нравится значительно меньше). А вот в Европе, куда он попал в Средние века, долгое время есть его остерегались – высаживали исключительно как декоративное растение, и даже называли его «волчий персик». Это, в общем, имело под собой некоторые основания – помидор относится к семейству пасленовых, а практически все пасленовые ядовиты. Помидор же в этом смысле уникален – у него ядовито все, кроме самого плода. Так что не вздумайте сделать салатик из листьев помидора – это вам не шпинат. Известен случай, когда во время Войны Америки за независимость личный повар Джорджа Вашингтона, будучи тайным английским агентом, решил отравить своего босса и подал ему жареное мясо с помидором. Джордж Вашингтон, к изумлению повара, не умер, блюдо похвалил и даже сделался впоследствии Президентом Соединенных Штатов. А посрамленный повар наложил на себя руки.

Вот люди были. Сейчас бы, небось, и в отставку не подал.

Помидор, с одной стороны, капризен, с другой – невероятно живуч. Не повторяйте моей ошибки – не высаживайте помидоры с огурцами в одной тесной теплице – не любят они друг друга: причем если огурцы это переживут, то нормального помидора не будет точно. Такая вот нежность. А с другой стороны – вот вам история: в середине семидесятых мы с «Машиной времени» проводили лето и играли в международном студенческом лагере «Спутник» в Гурзуфе. Директор лагеря с гордостью показывал мне хозяйство лагеря – они там среди прочего даже построили свою очистную систему для сточных вод и канализации (редчайшая вещь для Гурзуфа тех лет. Да только ли тех?). Над бетонным искусственным прудом для отстоя нечистот густо колосились – нет, ягодились! – превосходные помидоры. Я восхитился – прямо в живое удобрение сажают! Директор странно посмотрел на меня и сказал: «Да если б их кто-нибудь сажал...» Так я узнал, что помидорные зернышки (они же семечки) и, кстати, шкурка абсолютно не подвержены разрушительному воздействию человеческого желудочного сока, то есть не перевариваются. Причем настолько, что семечки, пройдя через наш желудочно-кишечный тракт, способны снова взойти! А?

Вернемся к истории... В России помидор появился довольно поздно – в 1870 году их доставили Екатерине из Европы как заморский деликатес. При этом в периферии империи – Астрахани, Крыму, Грузии – помидор уже знали и сажали до этого. Судя по тому, что в главной кулинарной книге Елены Молоховец, настоящей энциклопедии русской кухни, помидору уделено полстраницы (а это толстенный том, рубеж XIX–XX века), я делаю вывод, что к этому времени он широкого распространения как элемент русского стола так и не получил. А если и использовался, то в основном для всяких приправ – помыть, разрезать пополам, вынуть зернышки (!), сварить в собственном соку, растереть и добавлять туда-сюда. Чуть с ума не сошел, пока не обнаружил на самых задворках книги единственный рецепт соления помидоров (для грибов – сотня!), единственный же рецепт маринования, и наконец – салат: снять с помидоров шкурки, порезать, добавить лук. Слава Богу!

Знаете, как снимать с помидора шкурку? Очень просто: сложить в миску и залить на полминуты кипятком. Шкурка лопнет и легко снимется. Я, правда, этого не делаю: по-человечески не хочется над ароматным, красивым помидором проводить такую вивисекцию – по-моему, это его оскорбляет. Любите чистить – чистите репу.

Мамука Кикалейшвили, замечательный грузинский актер, однажды показал мне такое блюдо: берется много очень спелых (можно чуть переспелых – только неиспорченных) помидоров и баранина. Баранину режем на средней величины куски и укладываем в кастрюлю (казан, котел). Потом руками выдавливаем туда наши помидоры, стараясь не забрызгать одежду и кухню (не получится). Шкурки, остающиеся в руках, выбрасываем. Мясо должно быть полностью покрыто помидорной плотью. Ни специй, ни, заметьте, соли. Тушим на небольшом огне до готовности. Божественное, абсолютно натуральное, древнее блюдо.

С детства вспоминается изуверская картинка: праздничный салат оливье, в центре на возвышении грибок – ножка из вареного вкрутую яйца, шляпка из полпомидора, щедро украшенная майонезными прыщами. Мухомор. Непреодолима тяга народа к прекрасному. Салат начинали радостно делить, грибок падал, целое крутое яйцо никто не желал, полпомидорина тоже была великовата, грибок погибал бесславно в остатках заветренного салата.

Сегодня про помидор написаны и переведены целые кулинарные книги, человечество знает сотни рецептов. Что я буду их вам пересказывать?

Вот, пожалуй, два: лучший и самый лучший.

Первый: возьмите несколько очень хороших помидоров. Очень хорошие – это свежие и выросшие не на гидропонике, а на земле. Да, дорого. Но за удовольствие надо платить. Порежьте их острым ножом аккуратно, чтобы они не потеряли драгоценного сока – дольками. Из каждого помидора получится 6–8 долек в зависимости от размеров. Положите их на тарелку шкуркой вниз и посыпьте крупной морской или каменной солью. Теперь порежьте на дощечке сыр – все равно, какой любите: от твердого итальянского до нежного домашнего грузинского или соленого адыгейского. И откройте бутылку молодого красного вина. Все.

А теперь самый лучший – он, правда, доступен не всем и только в летнее время. И все же. Проснитесь за городом – лучше в деревне. Заставьте себя встать и идите – нет, не умываться и чистить зубы – в огород. Сорвите самый спелый помидор. Оботрите его ладонями – он будет теплый и может быть, чуть-чуть бархатистый. А теперь зажмурьтесь и откусите от него бок. Только не спешите и не думайте в этот момент ни о чем. Вы все ощутили и все поняли? А теперь спокойно доедайте помидор и возвращайтесь в дом – день уже не зря прожит.

Про грибы

Любите ли вы грибы? Нет, любите ли вы грибы, как люблю их я?

Я имею в виду и любовь к походам за грибами, и любовь к их употреблению.

Я незнаком со статистикой, но полагаю, что в этом плане наша страна уверенно лидирует. Мы любим, собираем и готовим самые разнообразные грибы. В большинстве стран лесные грибы либо вообще игнорируют, либо относятся к ним крайне избирательно – в Германии, например, собирают лисички – и, кажется все. Европа предпочитает искусственно выращенные шампиньоны, которые к ароматному лесному грибу относятся примерно так же, как дикая ручьевая форель к своей откормленной комбикормом на убой разводной родственнице.

Однажды мы с Сашей Розенбаумом, путешествуя по Аляске, остановились в лесном домике нашего местного друга. Пока мы ехали на джипе через сосновый бор, я даже на ходу замечал тут и там нагло торчащие из травы по обочинам оранжевые шляпки здоровенных подосиновиков. В общем, мы решили пойти за грибами. Мы взяли два ведра, и пока дошли от крыльца до калитки, поняли, что поход закончен – ведра были полны.

Наш местный друг (и пара его друзей) со священным ужасом наблюдали, как мы чистили, резали и жарили с луком и картошкой наши грибы. Попробовали они их не сразу – сначала они смотрели, как их едим мы, и ждали, когда к нам придет смерть. Минут через двадцать самый смелый из них опасливо присоединился к нам. Эти ребята, рыбаки и охотники, полжизни прожившие в лесу, были убеждены, что лесные грибы ядовиты.

Дикие люди, ей-богу.

Я обожал ходить за грибами с детства. Правда, было это в те благословенные времена, когда даже не выходя за пределы какой-нибудь подмосковной Валентиновки или Купавны практически под любой елью можно было обнаружить гриб, иногда даже белый. Сегодня в радиусе семидесяти километров от Москвы леса вдоль любой трассы чудовищно загажены, и входить туда грустно и неприятно. Теперь надо знать места, иметь время добраться до них и никому о них не рассказывать. А там, где я собирал грибы в детстве, сегодня торчат башни домов городского типа и пугают пятиметровыми стенами коттеджные поселки.

Наша средняя полоса тем не менее пока еще дарит нам огромное разнообразие грибов – они здорово отличаются друг от друга по своим кулинарным достоинствам. Абсолютное большинство их съедобно. По-настоящему смертельно опасна только бледная поганка, но вид ее настолько характерен, что ошибиться, по-моему, невозможно. Крайне интересны и неоднозначны мухоморы (викинги жрали их перед боем за милую душу), но экспериментировать не советую. Есть еще пара-тройка необязательных к употреблению грибов, поэтому если знаний вам не хватает, но интуитивно вы испытываете сомнения, – не берите этот гриб, ну его. Сосредоточьтесь на тех, которые сомнений у вас не вызывают. Многие считают, что грибы перед жаркой следует на всякий случай отварить – не будем их разубеждать. Некоторые и правда не помешает.

Забавно, что в глухих деревнях Архангельской губерни, где грибы можно косить косой, берут только один гриб – рядовку (у нас его многие как раз держат за поганку). Его солят, и зимой едят, намяв с картошкой – он заменяет мясо. Остальные грибы за грибы не считают – мои любимые маслята, например, называют «соплятами», и мне даже не разрешили занести корзину маслят в дом – а они там росли прямо на дороге. Странно, правда?

Что же касается грибоедения – каждый гриб хорош по-своему, и тут знание и опыт не помешают. Например, считается, что белый гриб выдает свой волшебный аромат исключительно в сушеном виде, и тут надо варить из него суп. Я и сам так считал долгие годы, пока однажды мой товарищ на моих глазах не сварил суп из только что собранных белых грибов – и это было божественно. Моя подруга Таня Лазарева делает из сырых белых грибов карпаччо – нарезает тончайшими пластинками и поливает оливковым маслом. Чуть-чуть соли. Все. Рыжики и белые грузди невероятно хороши в соленом виде (маринованное не люблю), особенно если они молоденькие, крепенькие, не потеряли своего цвета и слегка похрустывают, когда закусываешь ими рюмочку холодной водки. В жареном виде исключительно хороши лисички и опята (я бы их только на это дело и пускал), вкусны молодые маслята (лучше содрать со шляпок шкурку) и, как ни странно, сыроежки. Очень неплохо жаренное ассорти из разных грибов, надо только учесть, что если среди них много взрослых подберезовиков – их шляпки при жарке непременно превратятся в кашу, пусть вкусную, но не очень красивую, и тогда уже лучше на конечной стадии залить грибы сметаной и немного потушить. Лук рекомендую жарить отдельно, так же как и картошку, и соединять вместе, когда все уже готово – у каждого из этих продуктов свое время приготовления, и если вздумаете жарить все одновременно в одной сковороде – грибы уже будут готовы, картошка – еще сыровата, а лук уже подгорит.

Ладно, вот вам два простых рецепта.

1. Паста с белыми грибами.

Белые грибы порезать тонкими дольками, быстро обжарить в сливочном масле, слегка посолить и залить жирными густыми сливками. Потушить на медленном огне, постоянно помешивая, пока сливки не превратятся в густой соус. Одновременно сварить пасту (на нее уйдет столько же времени) в соленой воде с небольшим количеством оливкового масла. Откинуть пасту на дуршлаг, разложить по тарелкам, залить сверху соусом с белыми грибами. Подать с белым вином. Изысканней, проще и быстрее не бывает.

2. Лисички, жаренные по-особому.

Лисички тщательно очистить от земли и песка, промыть. Выложить в глубокую сковороду без всякого масла, поставить на большой огонь. Помешивать. Через несколько минут лисички дадут обильную воду, которая начнет кипеть и испаряться. Ровно в тот момент, когда вода испарится полностью (не раньше и не позже!), добавить сливочное масло и большое количество порубленного зеленого лука – его должно быть не меньше, чем было грибов в сыром виде. Перемешать, посолить и жарить, помешивая, еще минут пять, не больше. И лисички и лук сохранят свой цвет, и это будет осень красиво. Подать с разварной картошечкой, бородинским хлебом и рюмкой водки.

Ладно – с двумя.

Свекольник

Итак, лето, господа. И с этим приходится считаться. Интересно – в старой русской кухне довольно много блюд, которые приятно употреблять в жару. Притом что Россия расположена не в самом жарком климатическом поясе. Не тропики. А блюд таких много, и в основном это холодные супы – свекольник, щавелевый суп, окрошка, ботвинья (полная русская ботвинья – это отдельная песня, подается в трех тарелках. В голове до сих пор играет детский стишок: «Ты свинья и я свинья, все мы, братцы, свиньи! Нынче дали нам, друзья, целый ковш ботвиньи!»

Свекольники у хозяек бывают исключительно разные, и не всегда они вызывали у меня восхищение. Смесь вареных и сырых овощей – это только кажется простым. Иногда получается «ты свинья и я свинья…» Но вот вам рецепт необыкновенного, божественного блюда, блюда небесной красоты. Еще раз напоминаю, что мои рецепты – это не рецепты в медицинском смысле – это дорожные карты. Не надо вешать в граммах.

Автор этого чуда – замечательный режиссер Павел Семенович Лунгин. Некоторое творческое осмысление внесла наша подруга Ольга Ципенюк. Мне чужой славы не надо. Я не изобретатель – я собиратель и компилятор.

Итак. Свекла для этого блюда не варится, а печется в духовке. Берите свеклу средней величины, чтобы наверняка пропеклась. Завернуть каждую в фольгу и отправить в духовку на час-полтора. Кстати, это можно сделать накануне и убрать ее в холодильник. Перед приготовлением свекольника почистить и размолоть в блендере. Лунгин доводит до однородной каши. Я пробовал натирать на мелкой терке – тоже хорошо, но немного другое. Нюансы, господа! Искусство в нюансах! Каша при этом, заметьте, не должна превратиться по консистенции в детское пюре – не перестарайтесь. Тонкая штука.

Свежие огурцы почистить (пижонство, но помните о нюансах!) и натереть на крупной терке. Крутые яйца нарезать мелкими кубиками. Укроп, зеленый лук и мяту (от мяты, естественно, только листья) рубим как можно мельче.

Свекольную кашу, огурцы и яйца выкладываем в большую супницу (много раз замечал – вкус блюда часто напрямую связан с объемом. Размер имеет значение. Не пытайтесь приготовить этот свекольник в детской мисочке). Туда же выжимаем сок из целого лимона, добавляем пару ложек простой самой острой русской горчицы и пару ложек простого острого хрена. Хрен, конечно, лучше самому натереть – ядреней будет, Но если вы страшитесь этих высот – купите в баночке. Повторяю – самый простой, острый, не сливочный, без добавок. Наша подруга Ольга сразу кладет туда и порубленную зелень – я оставляю зелень на последний штрих – из чисто художественных соображений.

Да! В холодильнике к этому моменту у вас уже давно должен находиться нежирный кефир (1–2% жирности) и ЛЕДЯНАЯ (но не замерзшая) газированная вода с умеренным количеством газа (типа Perier). Всю нашу смесь разводим сначала кефиром, перемешивая, потом – газированной водой. Их соотношение регулируется вашим вкусом: люблю погуще – люблю пожиже. Соль и перец по вкусу.

По мере перемешивания поверхность расцветает невероятными оттенками маджента и фуксии. Сейчас вы уже не повар – вы художник. Живописец. Размешайте красиво, не доводите до одного равномерного колера. И в нужный момент вбросьте в эти порочно-розовые разводы изумрудную зелень. Петров-Водкин отдыхает. Еще пара движений ложкой, чтобы зелень окончательно вписалась в полотно, – и можно подавать. Подавать в жаркий летний день, в тени. Маленькая рюмка водки (также охлажденной) не возбраняется.

Блюдо это одноразовое и легкое – съесть до конца. Не хранится.

Холодные супы

А вот интересно – страна наша, безусловно, не относится к числу самых жарких стран на планете, – а по обилию и разнообразию холодных супов даст сто очков вперед любому тропическому государству. Думаю, это отголоски старой русской культуры – сидеть посреди жаркого летнего дня в беседке или на открытой террасе (но непременно в тени!) своего маленького дома в маленьком поместье где-нибудь под Смоленском, вкушать ботвинью или щучину под рюмочку из запотевшего графинчика и толковать с заезжим товарищем – куда катится мир.

Нет, есть, конечно, холодные супы и в других странах: в Испании, например, гаспаччо – по сути суп-пюре из помидоров. В Польше готовят фруктовый суп – чисто компот из сухофруктов, привет пионерскому детству. В Болгарии делают суп из огурцов на кефирчике. Все это неплохо, но в России тема раскрыта куда глубже.

О чудо-свекольнике я вам рассказывал. Про окрошку говорить даже как-то неудобно – любой дурак знает, как чего накрошить. Казалось бы. Тем не менее: Маркс, Энгельс и Ленин русской кухни в одном лице Елена Молоховец учит нас класть в окрошку не менее пяти (!) видов мяса. Перечислить? Жареную дичь, говядину, телятину (не одно и то же!), баранину, вареную ветчину, солонину, копченый язык. Конечно,

Елене Молоховец неведомо было такое чудо, как вареная докторская колбаса советского разлива – она заменяла и продолжает нам заменять весь этот выпендреж. И все же прислушайтесь к мастеру. Если уж так любите колбасу (я, например, обожаю) – пусть она станет еще одним ингредиентом. А вот картошка в списке не указана. Нет там и редиса. А есть (кроме тщательно и одинаково мелкопорезаных мяс) свежие (либо, кстати, соленые – тоже интересно) огурцы, крутые порубленные же яйца, зеленый лук (можно его растереть с солью), укроп, эстрагон. Квас разбавляется бутылочкой кислых щей (примечание: бутылочные кислые щи никакого отношения не имели к щам из мяса и капусты – это был тот же квас, только не из хлеба, а из муки – ржаной, гречневой. По причине сильной шипучести его закупоривали в бутылки на манер шампанского). Этого напитка уже нет (а был очень популярен), так что обойдемся квасом – только не берите очень сладкий. В деревнях делают окрошку на белом квасе – он совсем кислый, даже невкусно. Горчица, хрен, сметана – по вкусу. Если не успели предварительно как следует охладить квас – бросьте в тарелку пару кубиков льда.

Большая русская ботвинья подается в трех тарелках. В одной – собственно ботвинья: щавель (можно добавить шпинат) сварить в собственном соку, протереть через сито (читай – измельчить в блендере до состояния однородной массы), очистить и мелко нарезать свежий огурец, зеленый лук, растертый с солью, укроп, горчица, хрен, можно чуть-чуть сахара по вкусу. Залить квасом. Во второй тарелке – отдельно сваренная с кореньями, отделенная от костей и охлажденная рыба – любая: осетрина, лососина, сиг, судак, раковые шейки. В третьей тарелке – лед, измельченный до консистенции сахарного песка. Ложкой зачерпываете немного льда, потом – кусочек рыбы, потом – ботвиньи. Рюмка все это время находится в левой руке. И тут – не перепутать: выпить и тут же насладиться всеми тремя составляющими в одном флаконе.

Или вот интереснейшая штучка – «щучина». Несмотря на название, сама щука в ней совершенно необязательна. Хотя допустима. Ибо рыба берется разнообразная – чем разнообразней, тем лучше. Но сначала варится крепкий бульон из рыбных костей и ершей – ерши дают отличный навар. Рыбьи головы тоже не повредят. Потом его следует процедить и уже в нем сварить рыбные филеи (кости будут раздражать). Раковые шейки приветствуются. Соленую рыбу отварить отдельно. Затем нарезать непременные свежие огурцы (почистить!), зеленый лук, укроп. Добавить хрен, возможно и горчицу. Залить это дело охлажденным рыбным бульоном, положить туда порезанную на порционные куски (не мельчить!) рыбу, и – внимание! – добавить холодного квасу. Забавное сочетание, правда?

А вы попробуйте!

Тандыр

Меня тандыр завораживал с того момента, как я его впервые увидел. Меня вообще всегда интересовали древние способы приготовления пищи. Молекулярная высокая кухня оставляет совершенно равнодушным, а цены на нее просто умиляют. Первые упоминания о тандыре встречаются в X веке, но это ничего не значит – чего о нем упоминать-то? Тандыр – он и есть тандыр. Я полагаю, что появиться он мог гораздо раньше, еще когда люди научились делать печи для выплавки меди и бронзы – он и похож на такую печь. На островах Океании я видел, как туземцы выкапывают яму, жгут в ней костер, потом разгребают угли, помещают в это место продукт (мясо, рыбу, овощи) в горшке либо просто завернув все это в листья банановой пальмы – и засыпают землей часа на три. Тоже, по сути, тандыр – одноразовый. В Ташкенте, много лет назад, я сидел у входа в старый рынок (его уже нет – погиб при землетрясении) и часа полтора, не отрываясь, смотрел на древнюю бабку, которая меланхолично, не глядя, бросала самсы – треугольные пирожки из слоеного теста с луком и бараниной внутри – в раскаленную пасть тандыра. Тандыр был огромный и над поверхностью земли возвышалось только его широкое горло. Самса летела по диагонали и прилипала к внутренней стенке тандыра своим основанием. Движения бабки были скупы, размеренны и безошибочны — она даже не провожала летящие пирожки взглядом. Я ждал, что хоть один не прилипнет и упадет на дно — в адское пекло. Ничего подобного не произошло — ни разу. Заполнив самсами равномерно все пространство стенок изнутри, бабка пододвинула к себе таз с фаршем и принялась лепить новые — так же размеренно и отстраненно. Из тандыра тем временем повалил такой запах, что уйти уже было просто невозможно. Минут через десять бабка взяла деревянную лопатку с длинной ручкой и склонилась над кратером — жар шевелил ее волосы. Я понял, что вот этой лопаткой она сейчас будет отковыривать готовые самсы от вертикальных стенок и вот теперь уже точно хоть одну плюшку уронит — очень уж неудобным казался предстоящий процесс. Да ни фига! Достаточно было одного легкого прикосновения — и румяный треугольничек отсоединялся от раскаленной стены и послушно ложился на лопаточку. Номер можно было показывать в цирке. Я съел четыре штуки.

Родиной тандыра считается Азия, и почти на всех языках звучит его название одинаково: в Азербайджане и Узбекистане это тандир, у таджиков — тонур, в Армении — тундыр, в Грузии — тонэ. Индийские блюда «тандури» — из того же тандыра. Большие тандыры — для выпечки лаваша, лепешек и всего связанного с тестом — закапывают в землю, в таком случае снизу к ним прокапывают воздуховод. Размером такие тандыры могут быть с небольшую комнату. Чем больше его объем, тем толще стенки, значит, дольше будет сохраняться жар и не придется топить его каждый час. Небольшие тандыры могут стоять на ножках.

Такой тандыр я и приобрел себе несколько лет назад. При всем недоверии к Интернету нашел страничку (я даже не предполагал, сколько тандыров на меня оттуда вывалится), определился с оптимальным соотношением размерцена-качество, и через четыре часа к моему дому подъехала машина. Не могу сказать, что мой тандыр совсем небольшой, как раз из «надземных» он весьма большой – молодой барашек или поросенок входят туда целиком (хотя целого барашка пока не пробовал, врать не буду), а цыплят я туда загружаю по шесть штук. С тестом работать не пробовал (я с ним вообще на «вы»), а вот мясо, птица, рыба и овощи – мое. Работать с тандыром настолько интересно, что любимые мои мангал, казан, вок и пойке разом уехали на второй план. По книжке готовить в тандыре не научишься, действенна только практика, первые потери неизбежны, и вот с чем я столкнулся в процессе.

Первое: следует научиться греть тандыр до оптимальной температуры. При этом градусников в нем не предусмотрено – все на таланте. При протопке (советую использовать березу либо жарко горящие и несмолистые сорта дерева) стенки тандыра покрываются изнутри черной копотью, а потом вдруг белеют. В принципе это говорит о том, что тандыр готов, но диапазон температур при этих белых стенках еще велик: перегреете – и обуглится корочка, недогреете – не пропечется блюдо внутри. И еще одна важная и неожиданная вещь: в тандыре (в отличие, скажем, от духовки) аккумулируется определенное количество тепла. И если поместить туда двух цыплят – они будут готовы через двадцать минут, четыре цыпленка потребуют минут тридцать пять, а шесть могут и не дожариться. Поэтому температуру надо всегда выбирать исходя из количества продукта – притом что речь идет об одной закладке. Как я это делаю? На ощупь. Прикасаясь к внешней поверхности тандыра. Не обожгитесь.

Далее, следует помнить, что каждый продукт обладает своей «жароустойчивостью». Курица будет печься полчаса, таких же размеров утка – не менее часа, а то и поболе. Рыба готовится моментально, помните только, что некоторые рыбы, испекаясь, становятся очень мягкими, и если вы, например, затеете шашлык из сома (это вкусно) — кусочки могут запросто свалиться с вертикально висящего шампура и бесславно пропасть. Поэтому я после пары таких случаев выбросил шампуры с насечкой, которые к тандыру прилагались — они в процессе готовки вешаются вертикально, и этой самой насечки явно недостаточно. Вместо этого я взял шампуры с мангала. С одной стороны у них колечки, за эти колечки их удобно вешать на перекладину. Сами шампуры я согнул, получились большие крючья. Совсем другое дело.

Для цыплят я смешиваю оливковое и подсолнечное масло, давлю в него чеснок, добавляю сухой имбирь, красный перец, кориандр. Обмазываю этим делом цыплят и даю им полежать с часик.

Баранина (лучше брать корейку с ребрами целиком, резать будете уже на столе, это красиво) — та же смесь масел, зира, красный перец, хмели-сунели. Пусть полежит. Солю я все это уже перед самой жаркой — непременно крупной солью.

Овощи просто нанизываю на крюк. Выбирайте овощи, которые требуют примерно одного времени приготовления — скажем, цукини, баклажаны и болгарские перцы. Помидор готовится быстрее: передержите — размякнет и упадет. Лук — медленнее.

Не ленитесь выгребать из тандыра угли перед готовкой, когда он нагрелся.

Мой товарищ уверяет меня, что если при жарке барашка на дно тандыра положить болгарские перцы, то их испаряющийся сок придаст мясу дополнительный аромат. Не знаю, не пробовал. А надо бы.

Фаршированная рыба

Давно меня занимает один вопрос: сверять свое восприятие цвета, вкуса и запаха мы можем только с ним же самим – в другого человека не влезешь! А вы уверены, что он видит и чувствует в точности то же, что и мы? Вот на стене картина, на ней синее-синее море. А КАКОЕ оно синее? У синего тысяча оттенков – какие именно видите вы? А ваш товарищ?

Со вкусом еды еще сложнее.

Помимо всего прочего фаршированная рыба, возможно, занимает первое место по разнообразию вариантов – и из-за большого количества компонентов, соотношения которых можно легко менять, и из-за семейных традиций – у каждой еврейской бабушки своя фаршированная рыба.

Итак. Мы имеем дело со старинным праздничным блюдом европейских и российских евреев. Одна из версий его появления состоит в том, что в Шаббат нельзя работать – а вынимать из рыбы кости при поедании – тоже, увы, работа. Поэтому рыбу ставили на огонь на ночь, и даже если какие-то кости случайно оставались в фарше – они совершенно размягчались. В качестве исходного продукта евреи побогаче брали карпа, те, что победнее, – щуку (она считалась до революции сорной рыбой и почти ничего не стоила). Хлеб, нещадно добавлявшийся в фарш, служил в первую очередь для увеличения массы продукта (а вы думали, в советские котлеты хлеб для красоты клали?), а вот же вкусно получалось. (Такое часто бывает: хочет человек приготовить аутентичный узбекский плов, носится по рынкам в поисках хлопкового масла – оно дает такой специфический аромат! А узбеки используют его потому, что оно самое дешевое.)

Существует две формы подачи блюда: когда вы набиваете предварительно снятую шкурку фаршем и даже придаете ей форму рыбы, либо просто делаете из фарша тефтельки – гефелте фиш. Первый способ непрост: чтобы снять с рыбины шкурку целиком, не повредив, нужно иметь за спиной практику пластического хирурга. К тому же вам понадобится специальная продолговатая кастрюля – гусятницей тут не отделаетесь. Поэтому обычно я выбираю второй способ – та же рыба, только в профиль.

Сначала тщательно отделяем мясо от костей (чешую сняли, а шкурку не трогаем – перемелется вместе с мясом). На дно большой кастрюли укладываем рыбьи кости и плавники, порезанную крупно свеклу, морковь, репчатый лук (в Одессе его не чистят – он даст цвет). Перец черный горошком и белый душистый, соль, довольно большое количество сахара. Затем прижимаем это дело ко дну специальной сеткой (я сам соорудил), хотя можно просто все это завернуть в марлю, наливаем воду, ставим на огонь. Пока вода закипает, готовим фарш. Я ставлю на мясорубку сетку с самыми большими отверстиями – у нас должны получиться крохотные кусочки всего, а не каша-размазня. Фарш помимо рыбы включает в себя лук, чеснок, морковь (немного), белый хлеб, вымоченный в воде, либо в молоке, либо в сливках, или мацу, вымоченную в молоке либо в сливках, или манную крупу, или сочетание этих трех ингредиентов в выбранных вами пропорциях. Взбитое сырое яйцо (или два — в зависимости от общего размаха). Соль, молотый черный перец. Некоторые художники добавляют любимые специи, кедровые орешки. Я в данном случае не сторонник новаций. Теперь фарш следует не только хорошо помешать, но побить — желательно бросая с размаху на каменный стол, это придаст ему воздушности. Очень важно угадать конечную консистенцию — тефтельки не должны расползаться и разваливаться, в то же время им нельзя быть чрезмерно плотными. Годика два-три — и все у вас получится. Особенно тщательно надо нафаршировать голову (или головы) — это самая вкусная и главная часть. Вода уже закипела, мы осторожно опускаем туда головы, потом лепим смоченными в воде руками тефтельки величиной со снежок и аккуратно опускаем их в кастрюлю по одной. Вода должна их покрывать. А теперь убавляем огонь до минимума, накрываем кастрюлю крышкой и забываем о ней часа на четыре.

По истечении срока выключаем огонь, берем большое и достаточно глубокое блюдо, аккуратно выкладываем тефтельки и головы. Я в этот момент не могу удержаться от бабушкиных традиций: со дна кастрюли выуживается морковка, режется на тонкие кружочки и на каждую тефтельку такой кружочек кладется сверху. Идиотизм, но ничего с собой не могу поделать. Не, ну а как?

Если костей и плавников у вас было много и вы уверены в успехе, надо просто залить это блюдо процеженным бульоном. Если сомнения терзают вашу душу, — добавьте в бульон немного желатина. Его никто не заметит, а вы никому не говорите. Когда блюдо остынет, поставьте его в холодильник.

И еще. Фаршированная рыба (под водку) — это в моем представлении моноблюдо. Оторваться от него невозможно, поэтому его должно быть много.

Способ мой отличается от множества способов, описанных в кулинарных книгах и Интернете. Но многократно проверен практикой. Никто не жаловался. Напротив — плакали счастливыми слезами, требовали добавки. Потратьте денек, попытайтесь — вдруг у вас тоже получится?

Шашлык

Шашлык – национальная российская забава. Вернее, сам шашлык – мясо на вертеле – одна из ее составляющих. Но, согласитесь, не последняя.

О ней и поговорим.

Многие считают, что это блюдо пришло к нам с Кавказа. Это заблуждение, дорогие мои, – ему столько же тысячелетий, сколько и человеку – считая с того момента, когда человек научился поддерживать огонь и убивать зверей. Само слово «шашлык» – тюркское, и состоит из двух частей: «шаш» (или «шиш») – вертел, и «лик» – собственно, то, что на вертеле. На Руси в былые времена этот продукт назывался «верченым мясом» – вовсе не потому, что мясо было верченным через мясорубку, как меня недавно пытались убедить, – какие мясорубки при Иване Грозном? – а потому что вертел вращали над огнем (он, кстати, оттого и «вертел»). Довольно забавно происхождение модного ныне слова «барбекью»: по-французски «barbe a queue» дословно означает «от головы до хвоста» – в Европе, да и у нас зачастую на вертел насаживали целого барана, кабанчика, а то и бычка. Это зрелище, кстати, вкупе с ароматом, завораживает меня до сих пор.

Барбекью в Америке так же как и у нас, является социальным мероприятием – с компанией, задушевным общением и напитками. Но гастрономическая составляющая меня не впечатлила, увы: во-первых, никто не маринует мясо сам (кроме сумасшедших русских эмигрантов первой волны), в супермаркетах полно замаринованных на любой вкус полуфабрикатов — жарь да ешь, во-вторых, зачастую это происходит на пылающих огнем жаровнях — только врожденная политкорректность не позволяла мне вмешаться. И ладно еще угли из мешка — а если это газовый гриль? Глаза б мои не видели.

У нас тоже последнее время появились в продаже пластиковые ведерки и ведра с замаринованным мясом — обычно это свинина. Приходилось пробовать — в общем прилично, но до такой степени мягко, что в голову закрадывается мысль, а какого такого умягчителя они туда плеснули? Широко простирает химия руки свои в дела человеческие. Нет, никто не умер — после второго стакана вообще перестали об этом думать. И все же.

Я люблю все сделать сам. Это даже не вопрос недоверия общепиту — просто приятно самому написать полотно, собрать достойных друзей на вернисаж, и пусть они аплодируют, изумленные. А в магазине и дурак купит — это, если хотите, знак некоторого неуважения к ближнему, а стало быть, и к себе самому.

В этой связи — несколько разрозненных рекомендаций, основанных исключительно на личном опыте. Уверен, что у многих из вас имеется собственный опыт, дающий превосходные результаты, и он разнится с моим.

Ну и ладно.

Мясо. Если это свинина или баранина — оно не должно быть слишком жирным или жилистым. У свиньи хороша шейка, задняя нога. У барашка — задняя нога и ребрышки, и хорошо если барашек юн, а не умер своей смертью. Из говядины я беру исключительно вырезку. Вырезку режу крупно (крупней, чем барана и свинью, а их тоже не следует особо измельчать – шашлык получится сухой). Вырезка маринуется в сметане, куда добавляется мелкопорубленный лук, соль, травы и специи на ваш вкус. Мариновать от 4 до 12 часов.

Маринады могут быть бесконечно разнообразны, об одном прошу – забудьте слово «уксус». Сухое вино я также не приветствую – недалеко оно ушло от уксуса. Если уж вы никак без кислоты – возьмите лимон, это гораздо лучше. Репчатый лук – обязательная составляющая, можно его провернуть через мясорубку, и много его не бывает. Безграмотные фотохудожники очень любят снимать такое: над дымящимся мангалом шампур, а на нем – кусок мяса, колечко лука, кусок мяса, колечко лука… Никогда так не делайте: лук у вас сгорит, а мясо еще будет сырым. Лук делает свое дело в маринаде. Хотите овощной гарнир – отдайте один шампур овощам: луковица, помидор, баклажан… В баклажан можно, надрезав его, засунуть кусочки чеснока и курдючного жира.

Великолепным размягчителем баранины (а она в первую очередь нуждается в размягчении) является минеральная вода – чем больше газа, тем лучше. Причем она не отменяет лука и прочих компонентов.

Шампур. Хорошо, когда он длинный, прочный и все-таки трехгранный – на плоском шампуре мясо будет болтаться и крутиться. Сажать куски мяса следует довольно плотно друг к другу, ни в коем случае не оставляя пространства между кусками – сок уйдет. Дрова я беру березовые и все-таки дрова, а не уголь из бумажного мешка: я его не чувствую, не понимаю – определить жар на глаз невозможно, а приготовление шашлыка – сплошная цепочка тонкостей.

Цыпленка развернуть как книгу, смазать тонким слоем растительного масла, натереть чесноком, сухим имбирем, кориандром, красным перцем и крупной солью. На решетку. Не забыть перевернуть минут через семь-десять.

Бараньи ребрышки: не режьте их на тонкие лепесточки с торчащим ребром из каждого — жарьте на решетке целой колбасой, сочнее будет. Разрежете уже на столе — это красиво. Перед жаркой помазать оливковым маслом, сверху зира, кориандр, перец, крупная соль. Пусть полежит в тишине хотя бы часик. И помните: это свинину надо прожаривать как следует, а бараньи ребрышки должны сочиться прозрачным чуть розовым соком.

Гениальный шашлык из угря: выпотрошить, но не снимать шкуры, порезать на куски сантиметров по пять, утопить в провернутом луке часов на шесть. Уже на шампуре посолить — чем соль крупнее, тем лучше. Если в копченом варианте шкурка угря практически несъедобна, то здесь она получается хрустящей и божественной.

И — любимое: узбеки называют это «джигар». Баранья печенка и курдючный жир режутся довольно мелко (квадратики по четыре квадратных сантиметра), насаживаются на шампур поочередно. Вот тут шампурчик желательно иметь небольшой, и порция на нем должна быть на два укуса. Посыпать красным перцем, немолотым кориандром и крупной солью. Штучка эта хороша тем, что жарится она минуты три (не вздумайте пересушить!) и очень располагает к выпиванию в приятной мужской компании прямо над мангалом: выпил — и закусил. К тому же нельзя давать джигару остыть.

Что пить под шашлык? Да все что угодно! Что я, учить вас буду?

Про Окуджаву

Прав, прав был Пелевин, когда сообщил нам, что никакой вечности не существует. «Его музыка будет жить вечно!» – фраза восторженных идиотов. Нет ничего вечного. И какая, в сущности, разница, помнят твои мелодии десять лет, или пятьдесят, или сто? В мировом, так сказать, масштабе?

Песни Окуджавы были магией в неразбавленном виде. Говорю «были», потому что не уверен, что эта магия действует на сегодняшнее поколение. Я не могу услышать эти песни их ушами. Я их уже услышал – шестьдесят лет назад. И когда слышу снова – я опять семилетний человек (слушайте, я был совсем маленький!), и я накрыт этим волшебством. Что это? Негромкий, слегка печальный голос. Простые, благородные мелодии. Мудрые, грустные и чуть ироничные стихи. Нет, это ничего не объясняет.

Может, это само Время?

Песни Булата Шалвовича не привязаны к конкретным событиям. Они – про любое время. Казалось бы.

А вот представьте себе (дурной приём, но всё-таки) – мог бы сегодня появиться, скажем, Галич? Ещё как.

А Высоцкий? Не знаю, не уверен. И уж точно нет – Окуджава. Каждая его песенка – просто часть времени. Того времени.

Ах, как сладко с сегодняшних циничных высот снисходительно поливать шестидесятников – глупые они наивные, повелись-поверили, что всё уже хорошо, а завтра будет ещё лучше!

Да, поверили. А мы в девяносто первом не поверили? Просто хорошие верят в хорошее. И иногда выигрывают в короткую. И бегут себе дальше по лужку, срывая цветочки добра.

Сволочи выигрывают в длинную. Медленно. Методично.

Юбилей Окуджавы отмечали в Театре Современной Пьесы на Трубной. Сам Булат Шалвович сидел в ложе, где ему соорудили подобие арбатской квартиры – с абажуром, диваном, столиком. Вёл вечер Александр Ширвиндт, и всё шло весело и легко. На сцену выходили известные музыканты, артисты, поэты. Я спел своё посвящение. Что пел Юра Шевчук – увы, не помню.

К концу вечера оказалось, что на улице стоит толпа людей – они тоже пришли поздравить Булата Шалвовича, но не попали в зал. Окуджава подхватил нас с Юрой под руки, и мы втроём вышли на балкон. Стояло чудесное девятое мая, от бульвара пахло весной. У стоявших внизу были какие-то очень хорошие лица. Окуджава хотел им что-то сказать, но микрофона на балконе не было, а кричать он не мог. И тогда он сказал нам – спойте им что-нибудь, вас услышат. И мы пели по очереди с Юрой, и меня распирало от счастья. А Окуджава постоял немного с нами. И ушёл.

Мирный атом

Первые встречи с расщеплённым атомом происходили в ранней юности – я тогда жил в Советском Союзе, и тема была исключительно модной. Я, кстати, не уверен, что он был расщеплённый. Что совершенно точно – он был мирный.

Атомной бомбой грозили американские империалисты со страниц журнала «Крокодил» – смешные пузатые человечки в смокингах и цилиндрах со скрюченными лапками. Из перекошенных ртов у них вылетали слова «ложь», «клевета» и «реванш». При этом один непременно держал тугой мешок с надписью «10000000000 долларов», а второй – небольшую бомбочку с буквой «А». Атомную, то есть. А наш атом был мирный. Его так и звали – мирный атом.

Изображался он следующим образом: в центре – ядро в виде шарика, а вокруг него – три эллипса, орбиты электронов. Всю эту конструкцию держал на простёртой длани учёный, похожий на доктора Айболита: моложавый дедушка с бородкой, в очках и академической шапочке, напоминавшей ермолку.

Рядом с ним (всегда ближе к центру композиции) шагал могучий сталевар в комбинезоне или фартуке и с длинной железякой в руках – чтобы пробивать леток в домне. Рядом шла дородная колхозница, она несла, как ребёнка, большой сноп пшеницы. Тут же мог находиться космонавт – прямо в шлеме и скафандре. По бокам частично во втором ряду теснились представители народов республик СССР кто с чем: кто с барашком, кто с корзиной фруктов. Иногда возникал пограничник – его выдавал бдительный взгляд и бинокль на груди.

Называлась эта композиция «Все идут, все несут». Каноническая иконография соблюдалась строго – различаться могли только материалы воплощения: если это был фронтон дворца культуры, то группа являла из себя барельеф. В фойе того же дворца она уже являлась в виде настенной мозаики. В живописном варианте это мог быть огромный плакат с мудрой лаконичной надписью «МИР, ТРУД, МАЙ!».

Удивительно, сколько лет прошло, а вижу эти шедевры как вчера. Хорошо, видимо, делали.

В Чернобыль я, в общем-то, не собирался, хоть и было интересно. Подтолкнул меня леденящий душу рассказ моего товарища про помидоры с человеческую голову и высотой до третьего этажа. С момента аварии не прошло и двух месяцев, и я осторожно, чтобы не обидеть, поинтересовался, откуда такая информация. «От тёщи» – снисходительно сказал товарищ. «Уж она-то врать не станет». Тёща товарища была большим начальником. В общем, очень хотелось доказать, что и большие начальники иногда несут чушь.

А тут ещё пригласили спеть для ликвидаторов аварии. В общем, как-то само всё сложилось. Взял гитару, полетел.

Ликвидаторы жили на дебаркадерах на Припяти – в тридцатикилометровой зоне. По возвращении со смены их очень серьёзно дезактивировали – мыли и обрабатывали в специальном ангаре. Я попросил свозить меня поближе к реактору. Мы доехали до въезда в город и сфотографировались – дальше нельзя. Эта чёрно-белая фотография вся испещрена белыми точками и тире – следами радиации. Этот атом точно был расщеплён.

Поразило большое количество диковинных научных, иногда иностранных машин. Объяснили – впервые есть возможность изучить последствия выброса не на модели, а в реальности.

Нет, ребята, помидоров с бычью голову и прочих глупостей не было. И как раз от этого становилось не по себе – всё как обычно, сказочная природа. Только без людей.

Сам концерт я не помню – концерт как концерт. Кажется, долго не отпускали. Потом меня увлёк с собой комендант города – чудесный рыжий старлей, непрерывно хохотавший. Похоже было, что они не убивают тут себя каждый день, а отдыхают на заготовке грибов и ягод с колхозницами.

Самолёт мой улетал утром, и комендант сказал, что до отлёта совершенно необходимо выгнать из организма свободные радионуклиды. Это медицинское требование. Мы расположились в его тесной комнатке и приступили к работе.

Сначала мы выгоняли свободные радионуклиды с помощью каберне. Кажется, часам к двум ночи каберне кончилось. Комендант сообщил, что, по его наблюдениям, водка тоже отлично выгоняет радионуклиды. Может быть, даже лучше, чем каберне. У меня не было оснований ему не верить.

Всю ночь он рассказывал мне интереснейшие истории про то, что там произошло и происходит. Я ничего не помню.

В аэропорт Кольцово я вошёл на своих ногах, увешанный счётчиками Гейгера как ёлка игрушками. Помню, я был вынужден всё время танцевать – только так удавалось сохранять равновесие. Если я останавливался, я тут же начинал заваливаться на бок. Меня не хотели пускать в самолёт, но узнав, откуда я только что, довели до кресла. Домой я ввалился в прекрасном расположении духа, сообщил жене, что мы немедленно едем за грибами, упал, не раздеваясь, на диван и проспал восемнадцать часов.

Доктор, Маньяк и Кишито

Я не помню, чтобы до этого Саша Розенбаум мне звонил. Хотя познакомились мы несколько лет назад. Шел восемьдесят четвертый год прошлого века, вся страна хором пела «Гоп-стоп», а я изображал юного барда Колю Ковалева в фильме «Начни с начала», и съемки происходили в Ленинграде. Режиссер Стефанович всегда умел совмещать приятное с полезным, и он придумал в качестве эпизода этакое видение главного героя – вот плывет по Неве сквозь туманы некий корабль, а на нем сплошь барды, и все поют. Скорее всего Стефановичу захотелось покататься белой ночью на пароходе в приятной компании. Розенбаума, Борю Гребенщикова, Макса Леонидова, каких-то еще поющих ребят позвали на съемки. Саша взошел на корабль красивый, с гитарой, в окружении небольшой свиты, увидев меня, увлек в каюту, налил два стакана водки и предложил выпить за знакомство. Стаканы были двухсотграммовые, и, конечно, правила игры требовали не уронить марку и махнуть до дна, но я все-таки сдержался.

В общем, мы понравились друг другу.

Так вот, Саша вдруг позвонил. Было около часа ночи, и я удивился.

Практически вместо «Привет» он спросил, не читал ли я в детстве книгу полковника Фоссетта.

Ни фига себе. Конечно читал!

При этом должен отметить, что даже в те годы книга Фоссетта «Неоконченное путешествие» к разряду популярного чтива ни в коей мере не относилась. И я вышел на нее (и разыскал с трудом) через другую книгу — Игоря Акимушкина «Следы невиданных зверей». Я бредил джунглями, опасными путешествиями, неоткрытыми пространствами и неизвестными науке животными, и у Акимушкина было как раз про это. Что же касается полковника сэра Перси Фоссетта, то он в начале двадцатого века по заданию Ее Величества королевы Англии проложил и нанес на карту нынешние границы Бразилии. Путешествовал он последние годы втроем — с двумя своими сыновьями, — и в последнем походе бесследно исчез. Существуют разные версии его гибели (в частности, политобозреватель Игорь Фесуненко рассказывал мне, что в бассейне реки Шингу индейцы показали ему место на берегу, где по преданию похоронены трое белых путешественников), но ни одна версия так до конца и не подтверждена. Книга Фоссетта представляет из себя его путевые дневники, и обладает чудесным ароматом достоверности — такие люди не сочиняют. Я перечитывал ее много раз. Оказывается, я был не один.

В общем, Саша предложил пойти на Амазонку. Прозвучало это как предложение съездить в субботу на рыбалку на Истру.

Интересно — я всю жизнь мечтал о походе на Амазонку. Причем жизнь при этом вел очень густую и насыщенную, и мечтам про Амазонку удобно было оставаться мечтами. Чтобы время от времени, сидя за бутылочкой с друзьями, доставать эти мечты на обозрение, в который раз перебирать и с любовью класть обратно. Разоблачив меня в двух словах, Саша предложил общими усилиями с этим положением дел покончить. Мне потребовалась пара минут, чтобы осознать, что мы говорим об абсолютно реальных вещах. Мы даже забили сроки, чтобы никакие гастроли не могли нарушить наши планы — через полгода, в январе.

Старт был дан, мосты сожжены.

Удивительно, что за пару месяцев до нашего разговора я познакомился с парнем, которого звали Андрей Куприн. Вернее, это он познакомился со мной — уж не помню как. К этому моменту он уже дважды ходил в Бразилию с друзьями, причем совершенно диким образом — они где-то находили крупномасштабные карты местности (кроки), прокладывали маршрут через дикие джунгли, и на байдарках, которые тащили на себе из Москвы (это в Бразилию-то!), сплавлялись по глухим притокам Амазонки. Опыт его для нас был бесценен. Совпадения исключались — это был знак свыше. К тому же число «три» для состава экспедиций такого рода идеален: вдвоем скучно, а четвером и более неизбежно разбиваются на группы. Это не я, это Джером К. Джером, «Трое в лодке». Помните?

Куприн согласился идти с нами.

Мы сразу загрузили его неизбежной предварительной работой — надо было разработать маршрут и подготовить снаряжение. Бразилия, если помните, не самая маленькая страна в мире, а Амазонка — крупнейшая река, и джунглей там тысячи километров — куда идти? (Кстати, десять лет спустя мы повторили поход, но двинулись на юг Бразилии, в Пантанал — это совершенно другая местность, другой климат и совсем другая история.) В тот раз нам хотелось не отдаляться от Амазонки. Амазонка!

Внутрь рюкзаков были вставлены тщательно проклеенные резиновые мешки. Такой рюкзак мог спокойно падать с лодки в воду – ничего не намокнет (на месте оказалось, что тропический ливень – а шли они каждую ночь, – ничем не лучше купания в реке). В специальной поликлинике на Неглинке были сделаны прививки от желтой лихорадки. Продуктов было решено взять самый необходимый минимум: чай, кофе, соль, сахар, рис, – и закупиться на месте. Белковый дефицит мы планировали пополнять рыбой, коей там ожидалось невиданное количество, и я рассчитывал на свой рыбацкий опыт. Ну-ка, как сохранить сахар, соль и крупы в походе сухими и при этом не дать им рассыпаться по рюкзаку? Да элементарно, Ватсон: возьмите пластиковую бутылку из-под воды, тщательно высушите ее, засыпьте внутрь продукт и крепко завинтите крышечку. Все!

Что касалось рыболовных снастей, то они должны были быть универсальны, максимально надежны и при этом максимально компактны – условия трудносовместимые. Я остановился на маленьком четырехколенном спиннинге – он был тонок, но бесконечно прочен, его можно было гнуть колесом и он не ломался, а в разобранном состоянии практически терялся в рюкзаке. Я по опыту северных походов знал, как могут отравить жизнь лишние десять сантиметров, нескладно торчащие из заплечного мешка. В рыболовном магазине я накупил кованых крючков и стальных поводков – про пираньи челюсти я начитался легенд (действительность эти легенды полностью подтвердила – хваленые поводки пиранья перекусывала как нитки, и спасала только полуторамиллиметровая стальная проволока – такую и топором не очень перерубишь).

Ножи, чайник, кружки, котелок, фольга (готовить рыбу в золе), палатки, коврики, топорик, фото-видео техника – ничего не забыли?

Саша Розенбаум (первая кличка – Полковник), исходя из собственного медицинского прошлого, взял на себя заботу о здоровье членов экспедиции и собрал чемоданчик с самым необходимым: бинты, антисептики, жаропонижающее, антибиотики, антигистамины. Так Полковник снова стал Доктором. Еще он прихватил на случай ЧП телефон космической связи, огромный и нелепый – они только появились. Телефон нам, слава богу, не понадобился. Слава богу – потому что он не работал. А вот солнечная батарейка, спертая Куприным у каких-то секретных вояк, отлично работала и даже в пасмурную погоду исправно заряжала фото и видеокамеру.

Я автоматом выходил добытчиком и поваром экспедиции – по рыбалке я был главный и, кстати, единственный, да и готовка меня никогда не тяготила – программа «Смак» гремела на всю страну. Так появился Повар.

Что же до Куприна, то его коренастая фигура, длинные прямые волосы, собранные в хвостик и нездешний свет серых прозрачных глаз заставляли полицейских и таможенников в аэропортах снова и снова перетряхивать его багаж и выворачивать карманы в безуспешной надежде разоблачить негодяя. Нас с Сашей они при этом оскорбительно не замечали. Так возник Маньяк. Но это уже позже, в пути.

Маршрут наш выглядел следующим образом: перелет до Рио, сутки на ознакомление с городом, перелет до Манауса, сутки в Манаусе, перелет до Табатинги, знакомство с местным населением с целью выбора проводника, аренда лодки и поход по реке Кишито (приток притока Амазонки). Продолжительность – десять суток, протяженность – 400–450 километров в оба конца. Затем в обратном порядке — Табатинга, Манаус, Рио, дом. Красиво?

Лично я считал дни до отлета.

Рио не произвел на нас большого впечатления. Так бывает, когда ждешь от города чего-то сверхъестественного. Ну как же, Рио! А может, так нам показалось оттого, что он не являлся основной целью нашего путешествия. Пляжи были длинные, но грязные, самый центр города разрезал какой-то нелепый тоннель в скале, совсем рядом на склоне горы громоздились фавелы — трущобы бедняков, и скопление лачуг цветом и фактурой напоминало гречневую кашу, ходить туда категорически не советовали, да не очень-то и хотелось. Даже раскинувший руки над городом каменный Иисус не спасал картины. Ночью на набережной у отеля толпились огромные некрасивые девки, зазывали, старались ухватить за причинные места.

Никто не пострадал.

А вот Манаус!

Манаус с времен полковника Фоссетта практически не изменился — а у него он описан подробно. (Прошу учесть, что с тех пор я в Манаусе не был, и боюсь, за это время он как раз мог измениться, и скорее всего не в лучшую сторону. Так что мои впечатления — почти двадцатилетней давности.) Город этот, стоящий на слиянии двух могучих рек — Рио Негру и Амазонки (местные же вообще полагают, что Амазонкой Амазонка становится после слияния с Рио Негру, до этого места она называется Салимос) уже своим географическим местоположением был обречен на процветание. И кульминация пришлась на конец девятнадцатого века — начался каучуковый бум. Ребята, добывавшие новый модный материал из сока каучуковых пальм, обогатились на этом деле настолько, что им ничего не стоило, например, выписать из Парижа оперную труппу (сколько они туда плыли?) в полном составе с декорациями для одного-единственного представления. Оперный театр, построенный с этой целью, восхитителен. Но наибольшее впечатление на меня произвел крытый рынок – литые ажурные конструкции, шедевр архитектуры эпохи модерна. Поскольку в бассейне Амазонки водится больше видов рыб, чем во всем Мировом океане (вдумайтесь!), на рынке в основном торгуют рыбой. Я обожаю гулять по рыбным рядам. Здесь не покидало ощущения прогулки по зоологическому музею. Какие-то совсем знакомые, узнаваемые плотвички и окуни перемежались с совершенно доисторическими чудовищами. Впрочем, и окуни были пестрее и экзотичнее своих северных собратьев. Рыба пако, например, видом своим походила на крупного леща, у которого вдруг оказались зубы, размером и формой напоминающие человеческие. Трехметровые рыбы пираруку – это самая крупная пресноводная рыба в мире – лежали на прилавках уснувшими посланцами мезозойской эры. Тут же продавалась поштучно их чешуя – каждая чешуйка с ладонь взрослого человека. Чешую местные женщины используют в качестве пилки для шлифовки ногтей. Разглядывать все это можно было бесконечно.

За рынком дорога выходила к обрыву – и дух захватывало от величия и мощи двух рек, соединяющихся в одну – не берусь определить на глаз ширину, но это без сомнения самая широкая река, которую я когда-либо видел, второй берег еле читался. Поражало сочетание этой ширины со скоростью течения – оно отнюдь не было плавным. Сколько же сотен тысяч тонн воды проносилось мимо нас ежеминутно? Обрыв был высотой метров десять – оказывается, это обычный перепад уровня воды для этих мест, поэтому большие стационарные причалы строить бессмысленно. А между тем вся жизнь, все контакты, вся торговля происходит по воде – город окружен джунглями, и только река спасает. По реке сновали туда-сюда изумительные строения – в общем, лодки, пароходы и пароходики. Многие из них архитектурой своей напоминали старые деревянные советские дачи, двигались на колесном ходу и раскрашены были в самые невероятные сочетания цветов. Не берусь определить их возраст. Пароходики причаливали к шатким мосткам – иногда сразу к первому второй, ко второму – третий, и оттуда несли и несли на берег на головах огромные связки и охапки каких-то неведомых растений, круглые корзины с еще живой рыбой. Вся картина дышала такой мощью жизни, что от нее можно было заряжаться энергией, как аккумулятор.

Мы не смогли отказать себе в удовольствии выйти на лодке на самое русло, где соединяются два потока – Салимос цвета кофе с молоком и черно-прозрачные воды Рио Негру. Соединившись, они, однако, долго не смешиваются и около ста километров идут бок о бок – можно поставить лодку таким образом, что слева по борту будут воды одной реки, а справа – другой. Я много читал об этом месте, но, конечно, это надо видеть.

Табатинга после Манауса оказалась самой настоящей деревней – правда, довольно большой. Одноэтажные, иногда убогие домики, местные жители в основном на велосипедах, буйство тропической растительности – дыхание джунглей здесь уже ощущалось физически. Нам предложили на выбор две гостиницы: обычную – за десять долларов в сутки и хорошую – за пятнадцать. В каждой по четыре номера. Хорошая отличалась тем, что на дверях изнутри были защелки. Мы посовещались и выбрали хорошую – гулять так гулять.

Прилетели мы вечером, и перелет в тесном двухмоторном самолетике времен Второй мировой удовольствия не доставил. (В Бразилии есть авиакомпания – вот забыл название – где цены на билеты ниже раза в два. Просто не все самолеты долетают.) В общем, устали мы страшно, и, затаскивая рюкзаки в коридорчик гостиницы, я рассказывал ребятам про самую большую бабочку в мире – гигантскую серую совку. Величиной она с голубя и водится только в этих краях. И я всю жизнь мечтал ее увидеть. «Вот эта?» – спросил Доктор, указывая на дверь номера. На двери сидела гигантская серая совка и упорно не желала улетать. Мы в джунглях!!!

В Табатинге мы неожиданно застряли на пару дней – жители деревни упорно не понимали, чего мы хотим. Нас познакомили с местным боссом – владельцем обеих гостиниц. Он никак не мог взять в толк, зачем нам на десять суток в джунгли. Он готов организовать лодку, нас свозят к специально обученным индейцам, мы посмотрим, как они танцуют, купим там сувениры и к вечеру будем обратно! Это недорого! Нет, нам надо на десять суток. Хорошо, но ночевать вы же будете возвращаться? Нет, у нас палатки. Но это же опасно! Где я вам найду такого проводника?

Табатинга расположена на стыке границ трех государств – Бразилии, Колумбии и Перу. Не знаю насчет Перу, а граница с Колумбией была довольно условной и являла из себя уложенные в ряд прямо на траву древние черные бревна. Возможно, их уложил сам полковник Фоссетт. Граница не охранялась, и перешагнув через бревно, ты оказывался в Колумбии. Мы ходили туда завтракать.

К исходу второго дня в результате мучительных переговоров и лодка, и проводник были найдены. Проводником оказался постоянно улыбающийся индеец по прозвищу Жакаре — Крокодил. Босс рекомендовал его как знатока джунглей, местных обычаев и вообще. Единственная проблема заключалась в том, что Жакаре говорил исключительно по-португальски (индейский не в счет), мы с Доктором португальским не владели, а Маньяк несколько переоценил собственные знания — хорошо по-португальски у него получалось только первое слово любого предложения. Звучало оно как «Акэ», я долго поражался универсальности этого удивительного слова, и гадал, что же оно может значить, пока не пришел к выводу что это что-то вроде «Это самое». В целом общение обещало быть интересным.

Лодка оказалась длинной, узкой, с низко сидящими бортами и обводами своими необычайно напоминала наши русские северные деревенские лодки (удивительно, что и орнаменты индейцев — и символикой, и яркими своими цветами — совершенно повторяют орнаменты народов русского севера: Архангельской и Мурманской губерний. Что откуда пошло? Тайна сия велика есмь). Посередине лодки располагался весьма условный навесик на четырех жердочках. Задняя часть была занята канистрами с бензином, дальше шел маленький навесной мотор. К мотору прилагался застенчивый молодой моторист и совсем уже бессловесная его жена — в ее задачу входило кормить моториста в пути. За все про все босс запросил с нас какую-то нечеловеческую по местным меркам сумму — кажется тысячу двести долларов, но у нас не было выбора, да и время поджимало. В общем, на утро был назначен выход. Мы отправились в местную лавочку, закупили соль, сахар, кофе, чай, лук и морковку для ухи, рис и хлеб. Маньяк уговорил нас по случаю отплытия отведать местной бормотухи, почитаемой индейцами за сладость и дешевизну. Бормотуха продавалась в больших картонных коробках литра по два, стоила совершенную ерунду и по вкусу неожиданно напомнила домашнее вино, которые бабушки в Анапе и Туапсе в годы нашей юности продавали доверчивым отдыхающим трехлитровыми банками – это была изабелла. (Интересно – это был единственный случай за все время экспедиции, когда мы выпили. У меня на всякий случай была с собой фляга рома – она вернулась в Москву нетронутая и долго потом еще хранила в себе напиток, побывавший на Амазонке.)

Отходили мы нарядно. Доктор надел на себя полный парадный камуфляж и повесил на пояс нож, который размерами приближался к сабле. Я же укрепил на корме Андреевский флаг – мне сшил его мой товарищ Юрка Борзов, он тоже всю жизнь мечтал о походе на Амазонку, послал вместо себя флаг и наказал не спускать его весь поход. Я обещал. Берега Амазонки в этих краях весьма обжиты, люди в проходивших навстречу лодках махали нам руками. Наш проводник долго мялся, а потом сказал, что поскольку мы находимся практически на пересечении государственных границ, может быть все-таки лучше либо снять камуфляж, либо приспустить флаг неизвестного государства. На всякий случай. Но к этому моменту мы уже сворачивали с основной водной магистрали на боковую улицу. Ширина этой реки уже вязалась в моем представлении с шириной реки вообще – что-то вроде реки-Москвы. Деревенек по берегам сильно поубавилось, появились первые заросли. Еще часа через два мы свернули направо, в узкую реку Кишито. И джунгли встали стеной слева и справа от нас. Все, началось!

Первое время я постоянно сравнивал собственные ощущения с тем, что я читал об этих местах – а читал я немало.

Очень много страшного было написано о засилье кровососущих насекомых. Так вот, пока ты движешься на лодке — ничего этого нет. Тебя обдувает ветерок, и несмотря на запредельную влажность, тебе не очень-то и жарко. Тяжело становится, как только лодка остановилась и ты сошел на берег. Антимоскитные жидкости и брызгалки действуют первые пять минут — потом они стекают вместе с потом. В сетке я тоже ходить не смог — неудобно. Меня поражало разнообразие летучего мира — ни на одной стоянке картина не повторилась ни разу, а ведь мы не так много проходили за день. То это были комары, совсем как наши, то москиты, мелкие настолько, что глаз с трудом различал их, то какие-то мушки. То они появлялись к закату и исчезали с наступлением темноты, то до самой темноты нас никто не трогал, и мы уже радовались, но садилось солнце и начиналось! То они упорно и методично покусывали нас весь день.

Впрочем, по сравнению с нашей сибирской тайгой — не страшно. Можно терпеть. Мы терпели.

В течение дня мы продвигались вперед. Ближе ко второй половине начинался поиск стоянки. Это оказалось совсем непростым делом. Берега Кишито представляют из себя сплошную стену переплетенных между собой, большей частью колючих растений. Вырубить площадку для трех палаток — задача совершенно нереальная. Если вы вдруг видите полянку, радоваться рано: полянка не могла появиться сама по себе — ее кто-то расчистил. Значит, она чья-то. Скорее всего это индеец, и ты обязан спросить его разрешения остановиться на его полянке. А его нет, он ушел в джунгли и неизвестно, вернется ли. А вот если вернется, и обнаружит на своей полянке каких-то чужаков, то вполне может их убить. Что и происходит периодически: за пару месяцев до нашего приезда в этих краях индейцы убили двух европейцев. Вся гигантская территория считается национальным парком, и индейцы на ней такая же часть природы как кайманы или ягуары, и никто твое убийство не будет расследовать. Поэтому если спросить разрешения не у кого, лучше двигаться дальше. А ровно в шесть часов (мы на экваторе) темнеет, причем моментально – как выключили свет, и остаться без ночлега в такой ситуации совсем неинтересно. Изредка на берегу попадались хижины на столбах. В них жили кабокло – полуиндейцы-полубразильцы. Рядом с хижиной всегда оказывалось расчищенное пространство, и обычно нас туда пускали. Кабокло не удивлялись нашему появлению, не задавали вопросов. Мало того: если мы молча проплывали мимо их домика (как правило женщины на мостках стирали), нас просто не замечали. Не видели. Мы были не из их мира. Если мы здоровались, то равнодушно здоровались в ответ. Но, конечно, интереснее было найти стоянку вдали от любого жилья. И когда нам попадались природные песчаные отмели или минимальные свободные от джунглей пространства, это была большая удача. Иногда мы жертвовали половиной дня пути, обнаружив такое место. В этом случае мы заранее разбивали лагерь и никуда не торопились.

Очень хотелось купаться. Миф номер два: где бы ты ни опустил руку в воду – тебе ее тут же отгрызут по локоть кровожадные пираньи. Пираний в реке действительно было множество. Во всяком случае, первой рыбой, хватавшей наживку в течение пяти секунд, была именно пиранья. При этом каким-то образом наш индеец определял, где можно купаться, а где не стоит – это не зависело, по-моему, от количества пираний. Языковой барьер так и не позволил мне узнать, как он это делал. Реальная опасность исходила от другой, совсем маленькой рыбки – сомика кандиру. Я, считающий, что природа не может создать ничего некрасивого, перед кандиру все-таки пасую. Представьте себе голову инопланетянина из фильма «Чужие» длиной сантиметров пять. Плавников и хвоста практически нет. Впрочем, по хребту идут почти незаметные, но острые колючки, направленные назад. Спинка ярко-синяя, брюшко белое, чешуи нет, глаз тоже (во всяком случае их не видно), тельце покрыто густой слизью. А вот рот и зубы в точности как у Чужого. Этакая капля с зубами. А теперь самое интересное. Учуяв человека, сомик моментально вгоняет себя, как пулю, в естественное человеческое отверстие (их, как известно, в нижней части тела два – переднее и заднее). И застревает там. И умирает. И направленные назад колючки исключают возможность извлечь его без хирургической помощи. Мило, правда? Зачем он это делает, сволочь? Наука имеет на этот счет несколько версий. Поэтому, несмотря на очень плотно пригнанные плавки, все время хотелось страховать себя руками спереди и сзади. Это тоже не вполне получалось, так как на дно вставать не следовало ни в коем случае, был реальный шанс наступить на ската-хвостокола (я поймал одного – самый настоящий морской хвостокол – в пресной воде!), а мутная вода не давала возможности увидеть дно и ската на нем. И выглядело купание следующим образом: мы находили свисающие над водой лианы или ветки деревьев и, схватившись за ветку одной рукой, погружали тело в воду, поджав под себя ноги, чтобы, не дай бог, не коснуться дна, а другой рукой при этом отгоняли гипотетических кандиру то спереди, то сзади. Поверьте, это было непросто. И все-таки мы купались.

После купания мы шли искать дрова. Найти дрова в джунглях – сложнейшая задача: дерево либо живое, и оно не горит, либо гнилое, и оно уже не горит. Промежуточное состояние практически отсутствует. Тут, конечно, нам сто очков давал наш Жакаре. Я наблюдал за ним с восхищением. Двигался он сквозь джунгли бесшумно, как кошка, и колючки, которые впивались в нас постоянно, его легко пропускали. Мачете в его руках легко и быстро выполнял поставленную задачу, а у меня, например, ни черта не получалось – это только в кино: махнул мачете – и готова дорога через заросли. Жакаре мог поставить под углом друг к другу три палки, положить сверху рюкзак и получался стул (до сих пор не могу вспомнить как он это делал – головоломка!), он знал, как найти в джунглях питьевую воду – срубал какую-то пальмовую ветку, и из ее стебля выливался чуть не литр воды, а на коре другой пальмы он делал надрез, и оттуда тек сок, очень похожий на молоко. Третью пальму – тонкую и высокую – он валил тремя ударами мачете, отсекал верхушку, чистил ее, рубил на кусочки, поливал маслом и получался чудесный салат – пальмито. Мы только успевали достать из мешков наши палатки, а он уже натягивал гамак между двумя деревьями, над ним – веревку, накидывал на нее марлю, которая накрывала гамак целиком, подныривал под этот навес и через минуту беззвучно спал. Если начинался дождь, он, не просыпаясь, набрасывал поверх марли полиэтиленовую пленку. Я страшно жалел, что мы не можем свободно разговаривать – сколько интересного можно было бы узнать!

Так вот, с дровами проблем у Жакаре тоже не было. В первый вечер, после того как мы убедились, что ничего мало-мальски горючего в этом вечно влажном лесу найти невозможно в принципе, он нырнул в какие-то непроходимые заросли и через минуту выполз оттуда с охапкой вполне приличных дров. Потом он сложил небольшой аккуратный костерок, и достал из маленького мешочка на поясе зажигалку и какие-то стружки красного цвета. «Специальная индейская смола для розжига костров!» – подумал я с восхищением. Увы, это были обрезки пластиковой канистры.

На второй вечер мы остановились в необыкновенно красивом месте. Берег поднимался над водой на высоту человеческого роста и образовывал полосу шириной метров двадцать, за которой начиналось озеро – длинное, расположенное параллельно реке. Было понятно, что, когда вода в реке поднимается, озеро соединяется с руслом. Деревья на полосе суши росли высокие и достаточно редкие, трава поднималась до колен и была густой и мягкой. Вообще, было ощущение, что мы оказались в лесу где-то под Воронежем. Такое встречалось потом достаточно часто: дикая тропическая экзотика – и тут же что-то совсем родное, узнаваемое, причем без всякого перехода. В общем, лучшего места для ночлега было не найти. Мы решили обследовать озеро и двинулись пешком вдоль его берега: после долгого сидения в лодке хотелось размяться. Примерно через час я обнаружил, что потерял свой фотоаппарат (он лежал у меня в чехольчике на поясе). Я очень расстроился: из-за почти отснятой пленки, которая осталась в нем, и из-за того, что снимать больше будет нечем. При этом мне даже в голову не пришло бы отправиться его искать в такой траве. Жакаре молча развернулся и исчез. Он вернулся через четверть часа с моим аппаратом в руках. «Как ты его нашел?» – изумился я. «Но я же видел, где ты шел!» – удивился он в ответ.

На берегу озера лежала маленькая долбленая пирога, и в ней – весло. Я взял спиннинг и легко столкнул лодку в воду. Шириной она была сантиметров сорок, и я еле втиснулся меж бортов. Посудина оказалась крайне неустойчивой, а борта еле-еле возвышались над поверхностью. Кое-как я выгреб на середину, и от первого взмаха спиннингом чуть не перевернулся. Безопасный бросок получался только движением кисти – рукой махать не получалось. Потом я несколько раз видел, как индейцы, стоя в такой пироге в полный рост, забрасывали в воду сеть-накидку, и тут же тащили ее обратно, а лодка при этом даже не шевелилась. Это выглядело чудом эквилибристики и при этом не доставляло рыбакам никаких усилий.

Впрочем, рыбы я наловил довольно быстро.

Миф номер три: в джунглях полно свирепых диких зверей. Зверей в джунглях крайне мало: изредка (очень изредка) встречается ягуар, есть обезьяны, мелкие кабанчики, ондатры, еще кое-какая мелочь. Мы несколько раз слышали обезьян-ревунов – ревут они действительно отчаянно громко, слышны издалека, и совсем не обязательно, что вы при этом их увидите. Так что зверей мы почти не встречали (кайманы и черепахи не в счет). А вот болотной птицы великое множество и невероятное разнообразие. С заходом солнца все это начинает петь, кричать и голосить, с воды отвечают лягушки, и концерт этот длится до утра, причем концерт оглушительный, а звуки иногда настолько неожиданные, что даже не можешь предположить, какая птица или зверь их издает. При этом кто-то все время ходит вокруг твоей маленькой палатки, шуршит, скребет по ткани. К Доктору кто-то даже стучался из-под земли. Первую ночь я не мог заснуть – от шума и восторга. Потом привык.

Ну и конечно, рыба. Подозреваю, что в диалектах индейцев словосочетание «Не клюет» отсутствует в принципе.

Обычно первая рыба ловилась на что угодно, я резал ее на куски, и она становилась насадкой для остальных. Основной (и очень назойливой) добычей была пиранья. В первый день Жакаре с сочувствием смотрел, как один за одним лопаются мои хваленые стальные поводки из дорогого рыболовного магазина, потом вытащил откуда-то из-под мотора моток толстенной проволоки и плоскогубцы. Он с большим трудом откусил от мотка кусок сантиметров десять, на одном конце загнул колечко, на другом на такое же колечко надел крючок, надежно зажал и подал мне. Проволока была раза в два толще самого крючка, и рыба в нашем водоеме обхохоталась бы, увидев это сооружение. Пиранью ничего не смущало. Челюсти у нее и правда страшные. Я встречал довольно много индейцев без пальца на руке. На вкус (как и формой своей) пиранья напоминает карася, но, к сожалению, такая же костлявая. Поэтому более желанной добычей были сомики. Двух одинаковых я не поймал ни разу. Черные, белые, золотые, пятнистые, как корова — и самых разных размеров. Вообще бывали удивительные случаи. Однажды я вытянул рыбку грамм на семьсот очень гастрономического вида. Я понимал, что отлично знаю, кто это, но не могу сообразить. Прогонистая, с серебристыми боками, черной спинкой — похожа на чехонь, но не чехонь. Сдавшись, я обратился с вопросом к Жакаре. Он пожал плечами и сказал — сардина. Господи, правда сардина! Таких размеров, в реке, в пресной воде, за несколько тысяч километров от океана! Рыбаки меня поймут.

Если было лень или некогда возиться с ухой, рыба потрошилась, но не чистилась, заворачивалась в фольгу и клалась на угли. Через пятнадцать минут блюдо было готово. Оставалось развернуть, одним движением снять шкурку и посыпать солью и перцем. Божественно!

В один из дней Жакаре решил угостить нас черепаховым супом. Он, как всегда, бесшумно скрылся в зарослях и вернулся с черепахой – довольно здоровой. Черепаху было жалко, но желание отведать черепаховый суп перевесило, да и рыба поднадоела. Четыре часа мы смотрели, глотая слюни, как порубленная черепаха моется в семи водах, а потом еще в семи водах (потрошки отдельно). Вообще индейцы этих мест очень склонны к чистоте: женщины, которых мы видели, стирали постоянно. Потом потрошки жарились с луком и перцем, а черепаха варилась в котелке с луком и морковкой. Очень долго. Может быть, поэтому суп большого впечатления не произвел. Если бы я был не в курсе, я бы решил, что это жесткая говядина – пока не попался бы коготок.

С наступлением темноты следовало расстегнуть полог палатки, нырнуть внутрь с максимальной скоростью, застегнуть палатку изнутри, снять с себя всю одежду (это было наслаждение), светя фонариком перебить комаров и москитов, успевших залететь внутрь вместе с тобой, еще раз осмотреть дно (первый раз – когда ставишь палатку) и вытянуться на коврике. Однажды ночью Доктора кто-то укусил, и у него стала неметь рука и язык. Плохие симптомы. Я обшарил его палатку, но змеи, слава богу, не обнаружил. Скорее всего это был муравей или термит – их там сотни видов, и есть очень неприятные.

В районе трех часов ночи начинался дождь. Нет, не дождь и даже не ливень. В русском языке определение этого явления природы отсутствует. Это душ Шарко, направленный вертикально вниз под очень хорошим давлением. Воды в этот момент в воздухе становится больше, чем самого воздуха. Впервые, когда нас накрыл этот водопад, мы проснулись в легкой панике, и Доктор (гигиенист!) предложил, раз уж не спим, пойти помыться. Мы, голые, выползли из палаток наощупь. Доктор – с куском мыла в руке. Темнота стояла абсолютная – не видно собственной руки. Ливень оказался очень теплым – градусов тридцать. Баня и гидромассаж в одном флаконе! Я попробовал нарисовать себе эту картину: два не самых неизвестных музыканта стоят среди ночи под ливнем посреди диких джунглей в чем мать родила, и один другому передает на ощупь мыло – и понял, что я очень люблю жизнь. Ливень кончился неожиданно – как воду выключили, и за те несколько секунд, пока мы, как слепые, искали вход в наши палатки, нас искусали так, что больше мы этот эксперимент не повторяли.

Тропический ливень сыграл с нами еще одну шутку. На этот раз он прошел где-то выше по течению. Накануне вечером мы поставили палатки на открытом глинистом берегу у самой воды – берег поднимался на метр-полтора. Ночью я проснулся от того, что лежу в воде. Я изумленно выглянул наружу. Ярко светила луна, вокруг меня простиралась безмятежная водная гладь. Справа, метрах в десяти, читалась полоска земли – на ней стояли палатки Доктора и Маньяка. Жакаре в эту ночь по причине отсутствия подходящих деревьев для гамака остался спать в лодке, привязанной у берега – не было ни берега, ни лодки. Неподалеку плавал наш котелок с остатками риса, какие-то мелкие причиндалы. Хорошо, что рюкзаки мы убирали на ночь в палатки. Я вылез наружу на водный простор и бросился собирать плавающее барахло. Вода доходила до голени, и не могу сказать, что все это было весело – кайманов и пираний никто не отменял. Но больше всего волновало меня, насколько далеко унесло нашу лодку. По счастью, лодка с нашими индейцами застряла в кустах метрах в тридцати – они даже не проснулись. К рассвету вода ушла так же быстро, как и поднялась, – затархтел мотор, и лодка вернулась. Я никогда не видел, чтобы индеец так хохотал. Они вообще-то невозмутимые. Оказывается, такой перепад воды после ливня – довольно обычное дело.

Помню, я пытался выяснить для себя – каково оптимальное время пребывания в новом, незнакомом для тебя месте с целью получения максимального количества впечатлений? Оказалось, что для меня это в среднем три дня. (Повторяю – для меня, у вас может быть все по-другому) Первые три дня тянутся долго, происходит масса событий, и все запоминающиеся. А потом время начинает лететь, и при том, что событий меньше не становится, ты обращаешь на них меньше внимания – ты уже попривык, что-то узнал, ощущение новизны притупилось. Поэтому трехдневное путешествие в незнакомый город или страну запомнится сильнее, чем недельное, а если недели две – считайте вторую вообще потерянной, ничего из нее не вспомните. Попробуйте себя проверить. Можно рассказать еще массу всего – как Маньяк фотографировал кайманов, подбираясь к ним по горло в воде, а Жакаре поймал каймана руками (откуда, оказывается, и его прозвище) – ночью их глаза светятся в луче фонаря как оранжевые огоньки, и подобраться на лодке к ним можно почти вплотную. Про то как Доктор лечил индейских детей – как ни странно, почти все они кашляли и глотали сопли. Про то как мы, используя звук мотора как основной тон, сочиняли с Доктором песню про наше путешествие. И много чего еще. Но особо запомнилось ощущение – очень странное! – когда десять дней спустя мы, небритые и искусанные москитами, вернулись в Табатингу, пошли по деревенской улочке и вдруг увидели МНОГО ЛЮДЕЙ! Мы совершенно отвыкли от людей вокруг нас! Это было тем более странно, что я ходил в походы и большей протяженности по диким местам – правда, это были не джунгли – а такого ощущения раньше не испытывал. Мы ощущали себя космонавтами, полгода прожившими на орбите.

А, вы спрашиваете, откуда лук, стрелы и прочее? Так я от индейцев много чего привез!

СКАЗКИ

Воля

Время совсем остановилось. Потому что нечем было мерить его движение. Ложку, которой он делал отметины на стене, считая дни, давно отобрали, а окна в его камере не было. Периодически (он подозревал – дважды в сутки) дверь открывалась, молчаливый охранник приносил миску с бурдой и воду, но ночь и день вполне могли поменяться местами. Иногда заходил начальник тюрьмы – человек с серым лицом и обвислыми усами, и, глядя в сторону, заученно бубнил, что если услышит, где спрятано золото, то лично обещает немедленно отпустить его на волю. Ответа он, похоже не ждал – договаривал фразу, тут же уходил и долго гремел ключами за дверью. Оставалось бродить по камере (четыре шага вдоль стены, пять – по диагонали) или лежать, скрючившись, на узкой лавке. Время от времени он засыпал, но сны тоже давно прекратились, и он пришел к выводу, что сон – это кривое зеркало реальности: откуда взяться снам, если в реальности ничего не происходит?

Единственным его развлечением были беседы со старой тюремной мышью. Её, вернее его, звали Никанор, он был образован, воспитан и обладал приятным баритоном. Никанор возникал неизвестно откуда прямо посреди камеры, и они могли говорить часами. Он любил рассказы Никанора про волю – этот проныра знал все щели и дыры в стенах тюрьмы и шастал туда-сюда беспрепятственно. Особенно интересно это было потому, что настоящих воспоминаний о воле в голове уже не осталось – они выцвели и осыпались. Причиной тому была все та же невозможность считать время, эти ступеньки лестницы жизни: без ступенек остаются одни перила – и что с ними делать? А там, на воле, по словам Никанора, время текло горделиво и спокойно, дни сменялись ночами, зимы – вёснами, солнце и луна поочерёдно плыли по небосводу, трава то зеленела, то желтела, и землю покрывал снег. Слушать про это можно было бесконечно.

Однажды он заметил, что жизнь в его теле стала убывать, истончаться. Она как будто вытекала из него невидимым ручейком, и он довольно равнодушно подумал, что скоро она вытечет вся, и тогда от него останется в камере тонкая пустая шкурка. Когда он рассказал о своих ощущениях Никанору, тот заметил, что если такое произойдёт, все знания по поводу того, где там и что припрятано, станут для него совершенно бесполезны. Как, собственно, и то, что припрятано. Как и всё остальное.

Слова Никанора показались ему разумными, поэтому когда в следующий раз начальник тюрьмы пришёл в камеру и завёл свою привычную песню, он, не дав ему закончить, спокойным и ровным голосом рассказал всё. Рассказал и удивился – всё уложилось в семь слов. Из-за семи слов он провёл в камере всю жизнь.

Начальник быстро совладал с собой, выскочил за дверь и тут же вернулся с листом бумаги и чернильницей. Пришлось написать эти семь слов на бумаге и поставить свою подпись. Начальник тюрьмы упорхнул, прижимая лист к груди, а потом дверь снова открылась, и надзиратель повёл его по длинному коридору, потом через ещё одну дверь по другому коридору, а потом распахнулась ещё одна дверь – и за ней была воля.

Воля имела прямоугольную форму и была такая большая, что дальняя её стена с вышками выглядела маленьким заборчиком. Над головой его простиралось бескрайнее влажное небо, по нему бежали серые живые облака. Под ногами прямо из земли росла редкая невысокая трава. Набежал ветерок, и он почувствовал его детское дыхание. Сверху спикировали две ласточки, и одна чуть не задела его острым крылом. Он упал на колени, и слёзы счастья хлынули из его глаз.

Зимняя сказка

Зима опять наступила неожиданно. Вообще, в стране отлично знали, когда у них наступает зима – это бывало раз в год, обычно в середине ноября, но традиция жила и даже приобрела характер национальной игры – считать, что зима наступает неожиданно. Вот и сегодня диктор в телевизоре возбуждённо вещал: «Зима в этом году наступила неожиданно, и город украсили многокилометровые пробки».

Многокилометровые пробки совершенно не интересовали молодого зайца Тимофея – он сидел в лесу под ветвями старой ели и напряжённо думал. Ещё вчера он радостно носился по полям и опушкам и его серая шкурка отлично сливалась с осенним ландшафтом – пожухлой травой, тёмными опавшими листьями. А сегодня всё пространство до горизонта покрывал белый-белый и чистый-чистый снег. Тимофей, потомственный заяц-беляк. (Для справки: заяц-беляк вовсе не участник белого движения, точно так же, как заяц-русак – не обязательно этнический русский. Просто заяц-беляк зимой меняет свой окрас на белый. Так заведено.) Так вот, Тимофей обязан был ещё пару дней назад сменить свою шубку на белую. Загодя. Всю свою жизнь – два или три года – он именно так и поступал. А тут… Забегался, завертелся… И вообще, всеобщее разгильдяйство и неумение строить долгосрочные планы пагубно сказываются на молодой неокрепшей личности… Да и снег тоже хорош – взял и выпал! И что теперь делать? Так думал заяц Тимофей, сидя в лесу под елью. Прятаться под навесом из еловых лап ещё было можно, а вот выйти в сером прикиде на белый простор уже никак не получалось: ты тут же становился отличной мишенью для охотников и сильным раздражающим фактором для всяких лесных ребят, любящих зайчатину.

Но долго сидеть под ёлкой тоже никак не получалось – особенно если это молодой заяц-беляк, даже если он не успел переодеться. Молодые зайцы вообще очень непоседливы. Что же теперь, весны тут ждать? Не прошло и часа, как Тимофей выполз из своего укрытия, огляделся и осторожно двинулся в сторону опушки. Вокруг стояла тишина, которая бывает только в день первого снега, и Тимофей быстро успокоился. У зайцев вообще всё происходит быстро.

– Эй, косой! Совсем страх потерял? Тебя чего, давно не ели? Стоять-бояться!

Ну вот, приехали. Сзади не спеша приближалась лиса Анжела – существо ехидное, нервно-неуравновешенное и потому небезопасное. Бежать было поздно.

– Ничего я не потерял! – крикнул Тимофей и на всякий случай тихонько добавил:

– Здравствуй, Анжела.

– Здравствуй-здравствуй, – Анжела неторопливо обошла замершего Тимофея и уселась прямо перед ним. – Ну и что это мы такие демисезонные? Сентябрь на дворе?

– Ничего мы не демисезонные! – прокричал Тимофей, зажмурившись. – Это… Это такой тренд!

Если честно, Тимофей сам не очень понял, что он сказал. И вряд ли смог бы объяснить значение слова «тренд». Слово это он видел однажды на обложке журнала мод – она валялась на обочине шоссе, а Тимофей был очень любознательным зайцем и при возможности читал всё, что читалось.

— Тренд, говоришь? Зимний? — произнесла лиса и задумчиво оглядела свой огненно-рыжий хвост.

— Тренд! Не сойти мне с этого места! — отважно ответил Тимофей, не сходя с этого места. Терять было уже нечего.

— Ах, какие мы продвинутые! — пропела Анжела, но в голосе её слышны были нотки неуверенности. — Чем докажешь, Кавалли?

Тимофею очень хотелось ткнуть пресловутой мятой журнальной обложкой прямо в наглую рыжую морду, а только не было у него никакой обложки — её давно унёс ветер, да и нарисованное на ней выглядело совсем не серым — наоборот, что-то весьма пёстрое, весёленькое. Спасение пришло неожиданно.

— Да вон, посмотри! — шёпотом воскликнул Тимофей и кивнул в сторону опушки. По опушке важно шествовал волк Арнольд. Роскошная его шуба играла на солнце всеми оттенками благородной серой гаммы. Анжела застыла — похоже, она лишилась дара речи.

— Ну что? Может, у него пойдёшь, спросишь? — обнаглел Тимофей. (Зайцы быстро наглеют.) — Совсем ты от жизни отстала, рыжая!

Анжела смерила Тимофея долгим и каким-то новым взглядом, развернулась и молча исчезла в чаще. Она пошла писать письмо двоюродной сестре Зинаиде — та была чернобуркой и жила в государственном питомнике — нету ли у них чего серенького? Волк Арнольд был слишком увлечён своими мыслями — он решал в уме шахматную задачу, — поэтому никого и ничего не заметил. А заяц Тимофей вернулся под ёлку, перевёл дух и теперь думал — переодеваться в белое или с его лёгкой руки новый тренд уже шагает по планете?

Вилка Зина

Зинаида была очень хорошо воспитанной потомственной вилкой. И мама, и бабушка её были вилками и всю свою жизнь безукоризненно выполняли свою работу. И Зина всегда строго следила за тем, чтобы она была хорошо вымыта, блестела и при сервировке стола располагалась именно на том месте, которое ей было отведено правилами. Нерадивых официантов, путающих эти правила, Зина не переносила. Впрочем, нерадивых официантов в ресторане, где работала Зина, не водилось – это был очень хороший старый ресторан, гордящийся своими традициями.

Каждый день задолго до прихода гостей Зину вместе с другими столовыми приборами тщательно протирали и раскладывали на свежей хрустящей скатерти стола в строгом порядке – это был любимый Зинин момент: ей казалось, что начищенные приборы выстраиваются, как солдаты на плацу, и сейчас начнётся парад.

А что вы думаете! В центре – торжественная белая тарелка, на другой тарелке – побольше, справа – салатный нож, потом ложка для супа, потом нож для рыбы, потом нож для мяса, слева – салатная вилка, потом рыбная вилка, потом она, Зина, – у самой тарелки! А сверху ещё ложечка и вилочка для десертов и фруктовый ножик! А сверкающие, тончайшего стекла бокалы? Для воды, для белого вина, для красного?

Гитара

Гитара не очень хорошо помнила, как она появилась на свет. Сначала из тонкой еловой дощечки вырезали форму её тела с отверстием посередине – это называлось «дека», потом к деке приклеили гнутые деревянные борта – это называлось «обичайка», потом мастер соединил корпус с длинной шеей – шея называлась «гриф», и всё это ещё не было гитарой. Потом в грифе проделали щёлочки и аккуратно вставили в них серебряные поперечинки – это называлось «лады». На головку грифа шурупами прикрутили хитрую машинку с зубчатыми колесиками и красивыми крантиками – это называлось «колки». Потом к корпусу приклеили тёмную планочку с отверстиями – «порожек» – и покрыли корпус прозрачным пахучим лаком. Потом гитара долго висела, подвешенная за гриф, вместе с такими же, как она, и сохла – нет, она и тут ещё не была гитарой. И вот настал день, когда мастер взял её в руки, ловко продел струны в отверстия на порожке, закрутил колки, струны туго натянулись, мастер провёл по ним рукой, и вдруг гитара задрожала и запела в ответ! Это было так прекрасно и так неожиданно! Да, именно в этот момент гитара стала гитарой – отсюда началась её жизнь.

Потом гитара висела на стене в музыкальном магазине. Она была совсем не самая дорогая, поэтому висела в самом низу — верхние ряды занимали сверкающие перламутром надменные красавицы. Гитара не сильно переживала на этот счёт. «И чего они задирают нос, как будто на них по двадцать струн? Струн у нас у всех по шесть, и нечего тут задаваться!» — так она размышляла. И конечно, была права.

Однажды в магазин пришёл мальчик. На вид ему было лет двенадцать. Он был невысокого роста — прилавок доходил ему до подбородка. Мальчик положил подбородок на прилавок и долго смотрел на гитару — она висела прямо напротив. Он стоял и стоял, пока продавец не спросил, что ему нужно. Тогда он молча развернулся и вышел на улицу, и гитара подумала, что она его больше не увидит, но на следующий день мальчик вернулся с папой. Папа повздыхал, покряхтел, полез в карман за бумажником, продавец снял гитару со стены и уложил в картонную коробку. Потом они ехали куда-то втроём, и гитара думала, что вот у неё наконец появился хозяин. Она была рада любому хозяину — ведь до этого у неё вообще никого не было.

Оказалось, что мальчик совсем не умеет играть на гитаре. Но он так хотел научиться, что не выпускал её из рук. Он подходил с ней к зеркалу — ему нравилось, как они смотрятся вдвоем. Он украдкой нюхал её — ему кружил голову запах сухого дерева и лака. Ночью он брал гитару с собой в постель и всегда держал руку у неё на талии. И гитара не могла не ответить на такую любовь. Пальцы у мальчика были тоненькие, непослушные, от жёстких струн на них появились мозоли — мальчик не замечал. Он снова и снова зажимал на грифе три аккорда, которые уже успел выучить. Гитара помогала ему изо всех сил. Как нам помогают гитары? Мы этого не знаем. Мы просто говорим: эта гитара удобная, прямо по руке, а эта — никуда не годится. Так мы говорим.

А через полгода мальчик уже что-то напевал себе под нос и уже не смотрел на гриф перед тем, как поменять аккорд, а ещё через полгода вокруг них уже собиралась компания, и мальчик пел, а гитара играла, и девочки смотрели на них неожиданно задумчивыми глазами. Конечно, смотрели они на мальчика, но гитаре казалось – на них обоих. «Мы – одно целое!» – с гордостью думала она. Так она думала.

Мальчик быстро рос, и гитара становилась всё меньше и меньше – когда каждый день вместе, этого не замечаешь. И вот однажды он прибежал домой возбужденный и счастливый. В руке он держал длинный черный чемодан. Даже не сняв пальто, он раскрыл чемодан, и оттуда ощерилась, сверкая чёрным лаком и хромом, электрогитара. Электрогитара была плоская, с острыми рогами и напоминала то ли космический истребитель, то ли хищную рыбу.

Мальчик осторожно вынул электрогитару из чехла, тихонько побренькал по струнам – сверкающая гадина отвечала ему шёпотом, ничего не было слышно, и гитара даже успела подумать, – надо же, всё в красоту ушло! Но мальчик размотал какой-то провод, воткнул его в тумбочку, стоявшую в углу, на тумбочке загорелась красная лампочка, и вдруг комната наполнилась невероятными, оглушительными звуками! Электрогитара ревела самолётом, пела скрипкой, звенела колоколами! Конечно, звуки издавала не она, а тумбочка с красной лампочкой – она называлась «усилитель», но вид у этой самодовольной дуры был такой, как будто усилитель тут вообще ни при чём. Мальчик не выпускал её из рук несколько дней.

Гитара очень расстроилась. Когда гитару перестают брать в руки, она всегда расстраивается. Нет, мальчик ещё вспоминал про неё, настраивал, рассеянно брал несколько аккордов и ставил в угол. И гитара снова расстраивалась. А потом мальчик со своей электрической подругой стал надолго исчезать из дома, это называлось «гастроли». Что оставалось делать? Считать дни.

Однажды после гастролей у мальчика собрались гости — такое теперь часто случалось. Мальчик был уже совсем не мальчик — мальчиком он оставался только для гитары, пылившейся в углу. Она сильно постарела, лак на её деке пошёл мелкими трещинками, время для неё остановилось. Гости, как обычно, пили вино, громко разговаривали.

Гитара не прислушивалась к их разговорам — выпив, гости всегда говорили одновременно, и что-то понять всё равно было невозможно. Вдруг чья-то рука взяла гитару за гриф, вытащила на свет. Незнакомый парень сдул с неё пыль, пощипал расстроенные струны. «Да забирай на здоровье!» — услышала она голос мальчика. А потом она ехала на заднем сиденье в тёмной машине неизвестно к кому неизвестно куда. «Ну и пусть!» — думала гитара. А что она могла ещё думать?

В новом доме гитару повесили на стену — слева и справа от неё висели то ли фотографии, то ли картины в рамах — попробуйте, вися на стене, разглядеть, что там висит справа и слева от вас. Поверьте мне, это совершенно невозможно. Играть на гитаре никто не собирался. Иногда уборщица, наводя порядок в доме, отряхивала её палочкой с пушистыми перьями на конце. Это было щекотно, но не более того. Теперь гитара почти всё время спала — происходящее вокруг ей было неинтересно. Просыпалась она только когда новый хозяин, пробегая мимо, наугад проводил пальцами по её струнам. От этого она всегда вздрагивала, а потом засыпала вновь. Что ей тогда снилось? И сколько прошло лет — двадцать, тридцать? Мы не знаем.

«Да не может быть! Ты шутишь? Это действительно она? Да, смотри-ка, это она…» Гитара с трудом открыла глаза – на неё смотрел её мальчик. Лицо его покрылось морщинами, волосы поседели, но гитара узнала бы его из тысячи седых мужчин. Рядом с ним стояла немолодая красивая женщина и держала за руку – а вот она держала за руку того самого мальчика, который много лет назад увидел гитару в музыкальном магазине. Сзади довольно улыбался хозяин дома.

«Можно?» И гитара почувствовала, как знакомые руки снимают её со стены, осторожно подтягивают колки, как родные пальцы касаются струн.

И она запела в ответ.

Глафира

Глафира была необычной машиной. Нет, она была очень дорогой машиной самой-самой последней модели – обычную машину Глафирой не назовут: всё больше Лены, Зины, Вали. Глафира стояла не где-нибудь на улице, а в главном зале роскошного автомагазина, и видела, как в витрине справа от неё светится и мигает рекламный щит с её, Глафириным, изображением почти в натуральную величину. Глафира ждала своего принца.

Принц Глафире сразу понравился: он без всяких разговоров сел в салон, подвигал туда-сюда кресло, обтянутое кремовой кожей, потрогал руль, зачем-то включил радио, сказал: «Тэ-экс», – вышел и направился в сторону кассы. Он не задавал лишних вопросов менеджеру по продажам, который стоял, услужливо склонясь, у капота, и не торговался. «Настоящий принц!» – решила Глафира.

Никогда ещё Глафире не было так хорошо. Хотя где ей могло быть хорошо? На заводе, где её собирали, свинчивали, красили и сушили? Или на тестовом стенде, где её трясли, дёргали и вообще пытались сделать больно? Ей не было так хорошо даже в магазине, хотя многие считают, что ожидание счастья приятней самого счастья. Принц (его звали Альберт) водил машину превосходно: быстро, но мягко, и они оба получали одинаковое удовольствие от езды. Жила Глафира в тёплом чистом гараже, и каждое утро её мыл молчаливый человек с неприметным лицом в чёрном комбинезоне. Ездили они в основном по банкам – красивым высоким зданиям, где на стоянках рядом с Глафирой ждали своих хозяев такие же дорогие ухоженные машины – Альбины, Снежаны, Виолетты.

Вечерами Альберт с Глафирой отправлялись в очередной ресторан. Иногда по дороге они заезжали за девушками. Девушки не нравились Глафире: все они были какие-то одинаковые, расфуфыренные, длинные и дохлые. Они зазывно хохотали, очень хотели понравиться Альберту и от них невыносимо разило духами. Они искололи своими острыми шпильками весь Глафирин коврик. Одна из них, хохоча, уронила тюбик губной помады под сиденье. Мстительная Глафира закатила помаду в самый дальний угол, чтобы ни за что не достать. Там она и осталась – навсегда.

Раз в четыре месяца Альберт привозил Глафиру в специальный центр, где ей устраивали внимательный осмотр: подтягивали все гаечки (было щекотно и немножко больно), меняли старое масло на новое (а вот это было очень приятно), натирали её специальным воском и полировали. И когда Глафира медленно выезжала из ворот центра, сверкая всеми своими боками, стоящие в очереди машины провожали её завистливыми фарами.

Шли годы. Это такая обязательная фраза, если ты рассказываешь историю. На самом деле прошло всего два года. Какое там прошло – пролетело! Счастье умеет торопить время. И однажды Глафира увидела, что Альберт притормозил у того самого салона, где они познакомились два года назад, и внимательно рассматривает витрину. В витрине уже не было плаката с Глафириным портретом – там стояла новая машина. Она была очень похожа на Глафиру — и осанкой, и разрезом глаз, и даже цветом — просто она была моложе. Она была настолько невозможно молода, что Глафира зажмурилась от горя. Её возлюбленный, её принц, совершенно не стесняясь её, таращился на эту юную красавицу, и Глафира видела, как она ему нравится! Это был конец.

Два дня Глафира не находила себе места. Нет, она продолжала вести себя безупречно — воспитание не позволяло закатить Альберту истерику. Но жить так больше было нельзя. И к концу второго дня Глафира решила: лучше покончить со всем разом — и с собой, и с ним. И по дороге домой она, выбрав на асфальте ямку побольше, специально въехала в неё колесом и изо всех сил рванула руль вправо. «Прощай, жизнь!» — успела подумать она, как и положено думать в таких случаях.

Конечно, ничего у неё не получилось — как ни верти, а машинами управляют люди. Альберт даже не понял, что произошло: руль чуть-чуть вильнул в сторону, ямка и ямка. Он вообще в это время думал совершенно о другом.

А ещё через пару дней он привёз Глафиру в тот самый салон, где когда-то началась их любовь, выгреб бумажки из бардачка, забрал из багажника спортивную сумку и ушёл, не попрощавшись. Глафира, по счастью, стояла спиной к двери и не видела, как он выезжал из магазина на молодой красотке, и эту дуру распирало от радости.

А потом Глафиру вымыли снаружи и изнутри, наклеили на лобовое стекло листок с ценой и выкатили во двор, где уже стояли такие же, с бумажками на лбу, брошенные Анжелики и Снежаны, хмурые и не склонные заводить беседу.

А ещё через три дня Глафиру купил лысоватый полненький человек. Звали его Николай Иванович, и он совсем не был похож ни на Альберта, ни на принца вообще. Прошло несколько дней, и Глафира убедила себя, что Николай Иванович – тоже, скорее всего, принц, просто не такой явный. Иначе ведь и быть не может, верно?

А ещё через неделю она поняла, что он ей почти нравится.

Сказка про деревянную палочку

Знаете, как называется завод, где делают всякого рода палочки? Палочковый завод! Нет, конечно, в каких-нибудь серьёзных документах он числится как «Деревообрабатывающий комбинат номер такой-то дробь такая-то по изготовлению палок и палочек для нужд населения», но кто же так говорит? Так вот, дело было на палочковом заводе.

Множество палок и палочек собралось на складе готовой продукции. Все они были новенькие, пахнущие кто свежим деревом, кто лаком, и всем им не терпелось познакомиться друг с другом. «Мы – палочки для еды! – кричали палочки для еды. – Мы всегда вдвоём – одна и другая! Нас повезут в китайский ресторан! А может быть, даже в японский!»

«А мы – барабанные палочки! – кричали барабанные палочки. – Нас тоже всегда две – для правой и для левой руки! Нами будут выбивать дробь по тугой барабанной коже, под эту дробь станут маршировать роты, поднимать знамёна и расстреливать врагов!»

«А нас вообще сто штук! – кричали счётные палочки. – Мы будем учить детей считать! Да, мы маленькие, одинаковые и по отдельности никому не нужные, зато вместе делаем важное общее дело!»

И только одна палочка молчала. Именно потому, что была одна. Сначала она даже думала, что произошла какая-то ошибка, и вот сейчас принесут и положат рядом вторую такую же, и сразу станет ясно, для чего их произвели на свет, но ничего такого не происходило. Тогда палочка внимательно осмотрела себя и пришла к выводу, что выглядит она довольно неважно – тоненькая, хлипкая, некрашеная. Что такой можно делать? Кому она такая нужна?

«Простите, – еле слышно обратилась палочка к палочкам для еды. – Вы случайно не знаете, зачем я?» – «Вы? А почему вы, собственно, одна?» – вытаращились на неё палочки для еды.

«Не знаю», – ещё тише ответила палочка.

«Впрочем, будь вас даже две – ваше назначение непонятно. Для еды вы тонковаты и, извините, недостаточно празднично выглядите. Вы, очевидно, ошибка производства!» – постановили палочки для еды и дружно отвернулись.

А потом палочку положили в узкую чёрную коробочку. Внутри коробочка была покрыта малиновым бархатом и очень напоминала палочкин гроб. «Вот и жизнь прошла», – успела подумать палочка, и наступила темнота.

И вот однажды коробочка вдруг открылась, палочка ощутила себя в чьей-то руке и взлетела вверх. Огромное пространство было залито ярким светом, и до самого горизонта (так ей показалось) перед палочкой громоздились музыкальные инструменты. Но не это было самое удивительное. Самое удивительное – что вдруг наступила тишина. Полная тишина. И палочка увидела, что все смотрят на нее и ждут её команды.

А потом палочка опустилась вниз, снова взлетела вверх, и началось волшебство! Ударили литавры, грянули золотые тромбоны и валторны, заговорили контрабасы. Палочка шла вправо – и послушно начинали петь скрипки, им вторили альты и виолончели, она летела влево – и взрывался, рассыпался хрустальными брызгами рояль, она опускалась вниз – и музыка стихала до шёпота, до еле слышного шелеста, она начинала свой путь вверх – и оркестр набирал силу, дышал глубже, и мелодия вновь росла, заполняя зал, и никто – никто! – не отрывал от палочки напряжённых и влюбленных глаз.

А потом палочке долго аплодировали, а она кланялась и смущенно оглядывалась на оркестр: «Это не я, это всё они!» – «Нет-нет, это ты!» – улыбались ей инструменты. А потом палочка ехала куда-то во внутреннем кармане фрака дирижера и всё никак не могла успокоиться – счастье не уходило, не покидало её. Да, это было настоящее счастье.

Выходит, не всё на свете делается сообща. Бывает и в одиночку.

Сказка про то, что самое главное

Вы напрасно думаете, что, когда все уходят из комнаты, гасят в ней свет и закрывают дверь, в ней ничего не происходит. Как раз наоборот – в ней происходят самые интересные вещи! Просто вы этого никогда не увидите.

Художник очень не любил, когда ему говорили, что у него в мастерской страшный беспорядок. «А что такое, по-вашему, порядок?» – спрашивал он. И сам отвечал: «Порядок – это когда я совершенно точно знаю, где что у меня лежит!» А он и вправду знал и мог не глядя выхватить из кучи предметов на рабочем столе нужную кисточку, тюбик с нужной краской.

Художник приходил в мастерскую около полудня – он не любил рано вставать. Приходя, он прямо в пальто плюхался в кресло и, сидя неподвижно, долго смотрел в одну точку. Точка эта могла располагаться на недописанной картине, а могла быть и совершенно в другом месте – бог его знает, о чём художник в это время думал. Потом он вздыхал, поднимался, снимал пальто, надевал заляпанный красками халат, включал старенький кассетный магнитофон, наливал себе полстаканчика вина и уходил в работу.

Работал художник до позднего вечера. Потом он допивал вино, надевал пальто, ещё некоторое время смотрел на незаконченный холст, бормоча что-то себе под нос, выключал магнитофон, мыл кисти, гасил свет и уходил – до завтра.

И начиналось! Сотни вещей, живших в мастерской, любили хозяина – каждая по-своему. Поэтому каждой хотелось думать, что она у хозяина самая главная. Любовь, как ни верти, требует взаимности.

«Это все мы, мы! – кричали краски, стараясь перекричать друг друга. – Без нас бы он не написал ни одной картины! Мы – его голос, его чувства, его шёпот и крик!» – «Ну конечно! – отвечал им холст. – Да если бы я не терпел вас на своей безупречной поверхности – где бы вы были, кто бы вас увидел? Выставка произведений в тюбиках? Или на палитре? Недаром картину называют "холст", а не "краски"!»

«Ах, как мило! – возмущалась кисть. – Конечно, можно размазывать краску по холсту пальцами, говорят, это сейчас даже модно, однако наш хозяин работал и работает кистью!»

«Не мешало бы вам знать, – говорил карандаш, – что всё начинается с эскиза. А эскиз возникает, когда хозяин берёт в руку меня!»

«Нет, дорогие мои, – вздыхала бутылка, в которой ещё совсем недавно оставалось вино. – Если бы не я, хозяин бы и не подошёл к мольберту, не взял бы вас, краски, вас, кисть, не натянул на подрамник вас, уважаемый холст. Без меня он печален, не уверен в себе и сомневается, что его картины вообще могут быть кому-то интересны». – «А я, а я? – подпрыгивал, дребезжа, старый магнитофон. – Вы когда-нибудь видели, чтобы он рисовал без музыки, в тишине? Живопись – это застывшая музыка!»

«Ах, какие мы все умные! – улыбалась рамочка с фотографией темноволосой женщины. Рамочка стояла на самой верхней полке для книг, поэтому улыбалась свысока. – Неужели вы думаете, что если бы не было здесь меня, если бы он не смотрел на меня каждое утро, если бы не было у него в жизни его единственной несчастной любви, он бы нарисовал что-нибудь стоящее? Да он бы вообще не взялся за кисть! Разве вы не видите, что всю свою жизнь он рисовал и рисует только её одну – фотографию которой храню для него я!»

И только старые часы на стене молчали. Они-то отлично знали, кто тут самый главный. Поэтому они никогда не вступали в спор и только тихонько тикали, отмеряя время: тик-так, тик-так…

Сказка про сардинку

Сардинку звали Лида. Всю свою молодую жизнь, сколько себя помнила, она носилась в огромной стае сардин по бескрайнему синему океану. Все в стае были точно такие же, как Лида, – юные, стройные, серебристые, очень похожие друг на друга. Лида и имён-то многих подруг не знала – это вон Зойка, дальше – Надя, а дальше – неизвестно, да и как отличишь? А это и не мешало – они вместе весело щебетали о чём угодно и хохотали без причины. Иногда стая вдруг разворачивалась на месте и неслась в другом направлении – все как одна.

Лида не могла понять, как это происходит, – в стае не было никакого вожака, никто не отдавал команды, просто вдруг р-р-раз – и все повернули. В конце концов Лида перестала об этом думать. В самом деле – когда ты бежишь, ты же не командуешь ногам: «Левой-правой, левой-правой!» – они сами. Бежишь, и ладно.

Наступило лето, и стая сардин вместе с другими такими же стаями двинулась к югу, к побережью Восточной Африки – на нерест. Лида понятия не имела о том, что такое нерест, да, похоже, никто не знал, но говорили об этом радостно и с благоговением. Вода с каждым днём становилась теплее и теплее, на горизонте показались чёрные скалы и оранжевые безлюдные пляжи – Африка.

Ничто не предвещало беды. Как вдруг! Вода над сардинками взорвалась, закипела! Это были бакланы – большие белые птицы. Сложив крылья, они, как снаряды, пробивали поверхность океана, влетали в самую середину стаи и длинными острыми клювами хватали сразу по несколько сардинок. Лида с подругами бросилась вниз, но оттуда на них уже надвигалась здоровенная акула с широко раскрытой пастью, а за ней ещё и ещё! Акула ни в кого особенно не целилась – стая была такой плотной, что от неё можно было откусывать, как от огромного бутерброда. Мало того – она становилась всё плотней и плотней, пока не сбилась в бешено крутящийся шар – снизу его поджимали акулы, сверху – падающие бакланы, а вокруг, нехорошо улыбаясь, носились стремительные дельфины. Впрочем, скорее всего, они не улыбались – просто у дельфина так устроено лицо. Вообще, улыбка – довольно обманчивая вещь.

Сбоку медленно подплыл невероятных размеров кит – уж от него-то Лида никогда ничего плохого не ожидала – раскрыл свою бездонную усатую пасть, вдохнул – и сардиний шар превратился в шарик, стал меньше в два раза!

Лида первая поняла, что надо делать. «Врассыпную! – громко закричала она. – Все врассыпную! В разные стороны!» – «Нет-нет, только вместе! – бормотали сардинки, задыхаясь от собственного вращения. – Мы всегда вместе! По-другому нельзя! Ты что?! Нельзя-нельзя!»

И тогда Лида изо всех сил рванулась в сторону, и вдруг оказалась одна – впервые в жизни. Это было очень странное ощущение: слева, справа, снизу, сверху – никого. Только где-то позади еще бурлила вода – там заканчивался акулий-дельфиний-бакланий пир. Тут и там в воде плавали чешуйки её недавних подруг – они медленно, покачиваясь, опускались в глубину и гасли там, как серебряные звёздочки. Ещё несколько минут – и океан снова был безмятежен, прозрачен и спокоен.

Поначалу Лиде было неуютно без родной стаи – она чувствовала себя раздетой. Но скоро заметила, что в одиночку она никого не интересует – и дельфины, и акулы, и тунцы гонялись за сардиньими стаями – одна она была для них слишком мала, да ещё попробуй поймай, а бакланы со своей высоты просто не могли разглядеть в воде одинокую тёмную Лидину спинку. Она некоторое время скучала по весёлой болтовне с подружками, но как ни старалась, не могла вспомнить, о чём они говорили: обычно все наперебой повторяли одну и туже фразу. «Мы плывем к югу!» – вдруг восклицал кто-то, и все радостно соглашались: «Да-да, мы все плывем к югу! На юге тепло!» «Да-да, нам там будет тепло!» – кричала Лида вместе со всеми. Ничего более содержательного на память ей не пришло, и Лида решила, что без таких разговоров в жизни вполне можно обойтись.

А на следующий день она встретила такую же одинокую сардинку, плывущую в том же направлении. У сардинки был поцарапан бок – баклан так и не смог её схватить. К удивлению Лиды, сардинку звали не Катя, не Лена, не Зина, а Коля, и дальше они поплыли вместе.

А потом был нерест – Лида уже догадалась, что это он и есть, и она наметала десять… нет, сто тысяч прозрачных золотых икринок, из которых скоро дожны будут появиться на свет новые крохотные сардинки, и Коля носился вокруг, переживал, помогал Лиде как мог и вообще устал гораздо больше, чем она. А наутро Лида попрощалась с милым Колей, с опасными берегами Африки и уже совершенно спокойно поплыла в сторону открытого океана.

Она плыла и чему-то улыбалась.

Сказка про пятый палец

С утра пальцы были построены по команде. Большой палец (никакой он не был большой – наоборот, маленький и толстый, просто всегда командовал) объявил: «Настали трудные времена! Пришло время сжаться в единый кулак! Мы идём драться!» – «Да-да, – забормотали пальцы, – все как один!», послушно согнулись в поясе и прижались друг к другу. И только Мизинец не пошевелился – он удивлено спросил: «А с кем мы идём драться? На нас, что, напали?» «Как с кем? С этими, как его – с фашистами! Немедленно согнуться!» – скомандовал Большой. «Не согнусь», – тихо произнес Мизинец. «Ты, что, – пятая колонна? – грозно пошутил Большой палец. Он любил грозно пошутить. – А ну согнуться в строй!» – «Не согнусь», – ещё тише ответил Мизинец. Так они и стояли напротив друг друга, а между ними плотно сжались, согнувшись, остальные три пальца. И вдруг до них донеслось: «Привет! Вы, что, не идёте нас бить? Тогда и вам привет!» – «Какой ещё привет?» – произнес оторопевший Большой палец. Мизинец тоже оторопел, хотя ничего не произнёс. А остальные пальцы даже ничего не услышали – когда ты согнут и сжат, ты ничего не слышишь и ничего не соображаешь. «Но вы же нам показываете привет! Когда мы приветствуем друг друга, мы всегда так складываем пальцы! Алоха!»

А «алоха» – это и есть «привет». Не по-фашистски, нет. По-гавайски.

Сказка про одну щуку

Жила-была одна щука.

Это такая специальная фраза, чтобы начать рассказ. Например – жила-была одна баба. И вы уже приготовились слушать.

Но в нашем случае всё это не совсем так. Потому что щука действительно жила-была совершенно одна. Это при том что в речке Клязьма, где происходило дело, никто в одиночку не жил – лещ – с лещихой, окунь – с окунихой, судак – со сварливой судачихой. Ничего себе жили, не жаловались.

«Голубушка, – говорили щуке, когда вечерами все рыбы собирались вместе пить чай. – Пора бы тебе остепениться. Вдвоём и веселей, и приличней как-то. Глядишь – и щурята пойдут! Что ты, в самом деле, всё одна да одна? Мы, конечно, понимаем, что щуки живут до ста лет и даже дольше, но всё-таки молодость проходит, как ни верти! Вон, к примеру, карась! Кто он, спрашивается, был ещё вчера? Ноль без палочки, мелкое сорное явление! А теперь, рядом с карасихой? Солидный гражданин, ячейка общества, отец семейства! И всем он понятен, и все его уважают! А ты? Ни семьи, ни кола, ни двора. И всё где-то ходишь! Может, ты индивидуалистка? Где ты там одна ходишь?» – так ей говорили.

А щука улыбалась в ответ, пила чай и молчала. Потому что ни одной на свете рыбе она не могла раскрыть свою страшную секретную тайну. А раскрыла бы – ей бы всё равно никто не поверил.

Дело в том, что это была не простая, а волшебная щука.

Она исполняла три заветных желания. Причём не рыбам, а людям. Уже много лет подряд.

Это было очень тяжело и даже опасно. Сначала следовало добиться того, чтобы тебя поймали. А рыбаки с годами становились всё менее умелыми и терпеливыми, поэтому добиться того, чтобы тебя поймали, было непросто. И потом – это ведь очень больно и страшно, когда в губу наконец впивается железный крючок, и тебя выдёргивают из родной речки на жгучий непривычный воздух. Дальше надо было сделать так, чтобы рыбак тебя услышал. Это тоже непростое дело – голос у щуки совсем тихий, и если рыбак в этот момент шумно радуется улову, или из приёмника на ветке играет «Русское радио», или он, скажем, выпил (а кто ж на рыбалке – и не выпил?) – он может ничего не понять: щука и щука. Пару раз щука чуть не погибла, и ей приходилось кричать изо всех сил, чтобы рыбак её наконец услышал. Такому бестолковому, нечуткому человеку исполнять три его желания не было никакой радости, да и желания у таких людей, как правило, оказывались дурацкие. Но тут уж щука ничего не могла поделать – работай и не умничай.

А потом всё уже было не так сложно: ошалевший от счастья рыбак загадывал три своих желания (некоторых щуке приходилось торопить – они принимались отчаянно думать, а щука не может дышать на воздухе вечно), и щука плюхалась в воду. Отпускали по-разному: кто светясь от радости, кто – недоверчиво. Но – отпускали.

А дальше – совсем просто: оставалось всего-навсего исполнить три желания.

Но ведь когда ты точно знаешь, что надо делать, то это совсем не сложно, правда?

Шампанское

Не только люди обожают спорить о достоинствах вин. Сами вина спорят о собственных достоинствах с ещё большей охотой. Особенно если это выдержанные, дорогие, или, как сейчас принято говорить, элитные вина. Того и гляди какое-нибудь «Шато Латур» сцепится с каким-нибудь «Массето». Понятное дело – самомнение растёт с возрастом, а иногда и опережает его. Поэтому к столу под каждое вино подают отдельный бокал – не дай бог. Бывали случаи, вина устраивали скандал даже внутри выпившего их человека, но мы сейчас не об этом. Если вина разного сорта оказались в одном погребе или на одном складе, – поверьте, скучно не будет.

А в этот раз на складе собралось множество бутылок с винами со всего мира – дело шло к праздникам. И шум поэтому стоял страшный. Окажись бутылки на одной полке – они бы наверняка переколотили друг друга. Но каждый сорт предусмотрительно поставили на свою полку – поди дотянись. Оставалось кричать и спорить.

И только одна бутылка, улыбаясь, молчала. Это была бутылка шампанского. Уж она-то точно знала, что вино, хранимое ею, – вино всех вин, королевский напиток праздника и любви, и уж тут-то никто спорить не будет: любое вино можно пить по какому угодно поводу и даже без повода, а шампанское – это всегда праздник. На поминки, заметьте, шампанское не подают. Недаром оно не томилось в общей душной бочке, а дозревало и набиралось силы в своей собственной бутылке, рядом с такими же красавицами, и специальные люди то и дело слегка поворачивали их, смотрели на свет, следили за температурой и вообще выказывали всяческое уважение. А когда на голову бутылке надели витую металлическую корону, а сверху украсили её золотой фольгой, всё стало окончательно ясно: она – избранная. Именно ей суждено подарить небывалый праздник счастья людям. Оставалось просто ждать. Это было несложно – вина умеют ждать. Они делаются от ожидания только лучше.

И вот в один прекрасный день бутылку шампанского вместе с несколькими другими вдруг притихшими бутылками аккуратно сложили в ящик, наполненный соломой, и все они куда-то поехали. По дороге ящик поведал, что им страшно повезло: их везут в ресторан – очень дорогой и очень известный. Бутылка шампанского почти не волновалась – всё шло по плану. Судя по тому, что по приезде в ресторан её поставили в холодильник, она поняла: скоро! Она чувствовала, как шампанское внутри неё замирает и пружинится, готовясь к выходу на сцену. Знаете, как медленно тянутся у бутылок последние часы перед самым главным? Точно так же, как у людей!

И вот наконец настал вечер, в зале ресторана зажглись огни, тихо зазвучала музыка. Бутылка шампанского представляла себе, как сейчас за столами рассаживаются красиво одетые господа и дамы, улыбаются друг другу, здороваются, целуют друг друга, шутят, листают меню. Она даже чуть-чуть подпрыгивала от нетерпения, а за ней всё не шли и не шли! Холодильник то и дело открывался, и чьи-то быстрые руки выхватывали из него то бутылку минеральной воды, то блюдечко с маслом. Не то, не то! И вот, когда надежда уже почти умерла, дверь холодильника распахнулась как-то особенно торжественно, рука в белой перчатке нежно обняла бутылку шампанского за горлышко, и через мгновение она увидела себя стоящей на серебряном подносе рядом с двумя тонкими бокалами. А потом поднос медленно поплыл через горящий огнями зал, и бутылка чувствовала, как все гости ресторана провожают её восхищёнными взглядами. А потом официант остановился у маленького столика, за которым сидели двое: молодой человек в изящном костюме и необыкновенной красоты дама в строгом вечернем платье. В руке молодой человек держал маленькую коробочку, коробочка была открыта, и в ней сверкало колечко с бриллиантом. «Вот это да! – успела подумать бутылка. – Он предлагает ей руку и сердце!» В этот момент официант ловким движением ослабил корону на её голове, и шампанское выстрелило вверх волшебным салютом! «Поздравляем, поздравляем!» – кричало шампанское всеми своими пузырьками. «Счастья вам! – беззвучно кричала бутылка. – Счастья вам и любви!»

«Ты же знаешь, я не люблю шампанское!» – нахмурилась дама.

«Но по случаю…» – начал было молодой человек.

«Терпеть его не могу! – отрезала дама. – С детства».

«Ну хорошо, что тебе заказать?» – молодой человек, кажется, совсем не расстроился.

А бутылку шампанского поставили в ведерко со льдом. Лёд медленно таял, и бутылка чувствовала, как с последними пузырьками из неё уходит жизнь. А потом молодой человек увёл свою капризную даму, разошлись остальные гости, ресторан опустел, официанты, громко переговариваясь, убирали со столов грязную посуду, уборщица мыла пол и ставила стулья на столы ножками вверх. Один официант уже без всякого уважения ухватил бутылку шампанского за горлышко и унёс на кухню. Там он отхлебнул из этого самого горлышка, скривился и вылил умершее вино в мойку с объедками.

Про Новый год

Новый год в этот раз совсем не хотел наступать. Бывало такое настроение и раньше, но он всегда старался взять себя в руки и найти причину хандры. И это оказывалось несложно: например, неновогодняя погода. Ну в самом деле, какие тут хороводы вокруг ёлки и катание с гор, когда за окном плюс три, слякоть, всё растаяло и похолодания не ожидается. В первый раз ему удалось уговорить себя, а потом и погода такая постепенно стала нормой – и ничего, привыкли.

Но сегодня просто всё валилось из рук. Ведь главная обязанность любого Нового года, кроме того, чтобы не опоздать и наступить ровно в полночь, – вселить в граждан уверенность в том, что он, Новый год, будет лучше уходящего. А для этого надо иметь эту уверенность самому. Вот в этот раз с уверенностью было плохо. То есть она отсутствовала напрочь. В мире творилось чёрт знает что: кризисы, ссоры, санкции, войны, висящие на волоске… Всё это выглядело очень непразднично и, главное, никуда не собиралось деваться первого января. Как вели себя в этой ситуации коллеги в восточных странах, Новый год не знал – они почти не общались. Молча и торжественно проследовал мимо старший товарищ – еврейский Новый год. Наступил. Как будто всё в порядке!

Ну, они и не такое видали.

В общем, после долгих раздумий Новый год решил не наступать. Взять и отменить наступление. Отложить до лучших времён. Ну раз он не в силах справиться со своей главной задачей. Он бродил вечерами по центральным улицам Москвы – вроде всё, как перед любым Новым годом: дурацкая иллюминация, бесконечные пробки, очереди и толкотня в магазинах, всеобщее возбуждение, которое могло показаться радостным, но он заглядывал в людей и видел, что почти все они стали внутри маленькими, злыми, озабоченными и колючими – и пытаются этим весёлым возбуждением спастись от собственных мыслей. Возбуждение у них получалось легко, а вот веселье выходило ненастоящим, как у плохого массовика-затейника. Может быть, Новый год видел это лучше, чем сами люди. Люди, как правило, ни черта не видят. И смотреть на это было тяжело.

Неизвестно, каким образом информация о решении Нового года просочилась наружу – он ни с кем не разговаривал на эту тему, да и с кем ему разговаривать вообще? Но сегодняшний уровень распространения информации таков, что и говорить-то ни с кем не надо: подумал – и раз! Все уже обсуждают. А иногда даже не подумал, собирался только, а они уже написали, причём совсем не то, что ты собирался подумать.

Газета «КоммерсантЪ» украсила первую страницу хлестким заголовком «С отступающим вас!», по экранам телевизоров понеслись всевозможные ток-шоу – от «Новый год: быть или не быть?» до «Новый год – ещё один друг хунты». Утром тридцать первого декабря Новому году позвонили из администрации Президента и мягко, но убедительно попросили не раскачивать лодку. Несколько оробев (у него и телефона-то не было!), Новый год пробормотал, что обещает подумать, понимая, что врёт: решение уже было принято.

А вечером тридцать первого на улицах стало пусто. Вообще-то в это время на улицах тридцать первого всегда становилось пусто, но сегодня было пусто как-то по-особенному – нехорошо. Люди по привычке собрались дома, накрыли столы, даже на всякий случай заготовили шампанское, включили телевизоры, где уже началась развесёлая дребедень… Кое-где за столами уже налили по первой и теперь растерянно поглядывали друг на друга – за что пьём? Провожать старый? А уйдёт, нет?

Новый год уже давно свернул с Тверской и шёл теперь по каким-то старым переулкам – здесь было совсем тихо и безлюдно. Вдруг до него донеслось тихое всхлипывание – маленькая девочка сидела на скамейке у подъезда и почти беззвучно плакала. На ней была вязаная шапка с кошачьими ушками, лицо она спрятала в воротнике шубки и была похожа на замёрзшего зверька семейства кошачьих. «Ты что плачешь? Что случилось?» – спросил Новый год, присев рядом. «Мама… говорит… Нового года не будет… а мне Дед Мороз обещал мобилку… розовую…» – с трудом разобрал он сквозь всхлипывания и сопли. Пару минут он ещё сидел неподвижно, напитываясь безутешным девочкиным горем, затем вздохнул, зачем-то потрепал её за кошачье ухо, встал и твёрдым шагом двинулся в сторону центра – наступать.

Содержание

РАССКАЗЫ

В детстве я 4
Грядущее 7
Догнать и перегнать Америку 11
Космос 14
Калькулятор гармонии 17
О музыке 21
О любви к гитаре 25
Мы переезжаем 33
По поводу тайны 36
Озеро Комо 39
О безумии 42
Памяти Миши Генделева 47
Жестяная коробочка 50
Плохой ученик 57
Монголы не едят рыбу 60
Про бедных и богатых 65
Приехали 68
Про любовь и влюбленность 75

Про память и ее отсутствие 78

О балерине 81

Про рай и ад 86

О страсти 90

Форс-минор 93

Клятва 96

Благородство 99

Валюта 102

Просвет 106

Звонок телефона в осеннем лесу 110

Про шанс 113

Они и мы 117

Часы 120

Живые истории 124

Дорога 127

Умище не скроешь 132

Дар 135

Игра 137

Студенческое 141

Про пенсию 144

Река 147

Анатомия памяти 150

Соблазн 152

О желаниях 155

Старые фильмы 158

Еще раз про любовь 160

Сигары 163

Совсем про другое	167
Система	170
Предчувствие	173
Первое лирическое отступление	175
Второе лирическое отступление	181
Третье лирическое отступление	186
Ядро с бригантины	191
Про дом	199
Водка, без сомнения	204
Три окна	209
Про некоторую хитрость	212
Бутылка с острова Трук	216
Про радио	225
Про сеть	228
Моя старая Москва	233
Маленький самовар с Севера	238
Корабли	247
Я так и не провел это лето	252
Чистилище	256
К русской кухне	259
Опять о еде	262
Про картошку	265
Мясо	269
Немного о борще	273
Про помидоры	278
Про грибы	283
Свекольник	287

Холодные супы 290

Тандыр 293

Фаршированная рыба 297

Шашлык 301

Про Окуджаву 305

Мирный атом 307

Доктор, Маньяк и Кишито 311

СКАЗКИ

Воля 334

Зимняя сказка 337

Вилка Зина 340

Гитара 343

Глафира 348

Сказка про деревянную палочку 352

Сказка про то, что самое главное................................ 355

Сказка про сардинку 358

Сказка про пятый палец 362

Сказка про одну щуку 364

Шампанское 367

Про Новый год 371

В издательстве BAbook вышли книги

Борис Акунин

Серия «ПРИКЛЮЧЕНИЯ ЭРАСТА ФАНДОРИНА»

РАСШИФРОВКИ
(Приключения Эраста Фандорина)

Серия «ПРОВИНЦİАЛЬНЫЙ ДЕТЕКТИВЪ»

«ИСТОРИЯ РОССИЙСКОГО ГОСУДАРСТВА» в 10 томах

ЗЛАТАЯ ЦЕПЬ НА ДУБЕ ТОМ
(Викистория российского государства)

«ЛЕГО»

«СКАЗКИ СТАРОГО, НОВОГО И ИНОГО СВЕТА»

«МОЙ КАЛЕНДАРЬ»

«ГОД КАК ХОККУ»

ИНТЕЛЛЕКТУАЛЬНЫЕ АНЕКДОТЫ,
собранные и прокомментированные
Борисом Акуниным

«МОСКВА–СИНЬЦЗИН»

«ПРОСНИСЬ!»

Акунин-Чхартишвили

«НА САНЯХ»

Анна Борисова

«ТАМ...»

«КРЕАТИВЩИК»

«VREMENA GODA»

Роман Баданин, Михаил Рубин

«ЦАРЬ СОБСТВЕННОЙ ПЕРСОНОЙ»

Олег Радзинский

«ПОКАЯННЫЕ ДНИ»

Евгений Фельдман

«МЕЧТАТЕЛИ ПРОТИВ КОСМОНАВТОВ»

Михаил Шишкин

«МОИ. ЭССЕ О РУССКОЙ ЛИТЕРАТУРЕ»

https://babook.org/

www.ingramcontent.com/pod-product-compliance
Lightning Source LLC
Chambersburg PA
CBHW080919180426
43192CB00040B/2475